정통 풍수 인테리어

정판성 박사가
공개하는 복을 부르는
공간 배치와 정리 비결

정판성 지음

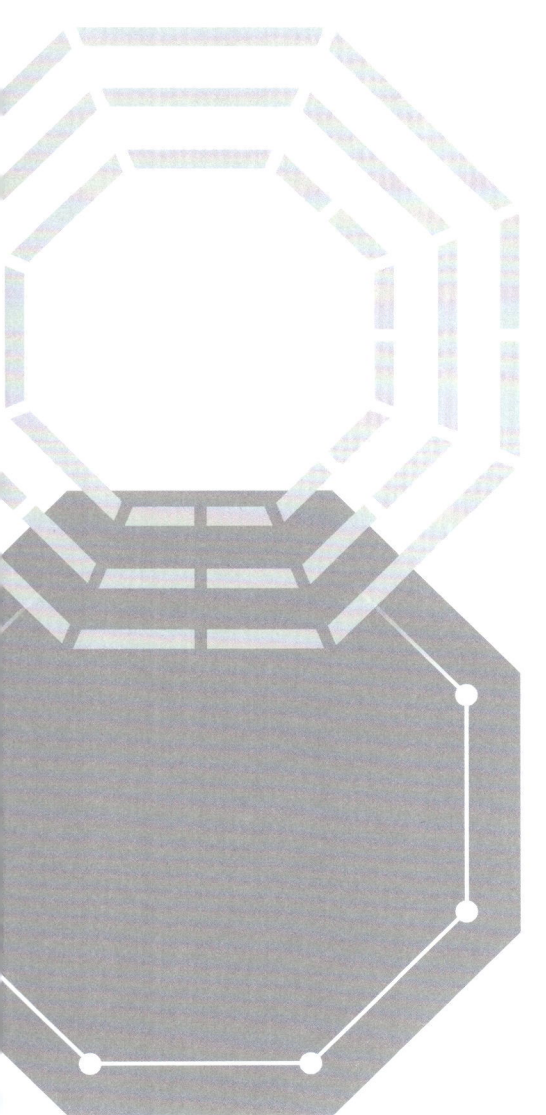

차례

서문	002

제1장 ──── 인테리어 풍수의 기초이론   008

인테리어 풍수의 의의	010
음양설	014
오행설	022
24방위	029
구성과 본명성	033

제2장 ──── 팔상가택의 길흉 판단   046

동사택과 서사택	048
대문·안방·주방의 방향	058
화장실·목욕탕·하수구의 방위와 길흉	061

제3장 ──── 인테리어와 운기   062

주택과 주변 환경	064
행운을 부르는 비결	075
행운을 부르는 8가지 법칙	081

소원을 이룰 수 있는 풍수	084
행운을 불러들이는 소품	088
희망 성취를 위한 방위	095
색채의 이미지와 응용	098

제4장 ─── 공간별 인테리어　106

현관	108
주방	114
식당	121
거실	125
침실	131
세면실	137
욕실·화장실	145
아이방	152
정원·베란다·테라스 식물 재배와 풍수	157
인테리어 공간 요소	160

제5장 ─── 직장생활과 인테리어   **164**

직업별·업종별 좋은 방위	166
장사가 잘되는 위치와 입구 방향	169
사무실 직급별 자리 배치	173
응접실	176
직장운을 부르는 조건	180
사무실에서의 원만한 인간관계	182
직장운이 따르는 옷차림	185
사무실에서의 자리 환경	188
직업별 운을 상승시키는 비결	190
취직과 원만한 직장생활을 위한 인테리어	195
사업운에 도움 되는 인테리어	215
젊게 보이게 하는 인테리어	218

제6장 ─── 공부방 인테리어   **220**

공부방 배치와 방위	222
책상을 놓아야 할 장소와 방위	227

공부방에서 고려해야 할 점	231
문창탑과 시험에 도움 되는 4방위	235
충실한 학교생활을 위한 인테리어	237
대학 진학과 학과 선택에 도움 되는 방위	245

제7장 ── 색채와 애완동물　　250

색채와 인테리어	252
액자 걸기	257
애완동물	259

부록 : 각종 택일법	**265**
인용 및 참고 문헌	**290**

서문

　예부터 중국은 겨울철에는 북쪽에서 불어오는 매서운 찬바람으로, 여름철에는 폭풍우에 의한 강물의 범람으로 많은 고통을 받아왔다. 그러나 물은 농업용수나 생활용수로 절대적인 존재이다. 그래서 뒤로는 높은 산이 있어서 겨울의 찬바람을 막아주고 앞에는 물이 있어 생활용수를 얻기 쉬우면서도 강의 범람을 피할 수 있는 곳에 터를 잡아 안주했던 것이 풍수의 시초라고 할 수 있다.

　서양은 목축 생활을 했기 때문에 일정한 장소가 없이 풀이 있는 곳을 따라 가축을 이동시켰고, 사람들의 생활공간도 가축을 따라 수시로 변했다. 반면 중국은 논밭을 갈고 씨를 뿌리는 농사가 발달하여 일찍부터 정주생활을 하였고 재해로부터 안정된 곳을 찾다보니 중국에서 풍수가 발전하게 된 것이다. 나중에는 학문적인 체계로 발전하였는데, 이의 기초가 되는 이론이 음양오행설과 구성법이다. 따라서 음양오행과 구성법을 제대로 알아야 풍수를 이해할 수 있음에도 이에 대한 자세한 설명도 없이 어려운 한자로 저술한 것이 대부분의 풍수서이다. 더구나 책을 어렵게 쓰는 것이 유식한 것으로 착각하는 경향이 있고, 한문으로 된 필사본을 단순히 한글로 번역해 내놓는 풍수책이 많다. 초보자들은 그런 책을 읽어도 이해가 어렵고 대부분 시대에 뒤떨어져 현대인의 생활에 별 도움을 주지 못했다. 이는 풍수가 대중화되지 못하고 소수의 전유물이 되어 버린 이유이기도 하다. 그 안타까움에 생활에 도움이 되는 쉽고 바른 풍수서가 필요하다는 생각이 이 책을 쓰게 된 첫째 이유다.

일본은 일찌감치 주택풍수를 중요시해 왔다. 이제는 서양에서도 양택陽宅풍수에 대한 관심이 갈수록 고조되어 많은 풍수서적이 발간되고 TV에서 관련 프로그램이 방영되기도 하는 상황이다. 이런 가운데, 오늘날 풍수는 단순히 방위에 따라 길흉이 달라진다는 차원을 넘어서고 있다. 에너지, 즉 기氣의 흐름은 환경에 따라 달라지고, 거주자의 건강은 물론 운세를 바꾸기도 한다고 생각한다.

주택 내부 각 부분의 환경이나 살림살이의 정리정돈, 식물의 재배 등이 육체적 건강뿐만 아니라 심리적으로도 인간에게 커다란 영향을 미친다고 보는 인테리어 풍수가 미주와 일본을 중심으로 성행하고 있다. 이런 국내외의 추세에 맞춰 현대적인 인테리어 풍수를 집필하게 되었으니 독자들에게 많은 도움이 되기를 바란다.

2019년 3월
정판성 삼가 씀

陰陽五行

제1장

풍수 인테리어의 기초이론

풍수 인테리어의 의의

음양설

오행설

24방위

구성과 본명성

1 풍수 인테리어의 의의

　우주의 삼라만상은 음양陰·陽이라는 두 기氣와 목木·화火·토土·금金·수水의 다섯 가지[오행五行]로 구성되어 활동함으로써 비로소 생기生氣가 생긴다. 만물은 이 생기에 따라 정교精巧함을 달리하여 성쇠盛衰의 차이를 가져온다. 땅속을 흐르는 생기의 유무를 확인하고 그 내왕來往의 움직임을 보아 생기가 충실한 땅을 발견할 수 있다. 그 땅에 거처를 정하면 좋은 생기를 얻을 수 있으며, 쇠잔衰殘한 운명을 다시 일으키고 빈약한 생명을 부강하게 할 수도 있다. 결국 풍수는 땅에서 생기가 있는 곳을 찾는 일이다.

　음택풍수(陰宅風水 : 묘지 풍수)는 조상의 시신을 생기가 있는 곳에 모셔 그 생기가 자손에게 전달되어 자손이 행운을 받도록 하는 것이다. 반면, 양택풍수陽宅風水는 생기가 있는 좋은 땅에 집을 지어 건강과 행운을 얻는 행복한 삶을 추구한다. 음택풍수는 조상의 음덕을 통해 행복을 얻으려는 데 비해 양택풍수는 거주자가 직접 땅으로부터 혜택을 받는 차이가 있다.

　생기가 있는 좋은 땅의 개념은 동양에서 뿐만 아니라 서양에서도 전해 온다. 세계 모든 민족의 고유문화에는 어떤 장소에 성스러운 힘이 있다는 믿음들이 공통적으로 존재한다. 전통적으로 지령地靈이 있는 성스러운 장소에는 특별한 기운이 존재한다는 공감대가 형성되어 있는 것이다. 신전이나 사원, 기도원은 성스럽다고 생각하는 곳에 세웠다. 그 실례로 예수의 생애와 관계된 장소들은 성역화되고, 그곳에 교회와 수도원이 세워졌다. 베들레헴, 요단강의 세례 장소, 산상 수훈이 행해진 곳, 올리브 동산, 겟세마네 동산, 십자가에 못 박힌 골고다 성묘聖墓 등이 그것이다.

생기가 있는 곳, 지령이 있는 성스런 곳의 개념을 떠나서 환경적인 면에서 한번 생각해 보자. '산지착오産地錯誤'라는 개념이 있다. 이는 장소가 달라질 때 식물이나 동물의 성장 패턴이 달라지는 경우를 말한다. 예를 들어, 일본의 양파는 교토京都지방에서 키우면 매년 커다란 몸체가 되지만 센다이仙臺지방에 가져가면, 일 년째는 교토에서와 같은 크기지만 다음 해부터는 점점 작아진다. 아무리 양질의 비료를 사용해도 소용이 없다. 이러한 경우를 두고 '산지착오'라는 표현을 쓴다. 즉, 산지가 옮겨짐으로 인해서 식물의 성장이 달라지는 이치이다.

양식장에서 부화된 작은 고기의 먹이로 윤충輪虫과 클로렐라가 필요하다. 그런데 전갱이가 좋아하는 L자형 윤충은 지역에 따라서 전혀 배양되지 않는다. 똑같은 배양장치를 이용해서 물의 PH, 염분, 온도, 공기발생 장치까지 똑같이 사용해도 배양이 전혀 되지 않는다. 자동차로 20분 거리에서도 차이가 나타난다고 한다. 이러한 예는 수도 없이 많이 관찰된다. 산지착오는 환경이나 토양과 같은 물리적 요소가 유전자의 발현에 영향을 미친다는 사실을 증명하는 단적인 예이다.

지구 자체는 하나의 자석이다. 우리는 자력의 영향을 받고 또한 지구 중심으로부터 중력重力을 받고 산다. 높은 산맥이나 수맥, 광맥이 있는 지역은 중력이 다른 지역보다 강하다고 한다. 그리고 토양이 어떤 물질로 이루어졌느냐에 따라서도 약간의 중력차가 나타난다.

여름철에 숲이 있는 지역은 숲이 없는 지역에 비해 온도가 14°C 정도

낮다고 한다. 물이 흐르는 곳에는 음이온이 많고, 적당한 습도가 유지되어 호흡기가 건강해지고 피부 습도가 유지된다. 콘크리트 건물에 살면서 아이가 아토피에 잘 걸리는데, 이런 아이가 숲 속에서 생활하면 아토피가 치료된다. 이와 같이 환경적인 요소는 사람의 생활 습관 형성과 건강에 많은 영향을 미친다. 옛날부터 산자수려山紫水麗한 곳에서 큰 인물이 난다고 했다. 이는 아름다운 환경에 접해서 살기 때문에 심성이 곱고 뜻이 커서 큰 인물로서의 자질을 갖추기 쉽다는 것이다.

환경이 유전인자의 발현에 영향을 미침은 물론 건강에도 커다란 영향을 주기 때문에 주거 환경이 좋아야 한다. 양택풍수는 좋은 주거지를 찾는 방법을 터득하는 기준이다. 지금 서양에서는 양택풍수에 대한 관심이 높아지면서 영국에서는 격월간지 'fengsui'(풍수의 중국식 발음)가 발행되고 있고, 독일에서는 TV 프로그램이 편성되기도 한다.

택통宅統에 "무릇 양택은 양기를 바탕으로 음을 안은 것이고 음택은 음기를 바탕으로 양을 안은 것이다. 분묘墳墓가 흉凶하나 집이 길吉하면 자손이 관록官祿을 누리지만, 분묘가 길하나 집이 흉하면 자손의 의식衣食이 보족(補足 ; 모자라는 것을 보태어 넉넉하게 함)하지 못하고 분묘와 집이 모두 길하면 자손이 영화榮華를 누리고, 분묘와 집이 모두 흉하면 자손은 고향을 떠나고 절손絶孫되며, 선조의 혼령이 꾸짖고 땅의 흉화凶禍가 늘 따른다"고 했다.

청오자靑烏子가 말하기를 "집이 좋은데 무덤이 좋으면 두 신神이 점점 보호하여 자손은 복록과 지위가 튼튼해진다. 길지를 얻고 무덤을 얻으면 용이 오르고 호랑이가 내딛듯이 재물과 가업이 내처럼 불어나고 재화가 창고에 쌓이고 자손은 충효로우니, 하늘과 신령이 보살피고 도우신다"고 했다. 그런데 오늘날의 풍수는 양택풍수를 세분하여 기氣의 흐름이 어떻게 작용하느냐로 발전하고 있다. 주택의 구조를 보면 현관, 침실, 주방 등으로 이루어져 있는데 이들의 방위는 물론 여기에 놓인 가구, 식물 등의 배치에 따라 기의 흐름이 바뀌고, 좋은 기가 나쁜 기로 변하거나 나쁜 기가 좋은 기로도 변하기도 하는 것이다.

조명이나 의복, 신발, 주변의 환경까지도 기에 영향을 준다. 이런 관점에서 어떻게 하면 집안에 좋은 기가 흐르게 하여 가족의 건강과 행운에 도움이 되게 할 것인가가 인테리어 풍수의 목적이다.

2 음양설陰陽說

　동양철학은 음양오행陰陽五行에서 출발하였다. 만물의 근본과 운명의 좋고 나쁨도 음양오행에 근간을 두고 설명하고 있다. 「조선의 풍수」를 참고해서 자세히 설명하고자 한다.
　음양설陰陽說은 우주의 현상을 둘로 대립시켜 밝음이 있으면 어둠이 있고, 큰 것이 있으면 작은 것이 있고, 동정動靜, 득실得失, 성쇠盛衰, 생멸生滅, 천지天地, 남녀男女, 고저高低와 같이 우주의 존재와 그 활동은 대립적 관계에 의해 다스려진다는 것이다. 오행설五行說은 만물을 그 구성적 관계에 의해 관찰하고, 우주의 모든 물질은 목木·화火·토土·금金·수水라는 5원소五元素가 모임과 흩어짐, 많고 적음, 있고 없음이라는 구성構成 관계에 따라서 정해진다는 이치이다. 이 두 가지를 합쳐 음양오행설陰陽五行說이라고 칭하는데, 먼저 음양설에 대해 자세히 살펴보도록 하자.

태극太極

　음양설은 역경易經에서 나왔다. 태극太極은 무극無極이라고도 한다. 이것은 현상에 대한 본체本體 즉, 음양陰陽이라는 대립적 활동이 아직 나타나지 않은 본연의 상태 또는 음양이 완전히 융합해서 사그라지고 자라남이 없이 쉬고 있는 절대의 경지를 의미한다. 오늘날의 과학적 표현인 혼돈渾沌, 또는 카오스chaos, 미분화未分化의 개념에 비추어 볼 수 있다.

양의兩儀

양의兩儀라는 것은 음양의 대립을 말하고, 이제부터 우주의 활동이 개시된다는 뜻이다. 음과 양이 분화되어 활동하는 시작이다. 여기서 음과 양으로 나누어지는데 음은 '--'로 양은 '一'로 표시한다. 처음에는 음은 '‖'로 양은 '｜'로 표시했는데, 이는 여자와 남자의 성기性器를 상형적象形的, 우의적寓意的으로 상징화한 것이다. 주역周易의 계사전繫辭傳 제6장에 '부건기정야전夫乾其靜也專, 기동야직其動也直, 시이대생언是以大生焉, 부곤기정야흡夫坤其靜也翕, 기동야벽其動也闢, 시이광생언是以廣生焉'이라고 쓰여 있다. 이를 해석하면 '양이라는 것은 정지하고 있으면 그대로이고 활동을 하면 곧아지는데 이로써 커지고, 음이라는 것은 정지하고 있으면 합쳐 있고 활동을 하면 벌어지는데 이로써 넓어지는 것이다'라는 뜻이다. 그런데 효爻를 나타낼 때 '‖'을 '-- 一'로 횡으로 눕힌 것은 음양의 조합을 이루기 위함이고, 괘卦를 만들 때 이것을 세우게 되면 음양의 다름을 확실히 나타낼 수 없기 때문이다.

음양은 본래 태극에서 갈라진 2개의 작용이고, 두 개의 기氣이기 때문에, 한 쪽만으로 우주현상을 발현시킬 수 없다. 즉, 양은 음을 만나 비로소 활동하고, 음은 양을 얻어서 비로소 발동하는 것이다. 때문에 음기陰氣나 양기陽氣도 단독으로는 조화造化되지 못하고, 음양의 충화冲和(沖和 : 순조롭게 조화됨)에 의해서 비로소 생산한다. 이를 생기生氣라 하지만, 이 생기는 일원기一元氣인 태극에서 갈라진 음양이 합친 소일원기小一元氣이다. 따라서 이 생기로부터 출생한 자는 또한 하나의 소태극小太極이라 볼 수 있다. 예를 들어 부연 설명하자면 부모로부터 태어난 자식에는 남자아들, 여자딸이 있어서 이들은 커서 부가 되고 모가 되어 다시 자식을 낳는 것처럼 태극으로부터 음양이 갈라졌다가 음양이 충화해서 태극을 이루고, 이 태극은 또 음양으로 갈라지는 등 이러한 분합은 반복하여 그치는 일이 없다.

따라서 본체인 태극에서 갈라진 음양은 2차, 3차, … 무한차無限次의 소태극 즉, 현상태극을 끝없이 생성한다. 이렇게 현상계는 계속 발전하는 것이라 볼 수 있다.

낮이 끝나 밤이 되고, 밤이 끝나면 또 낮이 되고, 봄이 익으면 여름, 여름이 지나서 가을, 가을이 저물어 겨울이 되고, 겨울이 끝나면 다시 봄을 맞듯이 음양이 순환한다. 때문에 영榮은 고枯를, 성함은 쇠함을, 생은 죽음을 기약하는 것이니 이를 기뻐하거나 근심할 이유는 조금도 없다.

사상四象

사상四象은 그 활동의 제2단계를 이룬다. 음과 양 둘이 서로 짝지어 태양太陽, 태음太陰, 소양少陽, 소음少陰이 되는 4조의 대립형질을 말한다.

양의兩儀의 양효 '—'에 양효 '—'를 더하면 태양(太陽) '⚌'이 되고, 양효 '—'에 음효 '--'를 더하면 소음(少陰) '⚍'이 된다. 또 음효 '--'에 양효 '—'를 더하면 소양(少陽) '⚎'이 되고, 음효 '--'에 음효 '--'를 더하면 태음(太陰) '⚏'이 되는 것이다.

팔괘八卦

8괘八卦는 사상四象의 각 형식에 음양들을 재차 조합시켜 8괘의 대립형질을 이룬 것이다. 8괘는 태양 '⚌'에 양효 '—'를 더하면 건

(乾) '☰'이 되고, 태양 '⚌'에 음효 '--'를 더하면 태(兌) '☱'가 되며, 소음 '⚏'에 양효 '―'를 더하면 이(離) '☲'가 되고, 소음 '⚏'에 음효 '--'를 더하면 진(震) '☳'이 된다. 또 소양 '⚎'에 양효 '―'를 더하면 손(巽) '☴'이 되고, 소양 '⚎'에 음효 '--'를 더하면 감(坎) '☵'이 되며, 태음 '⚏'에 양효 '―'를 더하면 간(艮) '☶'이 되고, 태음 '⚏'에 음효 '--'를 더하면 곤(坤) '☷'이 된다.

　이 팔괘에 효를 한 번 더 더하면 16괘가 될 것인데, 8괘로 멈춘 것은 제일 밑에 있는 초효初爻는 땅地을, 가운데 있는 중효中爻는 사람人을, 제일 위에 있는 상효上爻는 하늘天을 의미하는 것으로 우주만물을 상징하기 때문에 이 이상이 있을 수가 없기 때문이다. 한편, 일반 역술에서는 이 8괘를 겹쳐서 64개의 대성괘大成卦를 만들어서 활용하고 있다. 역서의 기본인 건·태·이·진·손·감·간·곤을 대립형식으로 해서 자연과 인생의 길흉을 정하고 인생의 대업을 이루어 간다.

　8괘八卦를 한자漢字로 나타내는데 이는 괘의 모양을 보고 지칭한다. 건삼련乾三連은 건(乾 : ☰)괘의 3개가 양효로서 모두 이어져 있음

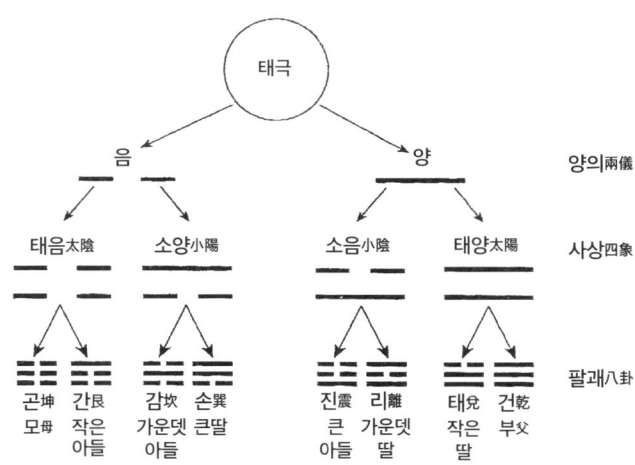

8괘의 연역도

을, 태상절兌上絶은 태(兌 : ☱)괘의 상효가 음효로 떨어져 있음을, 이허중離虛中은 이(離 : ☲)괘의 중효가 음효로 비어 있음을, 손하절巽下絶은 손(巽 : ☴)의 하효가 음효로 떨어져 있음을, 간상련艮上連은 간(艮 : ☶)의 상효가 양효로 이어져 있음을, 감중련坎中連은 감(坎 : ☵)괘의 중효가 양효로 이어져 있음을, 진하련震下連은 진(震 : ☳)괘의 하효가 양효로 이어져 있음을, 곤삼절坤三絶은 곤(坤 : ☷)괘의 3개 효가 음효로 모두 떨어져 있음을 말한다.

    8괘가 혈육 관계를 나타내고 있는데 주역의 '설괘전說卦傳'에서 다음과 같이 설명하고 있다. 건乾은 하늘을 의미하는데, 한 집안의 아버지에 해당한다. 곤坤은 땅을 상징하고 어머니에 비유할 수 있다. 그리고 괘卦에 하나의 양효陽爻가 있을 때, 초효初爻가 양효이면 장남長男, 중효中爻가 양효이면 중남中男, 상효上爻가 양효이면 소남小男으로 본다. 또한 괘卦에 하나의 음효陰爻가 있을 때, 초효初爻가 음효이면 장녀長女, 중효中爻가 음효이면 중녀中女, 상효上爻가 음효이면 소녀小女로 본다. 진괘震卦는 맨 아래 효爻가 양효陽爻이다. 그러므로 장남長男을 상징하고, 손괘巽卦는 맨 아래 효가 음효로 장녀長女에 해당한다. 감괘坎卦는 두 번째 효가 양효이므로 중남中男을 상징한다. 이괘離卦는 두 번째 효가 음효이므로 중녀中女를 의미한다. 간괘艮卦는 세 번째 효가 양효

8괘의 혈육도

이므로 소남少男을, 태괘兌卦는 세 번째 효가 음효이므로 소녀少女를 상징한다.

혈육관계를 나타내는 방위를 잘 알고 있으면 널리 활용할 수 있다. 우선 아버지를 상징하는 서북쪽으로 건물이 움푹 들어가 있으면 아버지가 권위를 잃게 되고 아버지에게 해害가 돌아온다. 그리고 아버지의 방房은 서북쪽에 있는 것이 좋다. 동쪽에 붓끝 형상의 필봉筆峰이 솟아 있으면 장남이 고시에 합격하거나 대학자가 된다. 남쪽에 노적봉이 솟아 있으면 중녀中女가 부자가 된다. 북동쪽에 좋은 산봉우리가 있으면 셋째 아들이 부귀를 얻게 된다. 이처럼 8괘는 혈육관계와도 관련이 있다.

8괘의 상징표

8괘 八卦	방위	괘명 卦名	괘체 卦體	천간 天干	지지 地支	오행 五行	구성 九星	계절 季節	달 月 陰曆	수리 數理	혈육 관계 血肉 關係	오상 五常	색 色	맛
☵	북	감坎	물水	임·계 壬·癸	자 子	수 水	일백 一白	겨울	12	1·6	차남 次男	지 智	흑 黑	짠맛
☶	북동	간艮	산山		축·인 丑·寅	토 土	팔백 八白	늦겨울 초봄	1·2	5·10	삼남 三男	신 信	황황 黃	단맛
☳	동	진震	번개 雷	갑·을 甲·乙	묘 卯	목 木	삼벽 三碧	봄	3	3·8	장남 長男	인 仁	녹청 綠青	신맛
☴	남동	손巽	바람 風		진·사 辰·巳	목 木	사록 四綠	늦봄 초여름	4·5	3·8	장녀 長女	인 仁	녹청 綠青	신맛
☲	남	이離	불火	병·정 丙·丁	오 午	화 火	구자 九紫	여름	6	2·7	차녀 次女	예 禮	적 赤	쓴맛
☷	남서	곤坤	땅地		미·신 未·申	토 土	이흑 二黑	늦여름 초가을	7·8	5·10	모 母	신 信	황 黃	단맛
☱	서	태兌	연못 澤	경·신 庚·辛	유 酉	금 金	칠적 七赤	가을	9	4·9	삼녀 三女	의 義	백 白	매운 맛
☰	북서	건乾	하늘 天		술·해 戌·亥	금 金	육백 六白	늦가을 초겨울	10·11	4·9	부 父	의 義	백 白	매운 맛

8괘의 상징표

8괘	성질	인체	동물	사물(事物)
☵	함(陷) 험난	귀 신장, 방광	돼지	숨어 있는 것, 암흑, 함몰, 찬 것, 노고, 곤란, 비탄, 심장병, 몰래 훔친 것, 밀수, 밀애, 성교, 동거, 물난리, 수도, 하수, 혈액, 병원, 술, 숨어사는 동물, 추운 북쪽 지방
☶	지(止) 멈춤	손 비장,위	개	멈춤, 머무름, 물러남, 변화개조, 암흑, 정리, 전환, 경계(境界), 교환, 상속, 후계, 짐, 축적, 저축, 신중, 폐점, 지시, 고상, 고립, 시발역, 종착역, 여관, 부동산, 주차장, 문, 절(寺)
☳	동(動) 움직임	발, 간, 쓸개	용	나온다, 솟아오른다, 시작, 신생, 발생, 무성(茂盛), 활동, 양기(陽氣), 폭로, 전격, 뇌우, 소음, 전파, 폭약물, 음향제품, 악기, 어린나무, 야채, 손발, 용, 발전소, 엔진, 목구멍
☴	입(入) 겸손	허벅지 간, 쓸개	닭	성장, 결혼, 진퇴, 통신, 운반, 먼 거리, 날다, 교제, 도와줌, 불결단, 어기다, 육림(育林), 크다, 높다, 목제품, 우편물, 전보, 시장, 무역회사, 강한 바람, 안개, 가스, 철새, 비행기
☲	여(麗) 화려함	눈, 심장, 소장	꿩	빛, 태움, 문명, 문화, 학문, 이론, 발명, 명예, 덕망, 화장(化粧), 영전, 이별, 이전, 시기함, 애태움, 날카로움, 태양, 전구, 난로, 신호기, 안경, 장신구, 화장품, 유리, 거울, 검찰청
☷	순(順) 유순	배 비장,위	소	너그러움, 인내, 조용함, 기름(油), 보육, 노동, 근면, 절약, 영속(永續), 평지, 농지, 택지, 땅, 쌀, 보리, 곡물, 베, 가마솥, 평지에 사는 동물, 빈 그릇, 산부인과 의원, 부동산
☱	열(說) 기쁨	입 허파, 대장	양	아름다움, 사랑, 설명, 희열, 변명, 애교, 미소, 구설, 훼손, 상처, 경제, 칼, 금융, 지출, 해양, 치아, 다방, 극장, 은행, 증권회사, 무대, 금고, 지갑, 그릇, 식기, 차용금, 고여 있는 물
☰	건(健) 굳셈	머리	말	하늘, 신(神), 원(圓), 금(돌), 센힘, 금력(金力), 권력, 존귀, 존경, 웅대, 충실, 시혜(施惠), 강물, 금속자재, 귀금속, 자동차, 확창, 철도용 차량, 교회, 불상, 얼굴, 재판소, 국회의사당

8괘의 상징표

8괘	인물(人物)	병상(病狀)
☵	둘째 아들, 숨은 사람, 어린 사람, 15~30세의 남자	비뇨기 계통 질병, 성병, 임신, 귓병, 신장염, 알콜중독, 복통, 정력 감퇴
☶	어린이, 소년, 막내아들, 자손, 20세 이하 남자, 상속인, 축재자, 친척	다리병, 관절염, 허리병, 디스크, 류마티즘, 타박상, 종기, 팔다리 마비
☳	장남, 중년 남자, 장년, 활동력이 강한 사람, 유명인, 중간 간부	간장병, 인후염, 수족병, 외상, 히스테리, 신경통, 두통
☴	장녀, 중년 부인, 내조적인 부인, 30~50세의 여자	담석증, 탈모증, 식도염, 수족 마비, 전염병, 비염, 축농증, 중풍, 근육통, 감기, 가스 중독, 항문병, 신경계 질환
☲	가운데 딸, 화려한 여성, 여배우, 미인, 20~35세 여성, 문화인, 유명인, 대표선수, 지혜 있는 사람	심장병, 심근경색, 소장병, 소화 불량, 지각신경계 질환, 정신병, 안과 질환, 화상, 열병
☷	어머니, 양모, 보모, 연상의 여자, 노파, 45세 정도의 여성, 서민, 아끼는 사람	소화기 계통 질병, 복통, 위장병, 부인병, 산전산후통, 피로증, 만성 질환, 오른팔 통증
☱	소녀, 막내딸, 사랑스런 여자, 애교 있는 여자, 손아래 여자, 화류계 여성, 불량소녀, 20세 이하 여자	폐병, 폐결핵, 구내염, 치통, 말더듬, 식욕 부진, 호흡기 질환, 생리불순, 설암, 신경쇠약증, 신경통, 기관지염
☰	아버지, 남편, 노인, 연상의 남자, 권력자, 45세 이상 남자, 대통령, 수령, 사장, 장군, 지배인, 회장, 총리	목병, 뇌염, 뇌종양, 뇌출혈, 두통, 근골 질환, 피부병, 골절, 늑막염, 대장염, 대장암, 치질, 다리병, 복통, 관절염

3. 오행설 五行說

오행五行의 의미

　오행은 중국에서 발생해 발달했다. 그 근거는 서경書經의 홍범구주洪範九疇 즉, 인간이 지켜야 할 9가지에서 찾을 수 있다. 오행이란 목木·화火·토土·금金·수水의 행용行用을 말한다. 처음에는 인간 생활에 없어서는 안 되는 용재用材의 의미였으나, 후에 우주만유를 형성하는 5가지 활동적 원소元素를 지칭하게 되었다. 다시 말해, 처음에는 나무·불·흙·쇠·물은 인간 생활에 있어서 널리 사용되는 물질로 생각했으나, 나중에는 이들이 각각 특별한 기氣를 가지고 있어서 상호 작용에 의해서 인간에게 좋은 영향을 주기도 하고 나쁜 영향을 주기도 한다는 생각에 이른 것이다. 오행은 독단적으로 설명하기 보다는 음양과 결부하여 자연현상을 해설하고 있다.
　오행의 목木·화火·토土·금金·수水는 각기 고유의 기氣만을 갖고 있는 것이 아니라 5가지의 기를 모두 갖고 있으면서 그 중 어느 하나의 기가 우성優性으로, 나머지 4가지 기氣는 열성劣性으로 작용한다. 이 세상에 존재하는 만물 중에 하나의 원소만으로 이루어진 것은 없다. 예를 들어 오행의 목木은 목·화·토·금·수의 5기氣를 갖고 있지만 목기가 우성으로 작용하고 나머지 화·토·금·수의 4가지 기氣는 열성으로 작용하는 것이다. 한대漢代부터 이 오행은 5색, 5방, 5계절로 나누어졌는데, 다음과 같다.

　　五行　木, 火, 金, 水, 土
　　五色　靑, 赤, 白, 黑, 黃
　　五方　東, 南, 西, 北, 中央
　　五季　春, 夏, 秋, 冬, 四季

　　색깔 역시도 나뭇잎이 푸르기 때문에 나무木를 청靑이라 하고, 불꽃이 붉기 때문에 불火을 적赤이라 하며, 금속의 광택이 백색을 반사하기 때문에 금金을 백白으로, 물이 깊어 심연深淵한 것이 암흑이기 때문에 수水를 흑黑으로, 흙색이 대개 황색이므로 토土를 황黃으로 했다. 즉 일상생활에서 색깔을 배정한 것임에 틀림없다. 또 나무를 봄으로 한 것은 봄이 되면 식물의 새싹이 돋아나기 때문이고, 불을 여름으로 한 것은 여름이 덥기 때문이고, 금을 가을로 한 것은 가을의 누런 잎이 금빛과 유사하기 때문이고, 물이 겨울인 것은 물의 차가움이 겨울과 통하기 때문이다. 그리하여 토土의 4계四季는 토가 중앙을 차지해서 4방을 통합하기 때문이며, 흙이 춘·하·추·동 4계절을 두루 관장하는 것이기 때문일 것이다.
　　다음으로 오행을 5방方으로 나눈 것은 「관자」(管子 ; 중국 춘추시대 사상가이자 정치가인 管仲이 지은 책)에 보면 찾을 수 있는데, "東方其氣風, 風生木, 南方其氣陽, 陽生火, 西方其氣陰, 陰生金, 北方其氣寒, 寒生水, 中央土 : 동방의 바람이 다다를 때, 모든 나무가 싹을 내므로 동을 목木으로 하고, 남방의 따뜻함은 양陽이므로 화火로 하고, 서방은 해가 지는 곳이기 때문에 음陰이오, 또 금성金聲이 음이므로 서방을 금으로 하고, 북방은 한랭, 한랭은 눈이나 얼음으로 대표되고 눈과 얼음은 물이므로 북은 수水이다. 토를 중앙으로 하는 것은 토가 중앙에 있어 수·화·목·금 4자를 통할하는 것이다"라고 이른다.

오행의 상호관계는 상생相生과 상극相剋의 두 원리가 있는데 이를 하나씩 검토해 보자.

오행의 상생相生

중국 후한後漢 초기의 역사가이자 문학가로 아버지 표彪의 유지를 받아 20년에 걸쳐 한서漢書를 편찬한 반고班固는 오행의 상생을 다음과 같이 말한다. "木生火, 火生土, 土生金, 金生水, 水生木 : 나무는 불을 낳고, 불은 흙을 낳으며, 흙은 쇠를 낳고, 쇠는 물을 낳으며, 물은 나무를 낳는다" 즉, 일상에서 나무를 태우면 불이 나고, 그 타다 남은 재는 모여서 흙이 된다. 금속이 흙에서 나오는 것은 물론, 금속은 자주 공기 중의 물기를 차게 응결시켜 물방울을 만들게 하고, 식물은 물을 주지 않으면 말라 죽으며 물을 얻어 번성한다.

우주만물의 순환循環 과정을 보면 생生은 장長으로 나아가고, 장은 다시 수收로, 수는 장藏으로 내려가고, 장은 다시 생生으로 올라가는데 이렇게 생生, 장長, 수收, 장藏의 가운데에 화化가 있어서 이런 변화를 일으킨다.

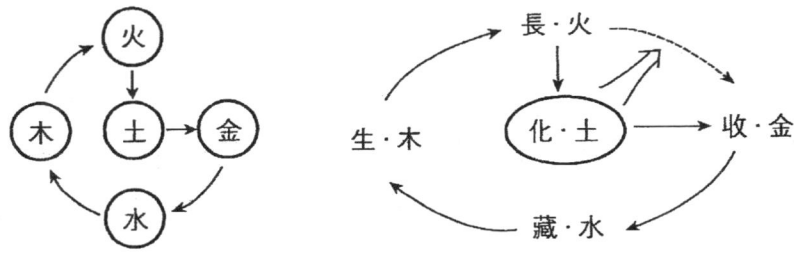

오행의 상생도   우주만물의 순환과정

시간의 순서대로 자신의 힘이 다하면 그 다음으로 넘겨준다. 봄에 싹이 돋아 자라고(生), 여름에 잎이 무성해지고(長), 이제 생장을 멈추고 가을의 찬바람 속에 열매를 맺는다(收). 겨울이 되어 씨앗은 땅속에 떨어져 묻히며 생명력을 간직했다가(藏), 봄이 되어 다시 뛰쳐나오는데 이 과정이 우주의 질서인 것이다.

봄에서 여름, 여름에서 가을, 가을에서 겨울, 겨울에서 봄으로 순환하는 것은 자연의 법칙이다. 계절별로 오행을 봄에는 목木, 여름에는 화火, 가을에는 금金, 겨울에는 수水, 중앙에는 토土를 배치했는데, 자연 법칙은 봄 → 여름 → 가을 → 겨울 → 봄으로 순환하므로, 오행도 목(木 : 봄) → 화(火 : 여름) → 토(土 : 중앙) → 금(金 : 가을) → 수(水 : 겨울) → 목(木 : 봄) 순서로 자연 법칙에 따라 순환하면 상생相生이 되는 것이다. 그런데 계절별로 순환한다면 목 → 화 → 금 → 수 → 목의 순서가 되어야 할 텐데 왜 화와 금 사이에 토가 끼어들었을까. 봄에서 여름까지는 생장을 하다가 가을이 되면 생장을 멈추고 결실을 맺게 되는데, 이는 엄청난 변화이다. 그 사이에 작은 변화를 끼워 넣었는데, 바로 토土인 것이다. 여름이 토의 변화를 거쳐 가을로 넘어가는데, 토가 전환점이 된다.

풍수지리風水地理와 역학易學에서 음陰과 양陽의 배합配合이 잘되고 오행五行이 상생相生이 되어야 좋다고 본다. 음과 양의 배합配合이 맞지 않고 오행五行이 상극相剋이 되면 나쁘다고 하는 것이다. 같은 상생相生이라도 음택묘지 풍수에서는 내가 다른 것을 생生해주면 설기洩氣해서 나쁘게 보고, 상극相剋이라도 내가 상대를 극剋하면 좋다고 보는 견해見解도 있다.

오행의 상극相剋

반고班固는 오행의 상극相剋에 대하여 '수극화水剋火, 화극금火剋金,

금극목金剋木, 목극토木剋土, 토극수土剋水'라고 말하고 있다. 물이 불을 극하고, 불이 금을 극하고, 금이 목을 극하고, 목이 토를 극하고, 토가 수를 극한다. 불로써 금속을 녹이고, 금속으로써 나무를 자르고, 나무로써 흙을 파고, 물로써 불을 끈다.

목극토木剋土, 화극금火剋金, 토극수土剋水, 금극목金剋木, 수극화水剋火의 상극관계를 보면, 오행 상생의 순환과정의 목 → 화 → 토 → 금 → 수 → 목의 순서를 무시하고 한 과정을 넘어서 서로 짝을 이루고 있다. 다시 말해 자연의 순환 질서를 무시하면 상극이 되는 것이다. 부연하면, 목이 화를 뛰어 넘어 토와 관계를 이루면 상극이 되고, 화가 토를 뛰어넘어 금과, 토가 금을 뛰어넘어 수와, 금이 수를 뛰어넘어 목과, 수가 목을 뛰어넘어 화와 관계를 갖게 되면 상극이 되는 것이다.

상극이 되면 흉하다고 보는 것이다. 그러나 음택풍수에서 내가 상대를 극하는 것은 좋다고 본다.

우주만물의 현상을 설명하는 데 음양설과 오행설을 분리해서 생각할 수가 없다. 음양설에서는 태극에서 분리된 음양이 발전하여 만물을 이룬다고 한다. 이는 오행의 기가 활동해서 만물을 이룬다고 하

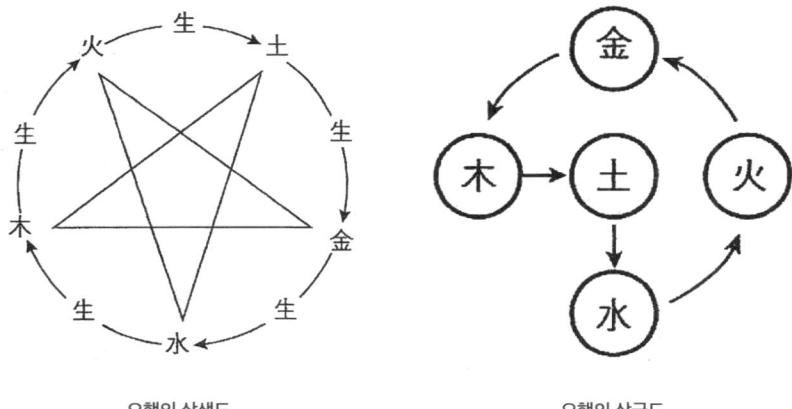

오행의 상생도   오행의 상극도

오행의 성질표

오행 분류	木	火	土	金	水
방위	동쪽	남쪽	중앙	서쪽	북쪽
계절	봄	여름	사계(四季)	가을	겨울
조화(造化)	생성(生)	성장(長)	조화(化)	수렴(收)	잠복(藏)
천간(天干)	甲·乙	丙·丁	戊·己	庚·辛	壬·癸
지지(地支)	寅·卯	巳·午	辰·戌·丑·未	申·酉	亥·子
수(數)	3·8	2·7	5·10	4·9	1·6
오악(五岳)	태산(泰山)	형산(衡山)	숭산(嵩山)	화산(華山)	항산(恒山)
오기후(五氣候)	바람 부는 것	더운 것	습한 것	건조한 것	추운 것
오곡(五穀)	보리	수수	조	벼	콩
오장(五臟)	간·쓸개	심장·소장	비장·위	폐·대장	신장·방광
오각(五覺)	보는 것(視)	맛보는 것(味)	말하는 것(言)	냄새 맡는것(嗅)	듣는 것(聽)
오상(五常)	인(仁)	예(禮)	신(信)	의(義)	지(智)
오복(五福)	장수하는 것(壽)	건강하고 편안한 것(康寧)	깨끗이 죽는 것(考終命)	부귀를 누리는 것(富)	덕있는 사람을 가까이 두는 것(攸好德)
오색(五色)	청색	적색	황색	백색	흑색
오음(五音)	각(角)	치(徵)	궁(宮)	상(商)	우(羽)
오미(五味)	신맛(酸)	쓴맛(苦)	단맛(甘)	매운 맛(辛)	짠맛(鹹)
인체(人體)	피부와 털(皮毛)	손발톱과 근육(爪筋)	살(肉)	뼈(骨)	피(血液)
얼굴	눈	혀	입	코	귀
발음(發音)	ㄱ·ㄲ·ㅋ	ㄴ·ㄷ·ㄸ·ㄹ·ㅌ	ㅇ·ㅎ	ㅅ·ㅆ·ㅈ·ㅉ·ㅊ	ㅁ·ㅂ·ㅃ·ㅍ
오지(五志)	노여움	기쁨	생각함	슬픔	놀람
도형(圖形)	원통형	삼각형	사각형	반원형	물결형

* 여기서 오악은 중국의 오악이다.

오행의 성질표

오행	木	火	土	金	水
인체 질병	간장질환 쓸개질환 신경계통 두통질환 얼굴질환	심장질환 소장질환 눈병질환 편두질환 고혈압증	비장질환 위장질환 복부질환 피부질환 당뇨질환	폐장질환 호흡질환 대장질환 근골질환 사지질환	신장질환 방광질환 혈액이상 자궁질환 생식질환

는 오행설과 공통된다. 때문에 음양설과 오행설은 서로 일치되는 성질이 있다. 다만, 음양설은 자연현상에서 남녀, 우열優劣, 강약, 생사와 같이 대립적 현상의 존재를 생각해 낸 것이며, 오행설은 인생에 필요한 5재五材와 같은 재료적 관념에서 출발했다. 재료가 되어야 할 오행이 우열, 강약이라는 상대적 관계, 즉 음양의 발전법칙에 따라서 만물이 생긴다는 식으로 음양설과 오행설이 조화되었다. 이렇게 둘이 조화되어야 비로소 음양설과 오행설 모두 발전하여 전체를 완성할 수 있다.

4   24방위

24방위를 정하는 데는 여러 설이 있으나, 「조선의 풍수」에서 설명한 내용이 가장 타당하다. 음택풍수에 있어서는 주로 24방위가 사용된다. 반면, 양택풍수에서는 8방위가 주로 쓰이고 24방위는 별로 사용되지 않으나 알아두면 유용하게 쓰일 때가 있다. 24방위는 음양오행의 관점에서 배치되어 있어서 풍수에서 아주 중요하다.

24방위는 오행五行, 8괘八卦 및 10간十干, 12지十二支를 조합시킨 것으로, 오행은 동서남북과 중앙으로 나뉘고, 8괘는 진·태·이·감震·兌·離·坎을 동·서·남·북의 4정四正으로, 건·곤·손·간乾·坤·巽·艮을 북서·남서·남동·북동의 4우四隅로 나뉘고, 10간干의 갑·을·병·정·무·기·경·신·임·계甲·乙·丙·丁·戊·己·庚·辛·壬·癸는 이를 오행으로 나누어 '갑·을'을 목, '병·정'을 화, '무·기'를 토, '경·신'을 금, '임·계'를 수로 하고, 오행의 방위 나눔에 따라 '갑·을'을 동쪽에, '병·정'을 남쪽에, '무·기'를 중앙에, '경·신'을 서쪽에, '임·계'를 북쪽으로 배열하고, 12지支의 자·축·인·묘·진·사·오·미·신·유·술·해子·丑·寅·卯·辰·巳·午·未·申·酉·戌·亥는 자子를 정북正北에 두고 순서대로 왼쪽으로 30°의 거리를 유지하면서 '계·간癸·艮' 사이에 축丑을, '간·갑艮·甲' 사이에 인寅을, '갑·을甲·乙' 사이에 묘(卯 : 正東)를, '을·손乙·巽' 사이에 진辰을, '손·병巽·丙' 사이에 사巳를, '병·

정丙·丁' 사이에 오(午: 正南)를, '정·곤丁坤' 사이에 미未를, '곤·경坤·庚' 사이에 신申을, '경·신庚·辛' 사이에 유(酉: 正西)를, '신·건辛·乾' 사이에 술戌을, '건·임乾·壬' 사이에 해亥를 배열한 것이다. 때문에 24방위는 오행의 5방위, 8괘의 8방위, 10간의 10방위, 12지의 12방위를 조합한 것이지만, 8괘의 8방위는 4정四正의 4방위에 중복되기 때문에 4, 10간의 무·기戊·己를 중앙에 배치했으므로 8, 그리고 12지는 모두 배치되었으므로 12, 이상의 4, 8, 12를 합해서 24가 된 것이다.

다음으로 이 24방위를 음양오행으로 나누면 4수水·4화火·5금金·5목木·6토土이고, 이 수·화·금·목·토에 음양을 나누는 것이다. 또 이것을 8괘로 나누면 1괘3위(一卦三位 : 하나의 괘가 3방위를 나타냄)를 관장하는 것으로 되어 있는데, 이는 주로 양택풍수에 사용된다. 24방위를 8괘의 8방위에 배속시키면 다음과 같다.

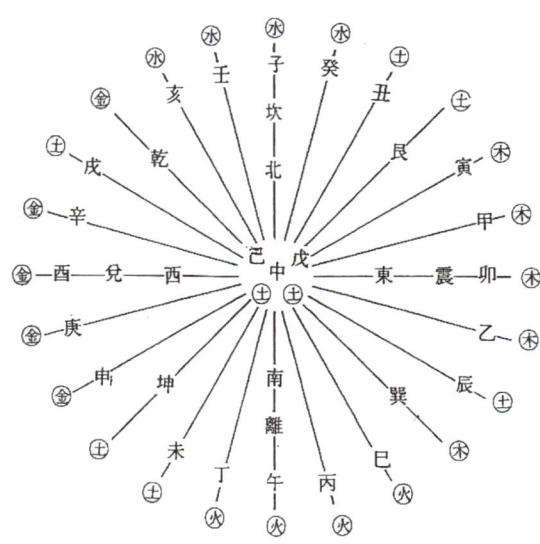

24방위도

감坎 임壬·자子·계癸. **간艮** 축丑·간艮·인寅
진震 갑甲·묘卯·을乙. **손巽** 진辰·손巽·사巳
이離 병丙·오午·정丁. **곤坤** 미未·곤坤·신申
태兌 경庚·유酉·신辛. **건乾** 술戌·건乾·해亥

10간 12지는 역易에서 기원 발전했다고 말하고, 간干은 하도河圖에 근거하고 지支는 낙서洛書에 근거한다고 하며, 황제黃帝 때 생긴 것이라고 한다. 이 간지干支가 시공時空의 순환도수를 표시하는 데에 사용되어 왔다.

방위를 24개로 정한 것은 24절기節氣에서 연유한 것이다.
천간天干과 지지地支에 대한 오행五行과 음양陰陽을 보면 다음과 같다.

24방위와 절기

24방	壬	子	癸	丑	艮	寅	甲	卯	乙	辰	巽	巳
절기	大雪	冬至	小寒	大寒	立春	雨水	驚蟄	春分	淸明	穀雨	立夏	小滿
24방	丙	午	丁	未	坤	申	庚	酉	辛	戌	乾	亥
절기	芒種	夏至	小暑	大暑	立秋	處暑	白露	秋分	寒露	霜降	立冬	小雪

천간天干의 오행五行과 음양陰陽

천간	甲	乙	丙	丁	戊	己	庚	辛	壬	癸
속성	純木	杕	純火	火	純土	진흙	純金	鑪銻	純水	오염된 물
오행	木	木	火	火	土	土	金	金	水	水
음양	陽	陰	陽	陰	陽	陰	陽	陰	陽	陰

지지地支의 오행五行과 음양陰陽

지지	子	丑	寅	卯	辰	巳	午	未	申	酉	戌	亥
陰曆月	11	12	1	2	3	4	5	6	7	8	9	10
동물	쥐	소	호랑이	토끼	용	뱀	말	양	원숭이	닭	개	돼지
오행	水	土	木	木	土	火	火	土	金	金	土	水
음양	陽	陰	陽	陰	陽	陰	陽	陰	陽	陰	陽	陰

지지地支에 오행을 붙이는 방법은 다음과 같다. 계절별로 오행을 보면 봄은 목木, 여름은 화火, 가을은 금金, 겨울은 수水이다. 이에 의하면 봄에 해당하는 인寅·묘卯·진辰은 목木이 되고, 여름에 해당하는 사巳·오午·미未는 화火가 되고, 가을에 해당하는 신申·유酉·술戌은 금金이 되고, 겨울에 해당하는 해亥·자子·축丑은 수水가 된다. 그런데 봄의 진辰, 여름의 미未, 가을의 술戌, 겨울의 축丑은 모두 토土이다. 이들 진辰·미未·술戌·축丑은 다음 계절로 넘어가는 변화變化 사이에 있다. 토土는 화(化 : 변화)를 의미하므로 진辰·미未·술戌·축丑은 토土가 되는 것이다.

12지支의 절서節序

時節	春	夏	秋	冬
地支	寅·卯·辰	巳·午·未	申·酉·戌	亥·子·丑
月(陰曆)	1·2·3	4·5·6	7·8·9	10·11·12

5 구성九星과 본명성本命星

구성九星

예로부터 북두칠성은 인간과 아주 밀접한 관련이 있다고 생각해 온 만큼 북두칠성이 인간을 주관한다고 믿었다. 모든 생명체는 지구상에 태어날 때 북두칠성 중 한 별을 통해 나온다고 보았다. 북두칠성의 국자 부분인 천추天樞 1성에서부터 자子가 시작되어 국자 손잡이 부분인 요광搖光 7성까지 12지支가 배속되는데, 예를 들어 토끼띠인 묘년생卯年生은 천권天權 4성을 통해 지구상으로 나오게 되고 죽을 때까지 이 별의 영향을 받게 된다고 믿는 것이다.

우리나라의 경우는 1년에 6번 정도 북두칠성과 가까워지는 날이 있는데, 이날을 본명일本命日이라고 한다. 이 날에는 칠성님이 세상을 살피러 내려오는데, 이 날에 지극한 정성으로 빌면 쉽게 소원이 이루어진다고 한다. 이렇게 북두칠성인 칠요七曜는 옛날부터 사람과 아주 밀접한 관계를 갖고 있다.

구성九星이라는 말은 북두칠성北斗七星에서 나온 말이다. 북두칠성은 7개의 별이다. 그런데 낙서洛書의 점點들이 9개 방위에 자리 잡고 있어서 여기에 맞추다보니 북두성 자루 부분의 무곡武曲의 양쪽 옆으로 도와주는 별 하나씩을 더하여 9개의 별을 만들었는데, 이를 9성九星이라고 한다.

9개의 별에 이름을 붙였는데 국자 입구 쪽에서부터 탐랑貪狼, 거문巨門, 녹존祿存, 문곡文曲, 염정廉貞, 무곡武曲, 파군破軍, 좌보左補, 우필右弼이다. 이를 달리 천추天樞, 천선天璇, 천기天璣, 천권天權, 옥형玉衡, 개양開陽, 요광搖光, 동명洞明, 은광隱光이라고도 부른다. 구성九星은 다음과 같은 것을 관장한다.

북두칠성의 구분표

천추(天樞)	천선(天璇)	천기(天璣)	천권(天權)	옥형(玉衡)	개양(開陽)	요광(搖光)
탐랑(貪狼)	거문(巨門)	녹존(祿存)	문곡(文曲)	염정(廉貞)	무곡(武曲)	파군(破軍)
子	丑·亥	寅·戌	卯·酉	辰·申	巳·未	午
天日	地月	火	水	土	木	金
괴(魁)				표(杓)		

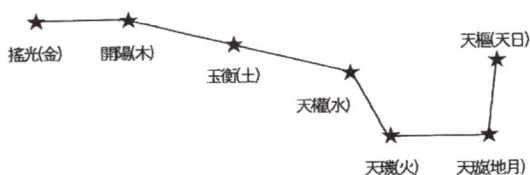

일월오성日月五星과 북두칠성

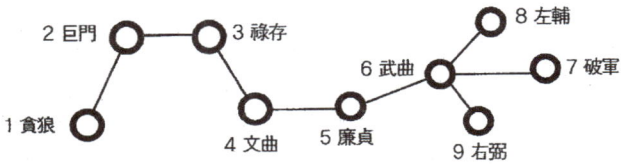

북두칠성과 지지地支

① **탐랑貪狼** | 구성 중의 가장 으뜸〔魁神〕이며 생기生氣의 괘卦이다. 사람이 총명하고 효도하며 모든 일에 공정하다. 재물이 풍성하고 벼슬을 이루고 경사가 이어진다.

② **거문巨門** | 사람이 충성스럽고 돈후하다. 신동神童이 나오고 장수한다. 군자라면 높은 벼슬을 하고 소인은 큰 이득을 얻는다. 의식이 풍족하고 평안한 세월이 이어진다.

③ **녹존祿存** | 사람의 심정이 삐뚤어지고 행실이 나쁘다. 고향을 떠나 살며 객지에서 고생하고 후손이 없다. 남자는 승려가 되고 여자는 창녀가 된다.

④ **문곡文曲** | 음주와 호색好色을 즐기고 송사訟事와 간사한 일을 맡는다. 병들어 마르고 불치병을 앓는다. 고향을 잃어버리고 재산을 패망하고 중풍을 앓고 자살하기도 한다.

⑤ **염정廉貞** | 미친 사람이나 무례한 사람이 나오고, 사기를 치고, 남과 싸우기를 좋아하고 패역하며 심하면 불치병에 걸리고 화재나 벼락의 재앙을 당하고 음란한 사람과 창녀와 도적이 나고 후대가 끊긴다.

⑥ **무곡武曲** | 부귀하고 덕망이 높고 과거에 급제하여 벼슬길에 오른다. 음덕을 입어 복이 있고 장수한다.

⑦ **파군破軍** | 사람이 교활하고 투기와 송사로 남과 다투고, 음악가와 기능공이 나오고 풍질風疾과 불구자 및 농아자聾啞者가 나온다. 재물을 잃고 전상자戰傷者와 익사자溺死者가 생겨나 후손이 끊긴다.

⑧ **좌보左輔** | 자손이 효도하고 대대로 복록을 누린다. 남자는 부마駙馬에 오르고 여자는 궁비가 된다.

⑨ **우필右弼** | 좌향坐向 등이 잘되어 있으면, 모든 일이 순조로우나 좌향 등이 나쁘면 흉하다. 일반적으로 좌보左補와 우필右弼을 묶어서 보필輔弼이라고 하며 이에 해당되면 좋다고 본다.

양택 풍수에서는 9성의 이름을 달리 부르는데 9성은 일백一白·이흑二黑·삼벽三碧·사록四綠·오황五黃·육백六白·칠적七赤·팔백八白·구자九紫이다. 이것을 5행과 10간干, 12지支에 배당해서 별마다 주인이 되는 해가 있게 하였다. 예를 들면 삼벽三碧에 태어난 사람은 삼벽의 지배 하에서 일정한 성질과 운세運勢를 타고나게 되니, 그 해를 보아서 그 사람의 운세와 방위의 길흉吉凶을 점친다. 구성을 8괘에 배당해서 그 본궁本宮을 정했다. 예를 들면, 일백一白은 수성水星이 되어 북방을 본궁으로 하고, 이흑二黑은 토성土星이 되어 남서방을 본궁으로 하고, 삼벽三碧은 목성木星이 되어 동방을 본궁으로 한다.

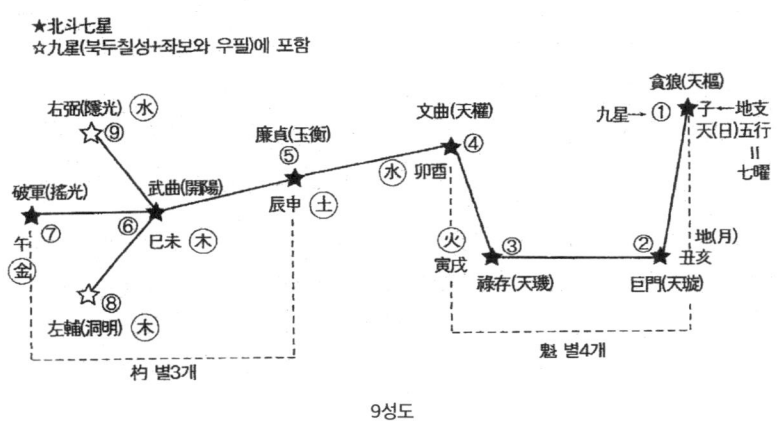

9성도

운세運勢는 구성의 본궁을 기점으로 해서 순환한다. 9성은 낙수洛水에서 발견된 신귀神龜의 등에 그려진 점들을 보면 북쪽에는 1개, 남서쪽에는 2개, 동쪽에는 3개, 남동쪽에는 4개, 중앙에는 5개, 북서쪽에는 6개, 서쪽에는 7개, 북동쪽에는 8개, 남쪽에는 9개가 있다. 그래서 9성도 북쪽坎에는 일백一白을, 남서쪽坤에 이흑二黑, 동쪽震에 삼벽三碧, 남동쪽巽에 사록四綠, 중앙에 오황五黃, 북서쪽乾에 육백六白, 서쪽兌에 칠적七赤, 북동쪽艮에 팔백八白, 남쪽離에 구자九紫를 배치했다.

운세運勢가 일백坎→이흑坤→삼벽震→사록巽→오황中央→육백乾→칠적兌→팔백艮→구자離→다시 일백坎 순으로 순환하는 것을 양순陽循 또는 순행順行이라 하고, 거꾸로 구자離→팔백艮→칠적兌→육백乾→오황中央→사록巽→삼벽震→이흑坤→일백坎→다시 구자離 순으로 순환하는 것을 음순陰循 또는 역행逆行이라고 한다.

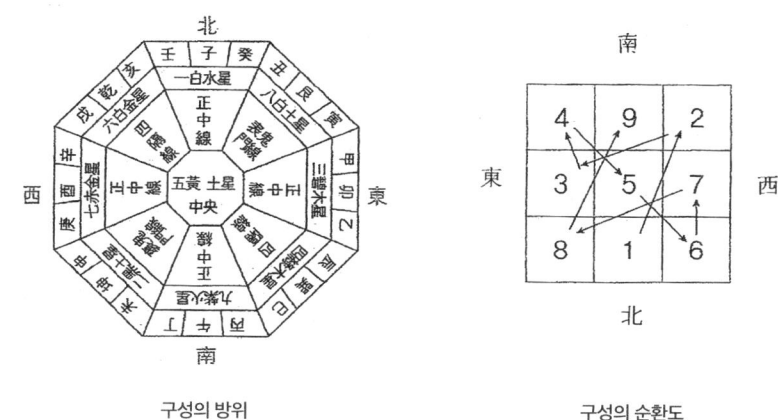

구성의 방위   구성의 순환도

구성의 오행과 방위

9星	1白	2黑	3碧	4綠	5黃	6白	7赤	8白	9紫
오행	水	土	木	木	土	金	金	土	火
방위	북	남서	동	남동	중앙	북서	서	북동	남

삼원육갑三元六甲

10간(干 : 甲·乙·丙·丁·戊·己·庚·辛·壬·癸)과 12지(支 : 子·丑·寅·卯·辰·巳·午·未·申·酉·戌·亥)가 순차적으로 결합하여 갑자甲子부터 계해癸亥까지 60개의 간지干支가 결합하는데, 이를 육십갑자六十甲子 또는 육갑六甲이라 한다. 이는 해를 나타내는 데에 널리 사용되고 있다.

육갑은 60년이 되면 제자리로 돌아온다. 예를 들어 임오壬午는 60년 마다 돌아온다. 그래서 태어난 해가 60년이 되면 원래의 육갑으로 돌아오므로 회갑回甲이 되는 것이다.

삼원육갑三元六甲이란 처음의 60년을 상원上元, 다음의 60년을 중원中元, 그 다음의 60년을 하원下元이라고 하는데 이 상원上元, 중원中元, 하원下元을 삼원三元이라 한다. 그래서 삼원육갑三元六甲의 1주기가 180년이 되는 것이다. 삼원육갑三元六甲이 중요한 이유는 구성九星이 20회전을 하면 180이 돼서 삼원육갑의 180과 일치한다. 구성에 육갑을 배치하면 구성이 원래의 자리로 돌아오면서 육갑도 원래 자리로 돌아와 둘이 일치되기 때문이다.

예를 들어 1865년은 구성으로는 구자九紫에 해당되고, 육갑六甲으로는 을축乙丑에 해당된다. 180년 후인 2045년이 되면, 구성의 구자九紫와 육갑六甲의 을축乙丑에 다시 해당된다. 구성과 육갑을 결합하면 육갑은 3번, 구성은 20번 순회하면 180년이 되면서 구성과 육갑이 원래와 일치하게 된다. 역술易術에서는 이를 일, 월, 년에 배치하여 광범위하게 활용하고 있다. 삼원三元의 180년을 1주기週期라고 하는데 1864년~2043년(上元 : 1864~1923, 中元 : 1924~1983, 下元 : 1984~2043)까지의 180년이 26주기에 해당된다. 2044년부터는 27주기가 되는 것이다. 그러면 언제부터 시작해서 2043년이 되면 26주기가 끝나게 되는 것인가?

중국의 사마천司馬遷의 사기史記에 의하면 황제黃帝는 이름을 헌원軒轅이라고 하며, 당시의 천자天子 신농씨神農氏를 대신하여 염제炎帝, 치우蚩尤 등과 싸워 이겨서 천자가 되었다. 중국에서는 황제가 처음으로 나라를 세웠다고 한다. 황제가 나라를 세운 해를 기원紀元으로 해서 2043년이 26주기가 되는데, 2016년을 기준으로 4653년 전에 나라를 세운 것이다.

본명성本命星

운세運勢 전반에 대하여 영향을 주고 사업과 공부, 결혼, 인간관계 등에 따른 길흉吉凶 판단, 이사 방위와 모든 일을 하는 데 좋은 날과 나쁜 날을 가릴 수 있는 것이 구성九星이다. 자기가 태어난 해에 따른 구성九星이 본명성本命星이고, 구성의 방위에 따른 8괘가 본명괘本命卦이다. 그래서 본명성本命星과 본명괘本命卦가 같은 의미로 사용되기도 한다. 해를 말할 때는 본명성本命星이라 하고, 방위를 말할 때는 본명괘本命卦라고 할 수도 있다.

본명성本命星에 있어서 구성九星의 순환 경로가 남자와 여자가 서로 다른데, 남자는 1백 → 9자 → 8백 → 7적 → 6백 → 5황 → 4록 → 3벽 → 2흑 → 다시 1백 → 9자…의 순으로 역행逆行한다. 여자는 5황 → 6백 → 칠적 → 8백 → 9자 → 1백 → 2흑 → 3벽 → 4록 다시 5황 → 6백… 순으로 순행順行한다. 남자의 경우 마지막인 9자부터 1백 순으로 역행하고, 여자의 경우 처음인 1백부터 9자순으로 순행하여야 하는 것이 순리에 맞을 터인데 그렇지 않은 점에 대하여 의문이 생길 것이다. 본명성 표를 보면, 여자의 경우 상원은 5황에서, 중원은 2흑, 하원은 8백에서 시작하는데 이는 모두 오행으로 토土에 해당된다.

남자의 경우 상원은 2흑에서, 중원은 5황, 하원은 8백에서 끝나는데 이는 모두 오행으로 토에 해당된다. 남자와 여자는 서로 상대적인데, 남자의 끝나는 구성이 여자의 시작의 구성에 해당된다. 구성의 2흑과 5황, 8백은 오행으로 토土에 해당되고, 이 셋은 남서와 중앙, 북동으로 일직선이 된다. 토土는 오행으로 중앙에 해당되며, 북동인 간艮은 정지止를 상징하므로 토土에서 시작하고 끝냈다고 생각된다.

본명성이 5황에 해당되면 5황은 중앙으로 8괘에 해당되는 방위가 없다. 남자가 5황에 해당되면 2흑으로, 여자가 5황에 해당되면 8백으로 간주하는데, 5황이 오행으로 토土에 해당되는데 2흑과 8백 모두가 같은 토土이다. 같은 토土라 할지라도 왜 남자는 2흑으로, 여자는 8백으로 했느냐 하면, 남자의 경우 역행逆行하므로 5황에서 → 4록 → 3벽 → 2흑 순으로 역행하게 되는데 8백보다 2흑을 먼저 만나게 되고, 여

태어난 해의 간지干支로 찾는 본명성(本命星 : 本命宮)

三元	男女別	태어난 해의 간지(干支)와 구성(九星)								
上元 1864~1923	男	一白	九紫	八白	七赤	六白	五黃	四綠	三碧	二黑
	女	五黃	六白	七赤	八白	九紫	一白	二黑	三碧	四綠
中元 1924~1983	男	四綠	三碧	二黑	一白	九紫	八白	七赤	六白	五黃
	女	二黑	三碧	四綠	五黃	六白	七赤	八白	九紫	一白
下元 1984~2043	男	七赤	六白	五黃	四綠	三碧	二黑	一白	九紫	八白
	女	八白	九紫	一白	二黑	三碧	四綠	五黃	六白	七赤
六十甲子		甲子	乙丑	丙寅	丁卯	戊辰	己巳	庚午	辛未	壬申
		癸酉	甲戌	乙亥	丙子	丁丑	戊寅	己卯	庚辰	辛巳
		壬午	癸未	甲申	乙酉	丙戌	丁亥	戊子	己丑	庚寅
		辛卯	壬辰	癸巳	甲午	乙未	丙申	丁酉	戊戌	己亥
		庚子	辛丑	壬寅	癸卯	甲辰	乙巳	丙午	丁未	戊申
		己酉	庚戌	辛亥	壬子	癸丑	甲寅	乙卯	丙辰	丁巳
		戊午	己未	庚申	辛酉	壬戌	癸亥			
九星方位	9성	一白	二黑	三碧	四綠	五黃	六白	七赤	八白	九紫
	8괘	坎	坤	震	巽		乾	兌	艮	離
	방향	북	남서	동	남동	중앙	북서	서	북동	남
五黃中宮		남자의 본명성이 5황에 해당되면 곤궁(坤宮)의 2흑(二黑)으로 따지고, 여자의 본명성이 5황에 해당되면 간궁(艮宮)의 8백(八白)으로 따진다.								
중국의 黃帝 紀元		紀算点은 황제기원으로 따지는데. 현재 26주기(週期)이다. 1주기는 180년으로, 2043년 기준으로 황제기원은 4680년 전이다.								

자의 경우 순행順行하므로 5황에서 → 6백 → 7적 → 8백 순으로 순행하게 되는 2흑보다 8백을 먼저 만나기 때문이다.

표를 이용해서 본명성을 찾는 법을 알아보자. 1864년~1923년생은 상원에서 자기의 본명성을 찾아야 하는데, 먼저 자기가 태어난 해의 육갑干支을 알아야 한다. 예를 들어 1917년에 태어난 정사생丁巳生 남자일 경우, 육십갑자란에서 정사를 찾으면 가장 왼쪽 제일 밑에 있다. 그 줄을 타고 상원의 남자 줄과 만나는 점을 찾으면 2흑과 만나게 된다. 이 사람의 본명성本命星은 2흑二黑이고, 본명괘本命卦는 곤(坤 : 2흑)에 해당이 된다. 여자 1917년생은 상원의 여자란과 만나는 점을 찾으면 본명성이 4록四綠에 해당되고 본명괘는 손(巽 : 4록)이 된다.

1924년~1983년생은 중원에서 찾아야 되는데, 1942년생의 육십갑자는 임오생壬午生이다. 임오는 육십갑자란의 가장 왼쪽 위에서 3번째에 있다. 그 줄을 타고 위로 올라가면 중원의 남자 줄에 있는 4록四綠과 만나게 된다. 이 남자의 본명성은 4록이 된다. 본명괘는 손(巽 : 4록)에 해당이 된다. 1942년생 여자는 중원의 여자 줄의 2흑에 해당되므로 본명성이 2흑二黑이고 본명괘는 곤(坤 : 2흑)에 해당이 된다.

1984~2043년 사이에 태어난 사람은 하원에서 자기 본명성을 찾아야 하는데, 2003년생의 육십갑자는 계미癸未이다. 계미는 육십갑자란의 왼쪽에서 2번째, 위에서 3번째에 있다. 남자의 경우 이 줄을 타고 올라가 하원의 남자 줄과 만나는 점을 찾으면 6백과 만난다. 이 남자의 본명성은 6백六白이고 본명괘는 건(乾 : 6백)에 해당에 해당된다. 여자의 경우 여자 줄과 만나는 점을 찾으면 9자九紫와 만난다. 이 여자의 경우는 하원 여자 줄의 9자와 만나므로 본명성은 9자이고 본명괘는 이(離 : 9자)에 해당이 된다. 이와 같은 방법으로 자기의 본명성과 본명괘를 찾아서 활용할 수가 있다.

수식數式을 이용해 본명성本命星을 산출하는 방법

본명성을 간단한 계산방법으로 구할 수가 있다. 그 수치는 1~9까지의 숫자로 산출된다. 산출은 다음과 같이 한다.

① 남녀의 계산 방법이 다르다.

* 남자

一白	九紫	八白	七赤	六白	五黃	四綠	三碧	二黑
甲子	乙丑	丙寅	丁卯	戊辰	己巳	庚午	辛未	壬申
癸酉	甲戌	乙亥	丙子	丁丑	戊寅	己卯	庚辰	辛巳
壬午	癸未	甲申	乙酉	丙戌	丁亥	戊子	己丑	庚寅
辛卯	壬辰	癸巳	甲午	乙未	丙申	丁酉	戊戌	己亥
庚子	辛丑	壬寅	癸卯	甲辰	乙巳	丙午	丁未	戊申
己酉	庚戌	辛亥	壬子	癸丑	甲寅	乙卯	丙辰	丁巳
戊午	己未	庚申	辛酉	壬戌	癸亥	**甲子**	乙丑	丙寅
丁卯	戊辰	己巳	庚午	辛未	壬申	癸酉	甲戌	乙亥
丙子	丁丑	戊寅	己卯	庚辰	辛巳	壬午	癸未	甲申
乙酉	丙戌	丁亥	戊子	己丑	庚寅	辛卯	壬辰	癸巳
甲午	乙未	丙申	丁酉	戊戌	己亥	庚子	辛丑	壬寅
癸卯	甲辰	乙巳	丙午	丁未	戊申	己酉	庚戌	辛亥
壬子	癸丑	甲寅	乙卯	丙辰	丁巳	戊午	己未	庚申
辛酉	壬戌	癸亥	**甲子**	乙丑	丙寅	丁卯	戊辰	己巳
庚午	辛未	壬申	癸酉	甲戌	乙亥	丙子	丁丑	戊寅
己卯	庚辰	辛巳	壬午	癸未	甲申	乙酉	丙戌	丁亥
戊子	己丑	庚寅	辛卯	壬辰	癸巳	甲午	乙未	丙申
丁酉	戊戌	己亥	庚子	辛丑	壬寅	癸卯	甲辰	乙巳
丙午	丁未	戊申	己酉	庚戌	辛亥	壬子	癸丑	甲寅
乙卯	丙辰	丁巳	戊午	己未	庚申	辛酉	壬戌	癸亥
五黃	六白	七赤	八白	九紫	一白	二黑	三碧	四綠

* 여자

3원	남자 시작	남자 끝	여자 시작	여자 끝
상원	一白	五黃	五黃	一白
중원	四綠	八白	二黑	七赤
하원	七赤	二黑	八白	四綠

② 수치가 5인 경우는 남녀 각각 변화한다.

이상의 두 가지가 중요한 포인트이다. 먼저 기본수本命卦의 산출방법인데, 남녀 다 같이 생년서기西紀로 산출한다. 원칙적으로 1년 주기는 24절기 중의 하나인 입춘(立春 : 매년 2월 5일경)에서 다음 해의 입춘 직전까지로 한다. 예컨대 1956년생의 사람은 1956년의 입춘에서 1957년의 입춘 직전까지가 된다. 그렇다면 본명괘의 산출순서를 참조하면서 산출을 해 보자. 입춘은 대개 양력으로 2월 5일경인데 해에 따라 약간의 차이가 있으므로 상세한 것은 만세력萬歲曆을 보기 바란다.

※ 남녀의 본명성 기본수 산출법

남자의 경우

① 태어난 해를 기입한다. 원칙적으로는 그 해의 입춘을 지나 태어난 것으로 한다. 입춘을 지나지 않았으면 그 전해로 계산한다.
② 생년의 한 자리씩 더한다.
③ ②에서 나온 답을 한자리씩 더한다.
④ 11에서 ③의 답을 뺀다.

기본수가 5일 때는 중앙에 해당되므로 자동적으로 그 기본수가 2가 된다.

예1) ❶ 1945년생
　　　❷ 1+9+4+5=19
　　　❸ 19에서 1+9=10
　　　❹ 11에서 10을 뺌. 11-10=1 기본수

이 사람의 본명성은 구성의 **1백(一白)**에 해당하는 **감궁**(坎宮 : **북쪽**)이다.

예2) ❶ 1958년생
　　　❷ 1+9+5+8=23
　　　❸ 23에서 2+3=5

❹ 11-5=6 기본수

이 사람의 본명성은 **6백(六白)**이며, 본명괘는 **건궁(乾宮 : 북서쪽)**이 된다.

여자의 경우

① 남자와 마찬가지로 생년을 기입한다.
② 생년을 한자리씩 더한다.
③ ②의 답을 다시 한자리씩 더한다.
④ ③의 답에 숫자 4를 더한다.
⑤ 기본수가 10 이상이면 9를 뺀 값을 취한다.

기본수가 5일 때는 자동적으로 8이 된다.

예) ❶ 1966년 생
❷ 1+9+6+6=22
❸ 2+2=4
❹ 4+4=8

이 사람의 본명성은 구성의 **8백(八白)**이고, 본명괘는 **간궁(艮宮 : 북동쪽)**이 된다. 여자의 경우 기본수가 5일 경우 기본수를 8로 한다. 왜냐하면 5는 본명괘가 중앙에 해당하여 방향이 없다.

[기본수에 해당하는 본명괘]

남녀 모두 1이 되면 북쪽(坎)이다.
2가 되면 남서쪽(坤)이다.
3이 되면 동쪽(震)이다.
4가 되면 남동쪽(巽)이다.
5가 되면 중앙으로 방향이 없다.
그래서 남자는 남서쪽(坤), 여자는 북동쪽(艮)으로 따진다.
6이 되면 북서쪽(乾)이다.
7이 되면 서쪽(兌)이다.

8이 되면 북동쪽(艮)이다.
9가 되면 남쪽(離)이다

남녀별 본명괘 조견표

본명괘	성별	출생년도서기
기본수 1 북쪽(坎)	남자	1918,1927,1936,1945,1954,1963,1972,1981,1990,1999,2008,2017
	여자	1914,1923,1932,1941,1950,1959,1968,1977,1986,1995,2004,2013
기본수 2 남서쪽(坤)	남자	1914,1917,1923,1926,1932,1935,1941,1944,1950,1953,1959,1962 1968,1971,1977,1980,1986,1989,1995,1998,2004,2007,2013,2016
	여자	1915,1924,1933,1942,1951,1960,1969,1978,1987,1996,2005,2014
기본수 3 동쪽(震)	남자	1916,1925,1934,1943,1952,1961,1970,1979,1988,1997,2006,2015
	여자	1916,1925,1934,1943,1952,1961,1970,1979,1988,1997,2006,2015
기본수 4 남동쪽(巽)	남자	1915,1924,1933,1942,1951,1960,1969,1978,1987,1996,2005,2014
	여자	1917,1926,1935,1944,1953,1962,1971,1980,1989,1998,2007,2016
기본수 6 북서쪽(乾)	남자	1913,1922,1931,1940,1949,1958,1967,1976,1985,1994,2003,2012
	여자	1919,1928,1937,1946,1955,1964,1973,1982,1991,2000,2009,2018
기본수 7 서쪽(兌)	남자	1912,1921,1930,1939,1948,1957,1966,1975,1984,1993,2002,2011
	여자	1920,1929,1938,1947,1956,1965,1974,1983,1992,2001,2010,2019
기본수 8 북동쪽(艮)	남자	1920,1929,1938,1947,1956,1965,1974,1983,1992,2001,2010,2019
	여자	1912,1918,1921,1927,1930,1936,1939,1945,1948,1954,1957,1963 1966,1972,1975,1981,1984,1990,1993,1999,2002,2008,2011,2017
기본수 9 남쪽(離)	남자	1919,1928,1937,1946,1955,1964,1973,1982,1991,2000,2009,2018
	여자	1913,1922,1931,1940,1949,1958,1967,1976,1985,1994,2003,2012

八相家宅

제2장

팔상가택의 길흉판단

동사택과 서사택

대문·안방·주방의 방향

화장실·목욕탕·하수구의 방위와 길흉

1 동사택東四宅과 서사택西四宅

　양택풍수에 있어서 길흉판단법은 여러 가지가 있는데 가장 많이 사용하고 있는 것이 대문·안방·주방의 위치에 따라 길흉을 판단하는 팔택가상법八宅家相法이다. 이는 집터의 중심점으로부터 대문·안방·주방이 어느 방위에 속해 있느냐에 따라 먼저 동사택東四宅과 서사택西四宅으로 나누는 것이다. 그렇다면 동사택과 서사택은 어떻게 구분하는가?

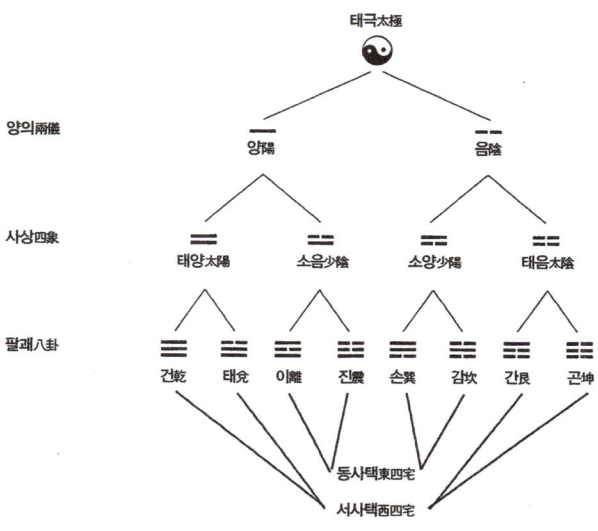

8괘의 동사택과 서사택의 배치도

동사택과 서사택 각각 4개의 방위는 주역 8괘의 방위를 배치한 것이다. 원래 아무런 변화가 없는 상태를 태극太極 또는 무극無極이라 한다. 이것이 음陰과 양陽으로 나뉘어 음양陰陽이 대립하는 것을 양의兩儀라 한다. 이 양陽이 나뉘어 태양太陽과 소음少陰이 되고, 이 음陰이 나뉘어 태음太陰과 소양少陽으로 되는데, 이를 사상四象이라 한다.

태양太陽이 나뉘어 건乾과 태兌가 되고, 소음少陰이 나뉘어 이離와 진震이 되며, 소양少陽이 나뉘어 손巽과 감坎이 되고, 태음太陰이 나뉘어 간艮과 곤坤이 되는데, 이를 8괘八卦라 한다.

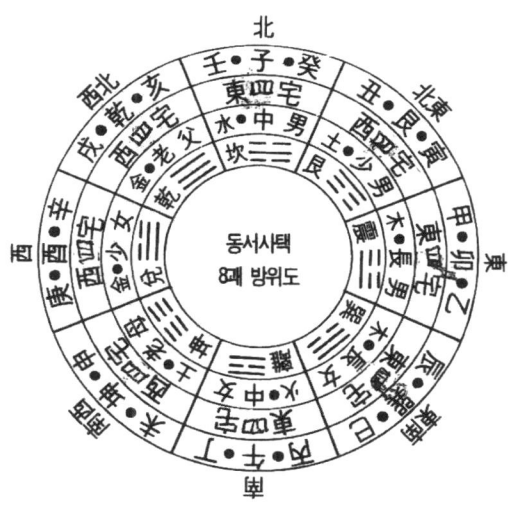

동사택과 서사택의 방위도

태양에서 나뉜 건乾과 태兌, 태음에서 나뉜 간艮과 곤坤 즉, 같은 태太끼리의 음과 양을 배합해서 서사택으로 정했고, 소양에서 나뉜 이離와 진震, 소음에서 나뉜 손巽과 감坎 즉, 같은 소少끼리의 음과 양을 배합하여 동사택으로 정했다.

앞서 동사택과 서사택은 대문·주방·안방이 집터의 중심점에서 보아 어느 방위에 속해 있는가에 따라 나뉜다고 언급하였다. 그렇다면 먼저 중심점을 찾을 수 있어야 하는데, 아파트의 경우는 호실에서 중심점을 잡아야 한다.

주택에서 방위를 측정할 위치인 중심점을 찾는 것은 매우 중요하다. 집의 기두起頭가 동사택인지, 서사택인지를 구분하는 기준점이 될 뿐만 아니라 대문, 안방, 주방 등을 비롯하여 각 구조물들이 좋은 방위에 있는지 혹은 나쁜 위치에 있는지를 판단하는 기준점이 되기 때문이다. 그러나 이에 대한 학설이 구구하여 어떤 이론이 정확한지는 판단하기 어렵다. 그렇기 때문에 여기서는 결론을 유보하고 여러 학설들을 소개하고자 한다. 첫째 학설의 주장은 마당이 있는 일반 단독주택에서는 마당 중앙에서 나경을 정반정침正盤正針한다. 둘째 학설의 주장은 집터 정중앙에 나경을 정반정침한다. 셋째 학설의 주장은 집터 전체나 마당의 중심이 아니라 건물 자체의 중심에 나경을 정반정침한다. 넷째 학설의 주장은 건물 중심점에 놓되 한옥일 경우는 대청마루 중앙에 놓는다. 이중 어느 것이 정확한지는 앞으로 보다 많은 연구와 검증이 필요하다.

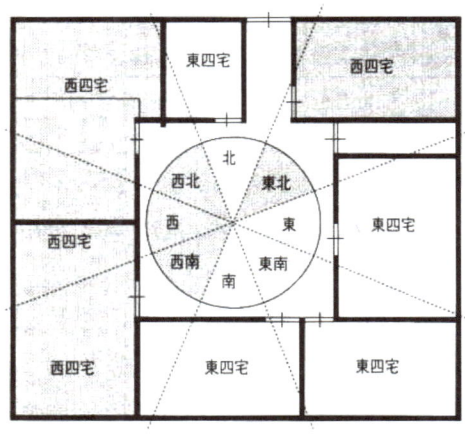

아파트의 동사택과 서사택의 구분 및 방위 측정점

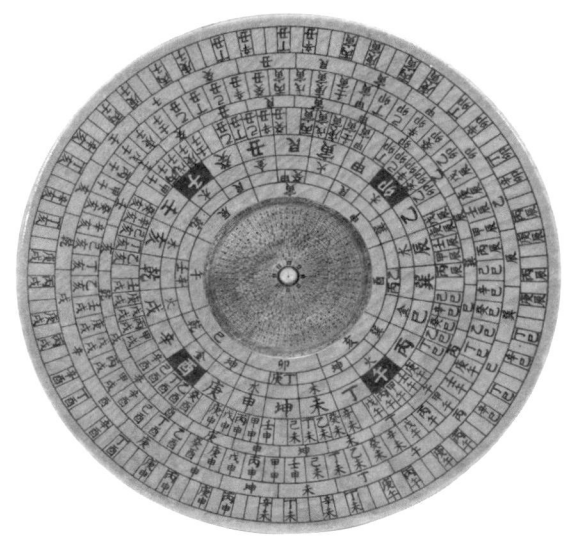

나경

　　정반정침에서 정반正盤이란 나경(패철) 또는 나침반을 수평이 되도록 똑바로 놓는 것을 말한다. 정침正針이란 자오선子午線 즉 정북쪽을 나타내는 자子자와 정남쪽을 나타내는 오午자에 자침바늘이 일치하도록 하는 것을 말한다. 다시 말해서 나침반의 바늘이 남북을 정확히 가리키도록 해야 한다는 뜻이다. 나경을 정반정침하는 기준점과 관련하여 필자의 의견은, 대문을 통하여 들어온 외부의 기氣는 담으로 둘러싸인 집터 전체에 작용하므로 그 기의 중심은 대지垈地 중앙이 되어야 한다는 생각이다. 기존의 집을 생각하지 말고 새로운 터에다 집을 짓는다고 가정해보자. 주主 건물의 위치와 좌향坐向은 이미 지형을 고려하여 팔십팔향법 등 다른 이법理法으로 결정된다. 주 건물이 어느 방위에 있느냐를 판단할 때 대지 전체의 중심을 기준으로 하는 것이 일반적인 상식이다. 건물이 들어설 자리는 빼놓고 남은 땅 중심에서 방위를 측정한다면 건물이 집안 전체에서 어느 방위에 있는지 판단하기 어렵다. 이는 건물을 별개의 공간으로 취급하는 것과 다름없다. 기두

起頭란 집안의 기氣가 작용하는 중심축이다. 담으로 둘러싸인 공간이 집안이므로 이 모두를 고려해서 기준점을 잡아야 한다. 만약 앞마당만 고려한다면 측면과 후면에 있는 공간의 기는 모두 무시하는 결과를 초래한다. 따라서 집안의 기氣 전체를 고려하여 대지 전체의 중심지점에서 그 기가 가장 많이 작용하는 주가건물主家建物의 무게중심처의 방위를 측정하여 기두를 설정하여야 한다고 본다.

다음 그림은 5층 건물에 있어 방위와 층별 길흉을 나타냈는데, 집터 한가운데 나경을 놓고 측정하였다. 청나라 때 중국에서 발간된 서적들을 보면, 주택을 집터 중심으로 해서 나타낼 때는 택宅으로 표시했고, 건물만을 표시할 때는 가家로 표시하고 있는데, 양택풍수에서는 택宅으로 많이 표시하고 있다.

주가건물의 무게중심처 방위를 나경패철 4층 지반정침地盤正針으로 측정하여 기두起頭로 삼는다. 이때 방위는 팔괘八卦 방위로 한다.

근거 개량양택십서, 상해금장도서국인행, 왕혜천선생찬집, 만력경인[改良陽宅十書, 上海錦章圖書局印行, 王惠泉先生纂輯, 萬曆庚寅]1590

즉, 기두起頭가 임자계壬子癸 3방위면 정북쪽으로 감방坎方이라 하고, 축간인丑艮寅 3방위면 북동쪽으로 간방艮方이라 한다. 같은 방법으로 갑묘을甲卯乙이면 정동쪽으로 진방震方, 진손사辰巽巳는 동남쪽으로 손방巽方, 병오정丙午丁은 정남쪽으로 이방離方, 미곤신未坤申이면 남서쪽으로 곤방坤方, 경유신庚酉辛이면 정서쪽으로 태방兌方, 술건해戌乾亥이면 서북쪽으로 건방乾方이 된다. 기두의 방위를 보고 동사택궁東四宅宮의 집인지 서사택궁西四宅宮의 집인지를 파악한다. 기두의 방위가 팔괘로 감방坎方, 진방震方, 손방巽方, 이방離方이면 동사택궁東四宅宮의 집이다. 반면에 간방艮方, 곤방坤方, 태방兌方, 건방乾方이면 서사택궁西四宅宮의 집이다. 그 다음은 대문, 주방, 안방을 비롯하여 자녀방, 거실, 우물, 사랑채 등 집의 주요처 방위를 측정하여 기두와 같은 사택궁四宅宮에 위치하고 있는지를 살핀다. 기두와 같은 사택궁에 위치하고 있다면 길한 궁위다. 그러나 기두와 다른 사택궁이면 흉한 궁위에 해당된다. 화장실, 하수구, 창고, 축사, 쓰레기장 등은 기두의 궁위와 다른 사택에 있는지를 살핀다. 기두와 같은 궁위에 있으면 좋은 궁위에 지저분한 것들이 있음으로써 집안에 오히려 나쁜 영향을 준다. 지저분하고 흉한 기운을 배출하는 것들은 나쁜 궁위에 있어야 길하다. 이는 악기惡氣는 누설漏泄되면서 제살방재制殺防災하기 때문이다. 만약 기두起頭가 동사택東四宅이면 대문, 안방, 주방, 자녀방, 거실 등도 동사택 궁위에 있어야 길하며, 서사택西四宅 궁위에 있으면 흉하다. 기두가 서사택이면 주택의 주요처가 서사택 궁위에 있어야 하며, 동사택에 있으면 흉하다. 그러나 화장실, 하수구 등 흉한 것들은 동사택에 있어야 길하다. 아파트나 빌라의 경우는 일반 주택과 마찬가지로 나경패철을 놓는 기준점에 대한 여러 학설이 있다. 특히 과거와는 다른 주택 구조로 인하여 이에 대한 이론異論 또한 분분하다. 예를 들어 전체기준론, 안방기준론, 거실기준론 등이 그것이다. 그러나 현관문을 통하여 집안으로 들어온 외부의 기는 집안 전체에 작용한다. 이 기가 모이는 지점을 기준으로 삼아 나경을 정반정침해야 하므로 실내 전체 정중앙에 해당된다. 아파트 등은 대개 사각형이므로 네 모서리에서 대각선을 그어 교차하는 지점을 중심점으로 보면 된다. 현관을 통하여 내부로 들어온 기는 집 내부에 있던 기와 서로 조화를 이루어야 하므로 가택구성법家宅九星法에 부합하도록 안방, 주방, 현관문, 거실, 화장실 등을 배치한다. 실내 중심에 나경(패철)을 정반정침하고 현관문의 방위를 측정하여 기두起頭로 삼는다. 마당이 있는 일반 주택에서는 대지 정중앙에서 주가건물의 무게중심처의 방위를 측정하여 기두로 삼았으나 아파트 등은 고대중량지처高大重量之處가 없다. 그런데 기두와 대문 현관문, 안방, 주방은 같은 사택四宅 궁위에 있으므로 방위를 측정하기 용이한 현관문의 방위를 기두로 삼는다. 기두가 동사택궁東四宅宮인지 서사택궁西四宅宮인지를 파악한다. 현관문의 방위가 팔괘로 감방坎方, 진방震方, 손방巽方, 이방離方이면 동사택궁東四宅宮이고, 간방艮方, 곤방坤方, 태방兌方, 건방乾方이면 서사택궁西四宅宮이다. 안방, 주방, 거실, 아이들 방, 서재 등이 같은 사택 방위에 있으면 길하고, 다른 사택 방위에 있으면 흉하다. 그러나 화장실, 다용도실, 욕실 등은 기두와 다른 사택 방위에 있어야 좋다. 이때 현관문은 안방과 주방을 상생하고, 안방은 주방과 현관문을 상생하고, 주방은 현관문과 안방을 상생하면 더욱 좋다.

사무실이나 점포, 공장의 경우는 마당이 없기 때문에 점포나 사무실, 공장 공간에서의 중심점을 구해야 한다. 대개 사무실 등은 사각형 형태이기 때문에 네 모서리에서 대각선을 그어 그 선이 교차하는 지점을 중심점으로 삼는다. 사각형 형태가 아닐 경우는 전체의 무게 중심점을 찾는다. 복잡한 각으로 되어 있어 무게 중심을 정확하게 찾을 수 없을 때는 두툼한 종이에다 평면도를 축소하여 그린다. 그리고

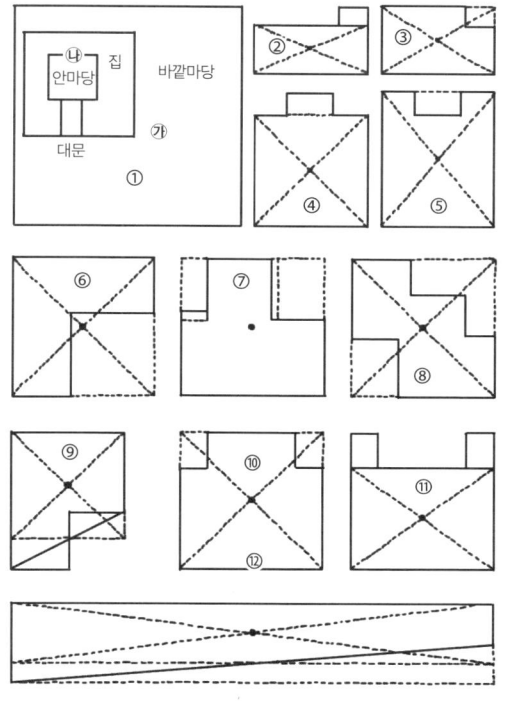

방위판단의 기준점 판별법

평면도를 오린 다음 실을 매달아 수평을 유지하는 곳이 무게 중심처가 된다. 사무실과 공장이 같은 건물에 있거나 상점과 주택이 같이 붙어 있을 경우는 각각의 중심점을 따로 정한다. 기의 출입과 작용하는 공간이 다르기 때문이다. 무게중심처에 나경을 정반정침하고 출입문의 방위를 측정하여 기두로 삼는다. 간혹 사장 자리를 기두로 설정해야 된다는 설도 있으나 출입문을 기준으로 하여 사장석의 위치가 좋은지 나쁜지를 판단하는 것이 보다 더 합리적이다. 기두가 동사택궁인지 서사택궁인지를 파악한다. 출입문의 방위가 팔괘로 감방坎方, 북, 진방震方, 동, 손방巽方, 동남, 이방離方, 남이면 동사택궁東四宅宮이다. 출입문의 방위가 간방艮方, 북동, 곤방坤方, 남서, 태방兌方, 서, 건방乾

方, 서북이면 서사택궁西四宅宮이다. 사장석(사장실), 이사석(이사실), 사원석, 경리석, 금고 등 사무실의 주요부서가 기두와 같은 사택궁위에 있으면 길하고, 다른 사택 궁위에 있으면 흉하다. 점포의 경우 주인석과 경리석, 또 주요 품목이 기두와 같은 궁위에 있어야 좋다. 이때 출입문은 사장석과 임원석, 사원석 등을 상생하고, 사장석은 임원석, 사원석, 경리석, 출입문 등을 상생하고, 임원석, 사원석, 경리석, 금고 등은 사장석을 상생하면 더욱 좋다.

중심점은 각 면이 교차하는 점으로 보는 정진법이 주로 쓰인다. 중심점 잡는 방법을 소개하면, 다음의 그림과 같이 바깥마당이 있고 안마당이 있을 경우는 안마당의 중앙이 중심점이 된다. 그림에서와 같이 집터 한 변의 일부분이 돌출되거나 들어가 있으면 돌출된 부분은 무시하고 들어간 부분은 그 부분이 있는 것으로 생각하고 대각선을 그어 만나는 점을 중심점으로 정한다.

그림 ⑥과 같이 ㄱ자형일 경우는 ㅁ자형으로 간주하고 대각선을 그어 만나는 점을 중심점으로 한다. 그림에서와 같이 2곳 이상이 돌출되거나 들어가 있으면 돌출된 곳은 없는 것으로 간주하고 들어간 부분은 있는 것으로 생각하여 대각선을 그어 만나는 점을 중심점으로 정한다.

그림 ⑫와 같이 한 변이 길고 한 변이 짧을 경우는 긴 변과 짧은 변의 길이를 더하고 2로 나누어 변의 평균 길이를 구한 다음 직사각형으로 간주하고 대각선을 그어 대각선이 만나는 점을 중심점으로 한다. 그림 ①과 같이 바깥마당이 있을 경우는 큰 터의 전체에서 중심점을 잡는 것이 아니라 대문 안의 집터에서 중심점을 잡아야 한다. 왜냐하면 바깥마당에는 대문이 없기 때문이다.

출생년도에 따른 동·서사택 조견표

괘명	남여	출생년도
감(坎:북쪽) 동사택	남	1945, 1954, 1963, 1972, 1981, 1990, 1999, 2008, 2017, 2026.
	여	1941, 1950, 1959, 1968, 1977, 1986, 1995, 2004, 2013, 2022.
곤(坤:남서쪽) 서사택	남	1941, 1944, 1950, 1953, 1959, 1962, 1968, 1971, 1977, 1980, 1986, 1989, 1995, 1998, 2004, 2007, 2013, 2016, 2022.
	여	1942, 1951, 1960, 1969, 1978, 1987, 1996, 2005, 2014, 2023.
진(震:동쪽) 동사택	남	1943, 1952, 1961, 1970, 1979, 1988, 1997, 2006, 2015, 2024.
	여	1943, 1952, 1961, 1970, 1979, 1988, 1997, 2006, 2015, 2024.
손(巽:남동쪽) 동사택	남	1942, 1951, 1960, 1969, 1978, 1987, 1996, 2005, 2014, 2023.
	여	1944, 1953, 1962, 1971, 1980, 1989, 1998, 2007, 2016, 2025.
건(乾:북서쪽) 서사택	남	1940, 1949, 1958, 1967, 1976, 1985, 1994, 2003, 2012, 2021.
	여	1946, 1955, 1964, 1973, 1982, 1991, 2000, 2009, 2018, 2027.
태(兌:서쪽) 서사택	남	1939, 1948, 1957, 1966, 1975, 1984, 1993, 2002, 2011, 2020.
	여	1947, 1956, 1965, 1974, 1983, 1992, 2001, 2010, 2019, 2028.
간(艮:북동쪽) 서사택	남	1947, 1956, 1965, 1974, 1983, 1992, 2001, 2010, 2019, 2028.
	여	1939, 1945, 1948, 1954, 1957, 1963, 1966, 1972, 1975, 1981, 1984, 1990, 1993, 1999, 2002, 2008, 2011, 2017, 2020, 2026.
이(離:남쪽) 동사택	남	1946, 1955, 1964, 1973, 1982, 1991, 2000, 2009, 2018, 2027.
	여	1940, 1949, 1958, 1967, 1976, 1985, 1994, 2003, 2012, 2021.

2 　대문·안방·주방의 방향

　주택에 있어서 대문·안방·주방을 삼요(3要)라 하여 이들의 방위를 가지고 길흉을 판단한다. 그 집안의 길흉 판단은 첫째로 집주인의 본명괘가 동사택과 서사택 중 어디에 속하는가를 가려야 한다. 집주인의 본명괘가 동·서사택 괘와 일치하면 복이 있고 장수하며 집안이 화목해지나, 일치하지 않을 경우는 재난과 근심이 많다.

　본명괘는 각자의 출생년도에 따라 정해지는 것인데, 일생 동안 변하지 않는 것이다. 우선 자기의 본명괘를 알아야 한다. 이는 쉽게 계산할 수 있는데, 그 산출법은 구성과 본명성(33~45p)을 참고하기 바란다.

　대문·안방·주방의 방위를 가지고 길흉을 판단하는 것은 가택구성법家宅九星法을 운용한다. 구성은 생기(生氣 : 貪狼), 오귀(五鬼 : 廉貞), 연년(延年 : 武曲), 육살(六殺 : 文曲), 화해(禍害 : 祿存), 천을(天乙 : 巨門), 절명(絶命 : 破軍), 보필(輔弼 : 伏位)로 구분되며 그 구체적 의미는 다음과 같다.

생기(生氣 : 貪狼) | 오행의 목木에 해당되며 집안이 부귀하게 된다.

오귀(五鬼 : 廉貞) | 오행의 화火에 해당되며 질병에 시달리거나 일찍 죽고 나쁜 일이 계속 일어난다.

연년(延年 : 武曲) | 오행의 금金에 해당되며 벼슬이 높아지고 재물을 모으며 자손이 많고 수명이 길다.

가택구성법家宅九星法에 의한 길흉판단 조견표

대문방위(위치)	서쪽(兌)	동쪽(震)	북쪽(坎)	남쪽(離)	북동쪽(艮)	남동쪽(巽)	북서쪽(乾)	남서쪽(坤)
북서쪽(乾)	생기	오귀	육살	절명	천을	화해	보필	연년
남서쪽(坤)	천을	화해	절명	육살	생기	오귀	연년	보필
북동쪽(艮)	연년	육살	오귀	화해	보필	절명	천을	생기
남동쪽(巽)	육살	연년	생기	천을	절명	보필	화해	오귀
남쪽(離)	오귀	생기	연년	보필	화해	천을	절명	육살
북쪽(坎)	화해	천을	보필	연년	오귀	생기	육살	절명
서쪽(兌)	보필	절명	화해	오귀	연년	육살	생기	천을
동쪽(震)	절명	보필	천을	생기	육살	연년	오귀	화해

육살(六殺 : 文曲) | 오행의 수水에 해당되며 집안이 망하고 가족이 상처를 입거나 부정을 저지르게 된다.

화해(禍害 : 祿存) | 오행의 토土에 해당되며 재난이 많아 재산을 잃으며 수명이 짧아 후대가 끊긴다.

천을(天乙 : 巨門) | 오행의 토土에 해당되며 부와 귀를 겸하고 복이 많아 집안이 화목하고 좋은 일이 많다.

절명(絶命 : 破軍) | 오행의 금金에 해당되며 병에 시달려 수명이 짧고 나쁜 일이 계속 생긴다.

보필(輔弼 : 伏位) | 오행의 목木에 해당되며 모든 일이 순조롭고 경사스러운 일이 계속 생긴다.

이를 주택에 적용시켜보면 대문·안방·주방, 주택 내의 각방, 객실, 우물은 길吉한 자리인 생기·연년·천을·보필에 해당되는 방위에 배치되어야 기氣가 왕성하며 복이 많고 편안하게 된다. 그리고 화장실·축사·헛간·하수구·목욕탕 등은 오귀·육살·화해·절명의 흉한 자리에 배치되어야 나쁜 기를 쫓아내어 건강하게 오래 산다. 여기에서 기준 방위를 대문으로 했는데, 대문 방위 대신 안방이나 주방 어디를 해도 상관없다. 아파트나 빌라는 자기 호실의 현관문을 기준으로 한다.

　앞에 예시된 조견표 보는 법을 간단히 설명하겠다. 예를 들어 조견표에서 대문의 방향이 서쪽이라고 가정하면, 표의 가로의 대문방위에서 서쪽을 찾고 그 칸의 세로를 보아 앞서 언급한 것처럼 북서쪽이 생기, 남서쪽이 천을, 북동쪽이 연년, 서쪽이 보필로 길한 방위이므로 이 방위에 안방이나 주방을 배치하면 된다. 또 동남쪽의 육살, 남쪽의 오귀, 북쪽의 화해, 동쪽의 절명은 흉한 방위이므로 이 방위에는 화장실이나 하수구, 목욕탕을 배치하면 흉함을 물리칠 수 있다.

3. 화장실·목욕탕 하수구 방위와 길흉

　화장실과 욕실, 하수구는 더러운 것이 모이거나 빠져나가는 곳이다. 그래서 3요와 달리 취급한다. 화장실·목욕탕·하수구·외양간 등 깨끗하지 못한 것은 안방·대문·주방과는 반대되는 곳에 있어야 한다. 예를 들어 대문·안방·주방이 동사택에 속하면 화장실·목욕탕·하수구·외양간의 방위는 서사택에 속해야 되고, 반대로 대문·안방·주방이 서사택에 속하면 화장실·목욕탕·하수구·외양간의 방위는 동사택에 속해야 한다. 다시 부연해서 말하면 대문·안방·주방은 생기·연년·천을·보필에 해당되어야 좋고, 화장실·목욕탕·하수구는 오귀·육살·화해·절명에 속해야 좋다.

幸運風水

제3장

인테리어와 운기

주택과 주변 환경

행운을 부르는 비결

행운을 부르는 8가지 법칙

소원을 이룰 수 있는 풍수

행운을 불러들이는 소품

희망 성취를 위한 방위

색채의 이미지와 응용

※ 제3장은 290~291p '인용 및 참고 문헌'의 31, 32, 33을 저본底本으로 하였음을 밝힙니다.

1 주택과 주변 환경

자신이 사는 집이나 토지는 물론이고 주변 지역의 상태도 사람의 운세에 큰 영향을 미친다. 출근을 할 때나 쇼핑을 하러 나갈 때 시야에 들어오는 풍경과 피부에 닿는 공기, 오가는 사람들의 인상 등 모든 것이 운기를 좌우한다. 그 가운데서도 집에서 막 나왔을 때 첫눈에 들어오는 풍경은 가장 강한 영향력을 지닌다. 아울러 집안에서 보이는 풍경 또한 영향력을 미친다는 사실도 알아야 한다. 따라서 집 주변에 운기를 저하시킬 만한 환경이 있다면 그로 인한 영향을 최소화하도록 노력해야 한다. 집 주변의 범위는 자신의 생활권이라고 생각하면 된다.

병원

병원은 병자들이 모이는 공간이기 때문에 특성상 좋은 기가 있는 장소라고는 볼 수는 없다. 집 정면에 병원이 있으면 병원의 음기陰氣로 인해 건강에 이상이 생길 가능성이 있으므로 주의한다. 정면은 아니더라도 근처에 병원이 있다면 그쪽에 나무를 심거나 밝은 색상으로 인테리어를 해서 음기의 진입을 막는 것이 좋다.

학교

학교 앞을 지나다보면 학생들이 밝고 신명나는 목소리에 기분이 좋아진다. 그 이미지대로 학교는 양기陽氣가 가득한 공간이다. 그렇게 좋은 운기의 학생들이 많이 모이는 학교에 운세가 상승하는 기가 가득한 것은 당연하다. 현관을 나서자마자 학교가 보인다면 더할 나위 없는 행운의 입지 조건이라 할 수 있다. 그러나 학생들이 너무 떠드는 소리가 들리면 오히려 좋지 않다.

계단

현관 바로 앞에 계단이 있는 경우, 그 계단이 올라가는 계단인지 내려가는 계단인지에 따라 의미는 전혀 달라진다. 오르는 계단은 운기 상승으로 이어지지만 내려가는 계단은 운기 저하로 직결되기 때문이다. 만약에 현관 앞에 내려가는 계단이 있다면 집을 나서자마자 먼저 하늘을 올려다보는 습관을 기르자. 그런데 아파트의 경우 올라만 가거나 내려만 가는 계단은 보기 어렵고, 오르내리는 것이 보통이다. 가장 꼭대기층은 옥상으로 연결되는 계단을 제외한 올라가는 계단은 좀처럼 없을 것이다.

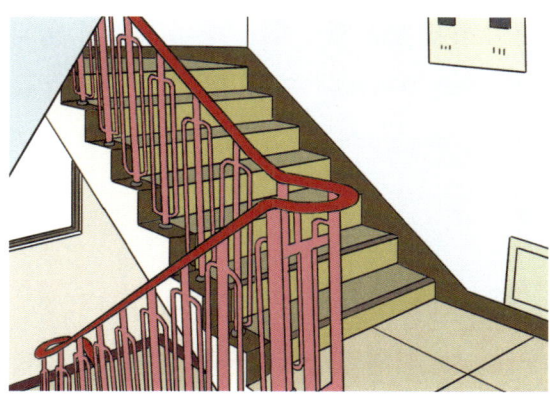

현관문을 열고 나왔을 때 올라가는 계단이 보이면 풍수적으로 좋다. 그러나 반대편에 있는 호실에서는 현관문을 열고 나오면 내려가는 계단이 보이는데 이는 좋지 않다.

묘지

고인이 묻혀 있는 묘지는 강력한 음기陰氣를 띠는 장소이다. 집 앞에 묘지가 있다면 병원과 마찬가지로 건강 상태에 영향을 미칠 수 있으므로 신경을 써야 한다. 가장 좋은 방법은 가능한 한 쳐다보지 않는 것이다. 특히 밤에는 주의해야 한다. 묘지 주변을 울타리로 막거나 집안의 조명을 최대한 밝게 하여 음기가 파고들지 못하도록 한다. 사찰寺刹 바로 뒤에 있는 묘지는 묘주墓主에게 나쁜 영향을 미친다.

장례식장

장례식장은 슬픔이 넘치는 곳이다. 따라서 그곳의 음기는 막강하다. 음기는 장례식장 입구에서 밖을 향해 나오기 때문에 원칙적으로 장례식장 앞에는 집을 짓지 않는 게 좋다. 이곳 역시 건강운에 좋지 않은 영향을 미치기 때문에 집이 장례식장 근처에 있는 것도 바람직하지 못하다. 그래도 어쩔 수 없는 경우라면 울타리나 나무로 경계를 만들어 눈에 띠지 않게 해야 한다.

쓰레기 처리장

쓰레기에는 음기가 쌓여 있어서 인간관계에 나쁜 영향을 미친다. 집 앞이나 근처에 쓰레기처리장이 있다면 가급적 쳐다보지 말고 집안의 공기 순환에 신경을 많이 써야 한다. 환풍기를 수시로 돌리고, 공기정화장치가 있는 에어컨도 좋은 요소이다. 또한 방안에는 나쁜 기운을 쫓는 감귤 계열의 방향제芳香劑를 놓아두면 효과적이다.

철탑鐵塔

철탑은 강한 화火의 기운을 띠고 풍수적으로도 살기殺氣를 내뿜는다. 그러므로 철탑 근처에서 생활하면 생명력과 운이 나쁜 영향을 받는다. 쳐다보지 않는 방법이 가장 좋다. 철탑이 산에서 내려오는 혈맥에 설치되어 있을 경우는 맥을 끊는 결과를 가져온다. 철탑 쪽에 식물을 놓아두면 효과적이다. 그러나 예를 들어 파리 에펠탑처럼 세계적으로 유명한 철탑은 지위운地位運을 상징하는 화火의 기운을 지녔기 때문에 크게 걱정하지 않아도 된다.

화단, 산책로

화단은 꽃이 뿜어내는 목木의 운기와 강한 양기를 흡수할 수 있는 좋은 장소이다. 집 앞에 꽃과 나무가 우거진 산책로가 있다면 정말 훌륭한 입지조건을 갖춘 셈이다. 출퇴근할 때 의식적으로 산책로를 지나오면 대지에 있는 토土의 운기를 집안까지 끌어올 수 있어 좋다. 집 앞에서 바로 꺾어 버려 각이 생기는 산책로는 오히려 살기가 있으므로 이럴 때는 그 모퉁이에 단段이나 플랜터(planter : 나무나 꽃을 심어 길가에 놓아둔 화분)를 배치하여 S자 라인으로 만드는 것이 효과적이다.

사찰寺刹

절은 금金의 기운을 지닌 장소로 집 근처에 절이 있다고 해서 문제가 될 것은 없지만, 장례식을 치른다거나 납골당이 있는 절은 조금 다르다. 장례식에 흐르는 슬픔의 기운이 집안으로 스며들어 건강에 좋지 않은 영향을 미칠 수도 있다. 이럴 때 슬픔의 기운, 즉 음의 수水 운기를 없애려면 정원의 힘을 빌리는 것이 좋다. 베란다나 정원에 관엽식물이나 꽃을 심어두면 효과적이다.

교회敎會

교회에는 두 가지 유형이 있다. 종교적 권위를 상징하는 교회라면 화火의 운기를, 작고 서민적인 이미지를 풍기는 교회라면 토土의 운기를 지닌다. 전자와 같은 교회가 집 앞에 있으면 강한 기의 영향을 받기 쉬우므로 현관이나 정원에 관엽식물을 두어 강한 기운을 중화시킨다. 또 후자와 같은 교회가 있으면 결혼식 등 여러 서민적인 모임에서 새어나오는 행복한 기운을 흡수할 수 있으므로 최상의 입지 조건이다. 스페인 같은 나라의 경우 옛날에는 마을이 형성되면 반드시 성당이 들어섰다고 한다.

공원 公園

녹음이 우거진 공원에는 사물을 발전시키는 목木의 기운과 양기陽氣를 발산하는 아이들이 어울려 언제나 좋은 기운으로 가득하다. 공원은 말 그대로 좋은 기운이 쌓이는 공간이다. 그렇기 때문에 집 근처에 공원이 있으면 정말 좋은 환경이라 할 수 있다. 아침에 집을 나서면서 공원 앞에서 심호흡을 한 번 해보자. 싱싱한 발전의 기운을 맘껏 호흡할 수 있을 것이다.

큰 나무

나무가 크게 자라는 땅은 대개 기름지고 기가 많다. 하지만 바로 집 앞에 큰 나무가 버티고 있어 압박감을 느낀다면 문제가 된다. 이런 경우는 철탑처럼 생명력과 운에 치명적일 수 있으므로 철탑과 같은 방식으로 대처하는 것이 좋다.

고속도로

고속도로가 집 근처에 나 있다면 환경 점수는 영점이다. 집안에 흐르는 기를 고속으로 잘라버려 기의 안정된 흐름을 방해하기 때문이다. 특히 피해를 보는 대상은 고속도로와 같은 높이에 사는 사람과 밑에 사는 사람이다. 이 경우에는 고속도로 쪽으로 난 창문을 불투명한 유리로 하거나 롤 스크린을 다는 것이 좋다. 바로 눈앞에서 순환도로가 있다면 반드시 대책을 강구해야 한다. 만약 고속도로의 굽어진 곳이 있다면 굽어진 안쪽보다는 바깥쪽이 더 큰 피해를 본다.

고속도로의 꺾인 부분에 있는 주택. 방음벽으로 가려져 있어서 피해가 적다.

선로線路

전철이 오가는 선로는 그 땅에 흐르는 기를 동강낸다. 그래서 선로 바로 옆에 있는 집은 모든 운기가 전철을 따라 지나가기 때문에 운기를 잡기가 힘들다. 이럴 때는 선로 옆에 담을 만들거나 식물을 많이 심어 선로가 보이지 않게 한다. 창가 쪽에 선로가 있다면 고속도로와 마찬가지로 여러 가지 방법을 강구해 보이지 않도록 하는 것이 좋다.

정면에 있는 집

집을 정면으로 마주보고 있는 집은 자신의 집과 같은 운기를 지닌다. 따라서 맞은편 집이 운이 좋은 집이면 그 행운을 나눌 수 있다. 그러나 불행한 집이라면 현관의 야간등을 항상 켜두고, 외출할 때도 늘 미소를 지어서 약한 운기를 떨쳐 버려야 한다. 현관 앞에 돌이나 화단으로 S자 라인을 만들고 식물을 많이 심어서 가능한 한 왕기(旺氣 : 왕성한 기운)를 많이 불러들여야 한다.

큰 건물

집 앞에 압박감을 주는 건물이 서 있으면 일상생활에 무의식적으로 건물에 짓눌리게 되고, 그렇게 되면 자신의 운기도 늘 위축되어 생기를 잃을 수 있다. 이럴 때는 무엇보다 그 건물을 의식하지 않은 것이 중요하다. 또 현관 앞에 식물 화분을 놓아 문을 열었을 때 가장 먼저 식물이 보이도록 조치한다. 하늘을 우러러보며 하늘의 운기를 받는 것도 좋은 방법이다.

물론 큰 건물이라고 해도 압박감을 주지 않는다면 크게 문제가 될 것은 없다. 빌딩 사이에 조그마한 건물이 있다면 양쪽 건물의 기세에 눌려 흉하게 된다.

맞은편 집의 귀각鬼角

자신의 집과 건너편 집이 마주보고 있다면 문제가 없지만, 도로를 사이에 두고 앞에 있는 집의 칼날 같은 모퉁이가 자신의 집을 정면으로 향하고 있다면 문제는 심각하다. 이런 경우를 귀각鬼角이라고 하는데, 귀각은 풍수에서도 경계해야 할 환경 가운데 하나이다. 매일 귀각 앞을 지나는 사람의 운기가 칼날에 잘려 나가기 때문이다. 이럴 때는 팔괘경八卦鏡이라는 거울을 집 밖에 걸어 두면 좋지만, 취급방법이 까다롭기 때문에 가능한 한 혼자 고민하지 말고 전문가와 상담을 하는 것이 좋다. 현관 양쪽에 녹색 계열의 화분만 놓아도 귀각의 영향을 많이 줄일 수 있다.

큰 도로 하천

집 앞에 구부러진 도로가 나 있다면 주의해야 한다. 굽은 도로는 반궁수反弓水라 하여 살기가 생길 환경이기 때문이다. 이 도로의 교통량이 많을수록 양기는 더 많이 흘러가기 때문에 운기 상승을 바란다는 것은 불가능하다. 이럴 때는 현관에서 도로까지 꽃 등의 식물로 S자 길을 내서 좋은 기운을 불러들이는 방법밖에 없다. 또한 풍수에서 하천은 재물을 이끌어오는 운기로 본다. 그래서 집과 하천의 간격이 하천 폭의 두 배 정도면 문제가 없지만 구부러진 하천이라면 큰 도로와 같은 대처가 필요하다. 하천이 활 모양으로 집을 감고 흐르면 재물이 모인다.

① 물은 급하지 않고 도도히 흘러야 하고,
② 물은 투명해서 물속이 훤히 들여다보일 정도여야 한다.

    풍수에서 하천은 물이 흐르는 곳이고, 도로는 사람이나 차량이 유통하는 곳으로 같은 개념으로 본다. 또한 물이나 사람, 차량은 움직이는 것으로 양陽으로 보고, 묘지나 산, 주택은 움직이지 않으므로 음陰으로 본다. 양택陽宅에서 물은 재물과 복록을 주관하는 요소가 되므로 물이 흐르는 모양이나 양量, 맑고 흐림에 따라 길흉이 달라진다. 물이 있는 곳에 도시가 발달하고 큰 부자나 인재가 배출되고 산수가 수려한 곳에서 유명한 인물이 배출되는 경우가 많다.

③ 물길은 완만한 곡선으로 감싸야 하고
④ 물이 공격을 하듯 정면으로 들어오면 침수나 침식의 해를 받게 되고

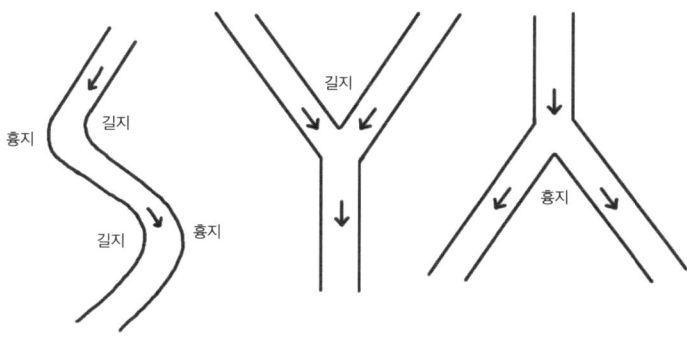

길의 꺾임에 따른 길흉

⑤ 복개된 하수 위에 건물을 지으면 침수, 침하, 부패한 공기 등으로 나쁜 영향을 받게 되고

⑥ 길이나 물이 갈라져 흐르는 곳의 삼각지는 침수, 침식 등 예기치 않은 피해를 당하게 되고

⑦ 길이 꺾어지는 곳에 주택이 있게 되면 여러 가지로 불리하고

⑧ 막다른 골목길에 마주쳐 주택이 있으면 예기치 않은 재난을 당하게 된다.

⑨ 도로 건너편 이웃집 주택의 뾰족한 부분이 화살 모양으로 집을 향해 오면 살殺이 된다.

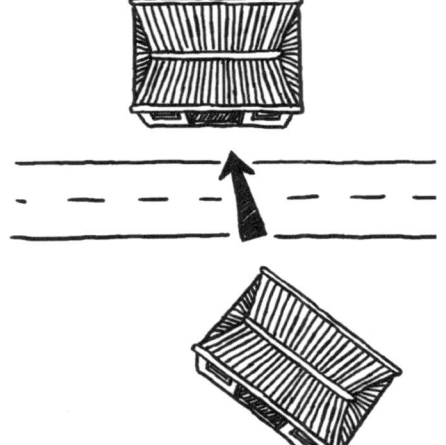

도로 건너편 주택의 뾰족한 부분이 다른 집을 향하고 있다.

⑩ 도로가 주택의 정면을 향하고 있으면 살殺이 된다.

도로가 주택의 정면을 향하고 있다.

※ 그림 ⑨~⑭는 Feng Shui for Beginners에서 인용

⑪ 주택이 남북과 동서로 달리는 도로의 교차점에 있으면 나쁘다.

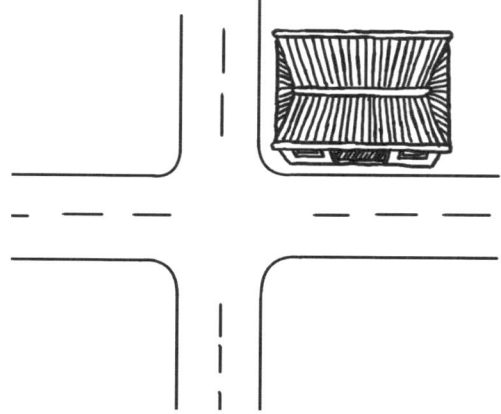

주택이 도로 '十'자의 교차점에 있다.

⑫ 주택이 도로의 굽어진 부분에 위치하면 나쁜 기를 받게 된다.

도로가 굽어진 부분에 주택이 자리해 있다.

⑭ 도로 건너편에 2개의 큰 건물이 있고 그 사이에 조그마한 건물이 위치하면 건물의 위용에 운기가 위축되어 나쁜 기를 받게 된다. 이런 경우는 현관 앞에 식물을 놓아두어 문을 열었을 때 가장 먼저 식물이 보이도록 한다.

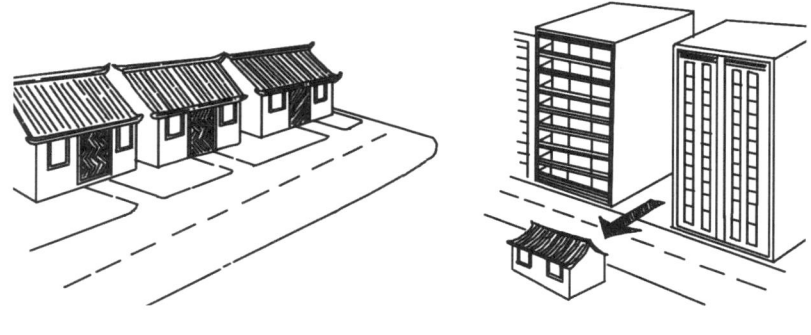

도로가 끝나는 지점에 있는 주택   큰 2개의 건물 사이의 도로 건너편에 있는 작은 주택

⑮ 도로 건너편에 있는 큰 광고판이나 빌딩과 마주보면 일상생활에서 무의식적으로 건물에 짓눌리게 되고, 그렇게 되면 자신의 운기도 늘 위축되어 생기를 잃게 된다.

⑯ 기차가 오고가는 선로 바로 옆에 있는 주택은 운기가 기차를 따라 지나가기 때문에 운기를 잡기가 힘들다. 이럴 때는 선로 옆에 울타리를 만들거나 식물을 많이 심어 선로가 보이지 않게 한다.

도로의 모습에 따라 여러 가지 이름을 붙인 격국(格局 : 짜임새, 구성)이 있는데, 이에 따라 길흉이 달라진다는 주장도 있는데 이는 상식적으로도 이해가 가능하다. 물에 침수될 위험이 있으면 나쁘고 사신사(四神沙 : 좌 청룡, 우 백호, 뒤 현무, 앞 주작)처럼 안아 주면 좋다. 그러나 4면을 둘러싸면 감옥에 갇히는 형국이 되어 좋지 않다. 이런 것을 염두에 두면 이해가 빠르다.

T자형 도로 정면의 귀각鬼角

교통량이 많은 T자형 도로의 맞은편에 공동주택이나 집은 직접적으로 살기가 흘러 들어오기 때문에 적합한 환경이 아니다. 특히 건너편에 공동주택처럼 다가구주택이 있고, 자신이 사는 집이 T자형 주택과 같은 층수이거나 낮은 층수일 때에는 운기에 타격이 올 수 있으므로 대책이 시급하다. 이럴 때는 도로 쪽에 있는 현관과 테라스에 식물을 장식하여 살기를 최대한 피해야 한다.

2 행운을 부르는 비결

공간법칙

왕기旺氣는 크기가 같은 공간이라도 좀 더 탁 트인 곳으로 모인다. 따라서 방안에는 꼭 필요한 물건만 둔다. 사용하지 않는 물건은 음기陰氣를 띠기 때문에 그것만으로도 살기殺氣를 발생시키는 원인이 된다. 풍수에서는 입구에서 구석까지의 최장 거리를 중시하므로 입구와 구석에 조명을 S자로 배치하는 것이 요점이다. 거울 앞에는 왕기를 증가시키는 관엽식물觀葉植物을 두어 두 배의 효과를 노리면 좋다.

S자 법칙

기氣에는 하늘을 날아오르는 용처럼 S자를 그리며 흐르는 성질이 있다. 곧게 뻗은 공간은 기의 흐름을 가로막아 결국에는 행운을 안겨다 줄 왕기의 출입을 막는다. 그래서 공간에는 자연스러운 S자 라인을 만들어 두어야 한다. 방문에서 현관, 정원에 이르기까지 벽돌과 돌멩이, 화분으로 부드러운 S자 라인을 만들어 적극적으로 왕기를 유도할 수 있어야 한다. 또한 집안 복도에도 높이가 다른 식물이나 스탠드를 놓으면 효과적이다. 특히 공동주택처럼 직선이 강조되어 변화 가능성이 적은 건물의 경우 좋은 기운이 출입하기 어려우므로 의식적으로 S

자를 그려 나가야 한다. 대문에서 현관으로 들어오는 디딤돌도 S자가 되게 놓아야 한다.

　　조경부지 내에 필요한 통로 쪽의 갈림 부분이 되는 지점을 중심으로 하여 여러 방향으로 나가는 통로를 내는 방법이 있다. 이와 같은 수법은 넓은 공간을 더 넓게 보이게 하는 이점도 있으며 3방향, 5방향의 홀수로 중심점에서 갈려 나가는 것이 좋다. 짝수로 나가야 할 경우 중심점에서 홀수로 나가다가 다시 두 갈래의 길을 만들면 되는데 좁은 조경부지에서는 조잡스러울 염려가 있다. 이외에도 곡선을 그리며 나가는 곡타曲打, 기러기 형상과 같은 안타雁打, 7.5.3 연타, 벌타筏打 등이 있다.

방사타 형식의 징검돌

대곡타(大曲打) 형식의 징검돌

유곡幽曲 법칙

유곡의 유幽는 '그윽하다', '멀다'라는 뜻이고, 곡曲은 '굽다', '가락'의 뜻이 있어 결국 유곡은 변화를 가리키는 말이다. 유곡의 법칙은 항상 공간에 변화를 일으키어 기를 순환시켜야 한다는 의미이다. 아무리 풍수적으로 좋아도 계속 한 가지 인테리어만 꾸미면 기가 정체된다. 운기를 상승시키려면 항상 기를 순환시켜야 한다는 것이 핵심이다. 예를 들면 계절에 따라 커튼이나 침대 커버 또는 각종 인테리어 소품을 바꾼다거나 창문을 수시로 여닫는 등 공간에 흐르는 운기의 대사代謝를 원활히 유지해야 한다. 꽃을 예쁘게 꽂아 둔다거나 아름다운 선율의 음악을 틀어 놓는 등 아주 간단한 것부터 공간의 유곡을 시도하면 된다.

무조건반사無條件反射의 법칙

사람은 자신의 눈에 띄는 사물을 통해 기를 흡수하는데, 특히 무의식중에 시야에 들어오는 주위 환경에서 기의 영향을 훨씬 많이 받는다. 이것을 무조건반사無條件反射의 법칙이라고 한다.

입구 | 현관문을 열고 집안으로 들어섰을 때 맨 먼저 보이는 것이 무엇인가? 바로 그것이 그 집의 전체 인상을 좌우한다. 꽃이나 식물, 아름다운 그림, 잘 정돈된 거실이 눈에 들어온다면 일단은 합격이다. 반대로 화장실이나 욕실이 보일 때는 입구에 식물을 놓아 음기를 조절할 수 있다. 마찬가지로 문을 열고 나왔을 때도 처음 눈에 보이는 것이 무엇인가가 중요하므로, 좋은 운기를 얻을 만한 환경이 아니라면 먼저 하늘을 올려다보며 하늘의 기를 받는 것이 좋다.

기상 순간 | 아침에 자명종이 울리고 잠을 깼을 때 눈에 가장 먼저 들어오는 것이 무엇인가? 무의식은 막 잠에서 깼을 때 가장 강하게 작용하기 때문에 눈을 뜨는 순간 그 날의 운세運勢가 결정된다. 쓰레기통이나 지저분한 방이 눈에 들어온다면 그 인상이 하루의 운기를 좌우한다. 그러므로 좋은 기운을 받아 하루

를 시작하고 싶다면 머리맡에 꽃이나 생기 있는 소품小品을 놓아두자.

전망 | '전망이 좋다'는 것은 풍수와 인테리어 비용 면에서 볼 때 긍정적이다. 현관과 방문을 열었을 때 전혀 막힘이 없이 구석구석 잘 보이는 집은 왕기로 가득 찬 좋은 공간이라고 할 수 있다. 그러나 입구 주변에 큰 가구나 짐이 있어서 집 안쪽이 보이지 않으면 왕기의 진입이 방해를 받는다. 그러므로 입구 주변은 항상 깨끗이 정리하고, 조명을 달아 구석진 공간까지 비춰 주어야 한다.

배후背後의 법칙

사람은 주변 사물의 기를 흡수하고 반사하지만 등 쪽에는 눈이 없기 때문에 뒤쪽에서 전달되는 기에는 전혀 무방비 상태다. 따라서 등 뒤의 기가 좋든 나쁘든 모두 흡수하게 된다. 등 뒤에 문이 있거나 누군가 뒤에 앉아 있으면 항상 타인의 인기척을 느낄 수밖에 없고, 이는 곧 기의 쇠퇴로 이어진다. 알게 모르게 자신의 운기가 사그라지는 것이다. 의자 뒤쪽과 침대 머리맡으로 문이 있다면 그 사이에 칸막이나 키가 큰 식물을 두어 기의 쇠퇴를 막아야 한다. 사무실에서도 상사나 동료의 책상이 자기 뒤에 있다면 같은 방법으로 대책을 강구하는 것이 좋다.

모서리각과 삼각형 모서리의 법칙

모서리는 음택풍수(陰宅風水 : 묘지풍수)에서도 아주 흉한 것으로 취급된다. 산의 뾰족한 끝이나 계곡의 끝이 봉분封墳을 향한다면 이를 능살陵殺과 곡살谷殺이라 하고, 하천의 물이 봉분을 향해 흐른다면 이는 수살水殺이라고 하여 아주 꺼리는 형태이다.

풍수적으로 아무리 좋은 방위라 해도 날카로운 모서리각의 영향을 받으면 운기가 저하된다. 특히 집에서 주의해야 할 부분이 바로 각角과 삼각형 코너이다. 모서리각이란 천장이나 벽의 이음새 부분, 가구 등의 모서리를 가리킨다. 운기가 드나드는 방문과 기를 재충전 해 주는 침대가 가구의 모서리각을 마주보고 있으면 무의식중에 운기를 잘라버리고 만다. 이럴 경우에는 모서리 부분에 가구와 같은 색깔의 테이프나 리본을 붙여도 되고, 식물로 모서리가 안 보이게 하는 것도 좋은 방법이다. 또한 지붕 밑이나 계단 아래처럼 삼각형 모서리로 이루어진 부분에서도 기가 아래로 정체되어 운기가 사그라질 수 있다. 이때는 커튼을 늘어뜨려 모서리 형태가 보이지 않도록 한다. 또한 식물을 놓고 조명을 달아서 기를 위쪽으로 올리는 방법도 있다.

죽음 이미지image의 법칙

풍수에서는 '죽음'을 연상시키는 모든 것은 음기를 띤다고 하여 그 기운이 집 안에 있으면 죽음의 냄새가 떠돌아다니며 집안 전체의 운세를 저하시킨다고 본다. 죽음을 떠올리게 하는 것으로는 드라이플라워dry flower나 박제剝製, 매달아 놓은 인형, 오래되고 낡은 아트플라워art flower, 봉제인형縫製人形, 너덜거리는 쿠션cushion 등이다. 몸에 걸치는 모피코트도 이에 해당되므로 원형이 손상된 것은 서둘러 처분하는 것이 좋다. 신문이나 잡지도 그 날과 그 달이 지난 것은 이미 낡은 것으로, 버리든지 아니면 보이지 않은 곳에 잘 정리해 둔다.

유유상종類類相從의 법칙

같은 토지에 사는 사람끼리는 비슷한 운기를 띤다. 즉 행복한 사람과 같은 지역에서 살면 좋은 영향을 받지만, 환자가 있거나 불화가 있는 집 또는 사고나 재난이 많이 발생하는 지역은 그 공간에 쌓여 있는 음기로 인해 당신과 가족에게 나쁜 영향을 줄 가능성이 크다. 결국 근처에 사는 사람들은 운기가 서로 닮아간다. 예를 들어 같은 동네나 회사 사람들이 서로 분위기가 비슷한 것은 이런 이유 때문이다. 특히 공동주택은 같은 대지 위에서 사는 대표적인 경우로 이웃의 영향을 가장 많이 받는다. 그러므로 이사를 할 때는 이웃에 어떤 사람이 사는지, 이전에 살던 사람들은 어떠했는지를 잘 파악해야 한다. 만일 이전 사람들의 운기가 그리 좋지 않았다면 벽지나 화장실 변기, 가능하면 욕조까지도 새것으로 바꾸는 것이 좋다.

3 행운을 부르는 8가지 법칙

인테리어 색상과 방위

8개 방위가 상징하는 색깔이 있다. 이를 무시하고 색상을 다르게 사용하면 인테리어의 균형이 깨진다. 따라서 올바른 인테리어는 방위별 색상을 고려하는 것이 좋다. 그리고 주인의 본명성本命星이 상징하는 색깔과 상생이 되는 색깔을 선택한다.

청소

인테리어 풍수의 기본은 항상 공간을 깨끗이 하는 것이다. 집안이 지저분하면 행운을 부르는 운기가 소멸된다. 그러므로 청소는 절대 게을리 하지 말고, 쓰레기도 즉시 처리하는 것이 좋다.

필요 없는 것 버리기

필요 없는 것, 사용하지 않는 물건은 음기를 초래하는 주범이다. 이런 물건은 음기를 발산하여 집안의 왕기를 쇠퇴시키므로 즉시 처분해야 한다. 서랍 안에 불필요한 것이 없는지 항상 살펴본다. 장서藏書 중 잘 보지 않는 책은 깊숙이 넣어두었다가 필요할 때 꺼내보는 것도 좋다. 신문은 물론 월간잡지의 경우 다음 달이 되면 낡은 것이 되니 그때그때 버려야 한다. 만약 모아둔다면 보이지 않는 곳에 깊숙이 넣어둔다.

현관과 침실의 청결

현관은 행운을 부르는 왕기가 들어오는 곳이고, 침실은 잃어버린 운을 되찾아 주는 중요한 공간이다. 아무리 바빠도 이곳만은 깨끗이 청소를 해두어야 한다. 꽃 장식은 운기의 상승을 위한 좋은 시도다.

밝은 조명

왕기(旺氣 : 왕성한 기운)는 어두운 곳을 가장 싫어한다. 집안이 어두우면 어두울수록 운기는 저하한다. 전력에 한계가 있다면 전구 수를 늘려서라도 조명은 밝게 유지해야 한다. 잠자는 호르몬은 어두워야 하며 성장호르몬은 잠자는 동안에 분비되므로 취침 중에는 밝게 해두지 않아도 된다.

꽃과 식물

꽃이나 식물 등 생기 있는 소품은 왕기를 불러들일 수 있는 강력한 요소이다. 더구나 기의 균형을 조절하는 효과까지 있다. 현관이나 침실은 물론 화장실, 복도처럼 기가 정체되어 있는 곳에 놓아두는 것이 좋다.

천연소재 사용

플라스틱 상자나 수납용기가 편리한 것은 사실이지만, 플라스틱은 나쁜 화火의 운기를 지니기 때문에 풍수적으로 절대 금물이다. 인테리어 잡화나 가구는 가능한 천연 소재 제품을 사용해야 한다. 플라스틱은 석유를 정유할 때 나오는 부산물로 만들어지기 때문에 화火의 기운을 가지게 되고 화(火 : 불의 기운)는 기가 멈춰 있는 것이 아니라 발산하기 때문에 특히, 일본 사람들의 풍수에서는 플라스틱 제품은 아주 꺼리는 경향이 있다.

향香과 음악

좋은 향기와 기분 좋은 음악은 좋은 기운이 넘치는 집을 만드는 훌륭한 요소이다. 기준에 맞춰서 향이나 음악을 바꾸면 집안에 흐르는 기에도 변화가 일어나 여러 운기를 상승시키는 기회를 만들 수 있다.

4 소원을 이룰 수 있는 풍수

금전운金錢運

　금전운의 상승을 바란다면 주방을 중심으로 관리한다. 우선 가스레인지 주변에 음식물이 타서 눌어붙거나 더러워지지 않도록 항상 광光을 낸다. 플라스틱 제품은 모두 치우고 조미료도 도자기 용기에 보관한다. 식용유는 가스레인지 밑에 두고 쌀은 목재나 도자기에 넣어 둔다. 주방 매트는 집안의 토대를 다지는 소품이므로 반드시 갈아 주어야 하며, 냉장고에 메모지를 덕지덕지 붙여두는 것은 좋지 않다. 또한 지갑이나 통장을 보관하려면 금金의 운기를 상승시키는 침실의 북 방위가 적당하고, 전용 상자나 서랍을 정해서 보관하면 더욱 효율적이다. 인테리어 색상은 은은한 색조의 노란색에 흰색을 적당히 조화시키는 것이 좋다.

저축운貯蓄運

　저축운이 상승하기를 원한다면 집안의 수납공간을 다시 한 번 살펴보자. 수납 상태가 좋으면 자연히 저축운도 상승한다. 화火 운기를 띠는 플라스틱 제품에 수납을 하면 금전운이 저하되므로 반드시 등나무 제품이나 목제 등을 사용한다. 또한 수납공간에 물건을 꽉 채우면 돈이 서서히 빠져나가므로 주의하고, 네 귀퉁이에 숯을 같이 넣어둔다. 방 북동쪽에는 키가 큰 물건을, 남서쪽에는 키가 낮은 물건을 두면 돈의 수지균형에 효과가 있다. 남서쪽과 북동쪽은 귀문방鬼門方이라 하여, 귀신이 남서쪽에서 들어온다 하여 이귀문방裏鬼門方이라 하고, 반대 방향인 북동쪽으로 빠져나간다 하여 표귀문방表鬼門方이라고 하는데, 이 방위의 한 가운데 변기를 놓거나 가스레인지 같은 화기火器를 놓아서는 절대로 안 된다. 이 방위를 항상 깨끗이 하고 관엽식물을 놓아두면 더욱 효과적이다.

연애운戀愛運

행복한 연애를 꿈꾸고 있다면 침실 상태를 점검해 보자. 우선 베개는 인연을 불러들이는 동남 방위에 둔다. 이렇게 할 수 없는 상황이라면 무리할 필요까지는 없다. 강렬한 사랑을 위한 체질 개선이 필요하다면 침실에 '연애세트 세 가지' 즉 향기와 꽃, 조명을 갖춰보자. 아로마 스탠드aroma stand로 발 부분을 비추고 베개 쪽에는 거베라gerbera나 튤립tulip처럼 꽃잎이 크고 여성스러운 꽃 장식을 한다. 또한 우연한 만남을 원한다면 감귤 계열, 애인이 있는 사람은 장미 계열의 방향제芳香劑나 천연향天然香 제품을 선택한다. 특히 거실 소파나 카펫 바닥에는 쿠션 몇 개 정도는 꼭 놓아두어야 한다.

결혼운結婚運

결혼운은 토土 기운을 높이면 강화된다. 따라서 인테리어도 토土 기운이 있는 도자기나 과일무늬를 포인트로 하는 것이 좋다. 구미歐美 정원 풍경을 그린 회화繪畵나 사진, 타일로 서로 엇갈리게 장식하는 것도 좋은 요소이다. 전통적인 인테리어는 인연운을 약화시킬 수 있기 때문에 가능한 서양 분위기가 좋다. 반면 절대 금물인 소품은 화분에 심겨진 식물이다. 식물은 뿌리를 내리기 때문에 당신의 현 상황을 그대로 뿌리내려 더 멀어질 수 있다.

가정운家庭運

안락한 소파와 쿠션cushion 그리고 푹신한 방석이 놓여 있는 거실, 이것이 바로 가정운을 상승시키는 인테리어이다. 가정운을 다스리는 토土 운기는 낮은 곳으로 흐르기 때문에 거실에 놓는 가구는 가능한 낮은 것으로 구성한다. 관엽식물도 좋은 요소이다. 또한 가족 간의 불화나 싸움을 방지하려면 원색이나 빨간색은 피하고, 기의 필터 역할을 하는 커튼을 항상 깨끗이 유지해야 한다. 그리고 가족들이 함께 식사를 하는 식탁 위에 필요 없는 자질구레한 소품을 올려놓지 않는 것이 좋다.

사업운事業運

사업운을 상승시키려면 목木의 운기인 잡지와 신문을 정리한다. 이것을 보관해야 할 때는 절대로 보이지 않은 곳에 넣어 두는데, 가능한 그때그때 버리는 것이 좋다. 특히 잡지꽂이에 계속 꽂아두는 것은 금물이다. 컴퓨터 주변에는 위로만 자라는 뱀부(bamboo : 대나무)나 종려죽을 두면 효과적이다. 당신의 때時 운기와 관계있는 시계는 세련된 디자인이나 고풍스러운 원목 제품을 추천한다. 유리나 나무 액자에 자신이 좋아하는 캐릭터character를 넣어두는 것도 바람직하다. 북서방위는 그 집안 가장의 격格을 나타내므로 항상 청결을 유지해야 하며, 현관에 신발을 많이 늘어놓아서는 안 된다는 것도 명심해야 한다.

건강운健康運

화장실은 건강운을 다스린다. 이 공간이 춥거나 지저분하면 여성은 부인과 질환, 남성은 내장 관련 질환을 염려해야 한다. 그러므로 항상 따뜻하게 유지시키는 게 좋고, 사용 후에는 반드시 변기 뚜껑을 덮어둔다. 매트 역시 찬 느낌의 청색이나 검정색, 동물무늬는 피하는 것이 바람직하고, 노란색 계통의 따스한 색상으로 통일한다. 변기에 앉았을 때 시선이 가는 쪽에 꽃 사진이나 그림을 걸어 두면 화장실에 쌓여 있는 음기를 줄일 수 있다. 한편 베개를 북쪽으로 놓고 자는 것도 건강운을 상승시키는 방법이다. 단, 방에 빛을 차단시키는 커튼을 걸어서는 안 된다.

기분운氣分運

우울한 기분이 좀처럼 가시지 않거나 오래갈 때는 침대 덮개와 베게 덮게를 새하얀 색으로 바꿔보자. 흰색은 기의 상승과 정화淨化를 도와 심신의 컨디션을 조절한다. 무료하고 의욕 상실로 마음이 무거울 때는 침실 분위기를 여성은 옅은 분홍색으로, 남성은 크림색이나 노란색으로 교체해 보는 것도 좋은 방법이다. 관엽식물처럼 생기 넘치는 소품을 배치하거나 인테리어 색상을 녹색 계열로 통일하는 것도 바람직하다. 어두운 공간에서는 운기도, 기분도 정체되는 것이 당연하다. 특히 현관 조명은 반드시 밝은 것으로 바꾸고 생기 있는 소품 장식을 활용하자.

5 행운을 불러들이는 소품

조명등

조명은 태양의 역할을 대신하는 요소이다. 공간의 기를 양기陽氣로 바꾸는 힘이 있기 때문에 현관이나 어두운 계단 밑, 복도에 조명등을 설치하면 좋다.

수정(crystal : 水晶)

빛을 반사하는 수정은 기를 흐트러뜨려서 왕기旺氣를 구석구석까지 보내는 역할을 한다. 아울러 살기를 정화시키는 효과가 있으며, 창가에 두면 더 효과적이다.

거울

거울은 왕기를 실내로 불러들이고 살기殺氣를 내보내는 힘이 있다. 거울에 식물이나 꽃을 비추면 운기는 배로 증가한다. 태양 빛을 받아 주변을 비추게 놓아둔다. 옆집의 지붕 모서리 등 뾰족한 것이 자기 집을 향해 있다면 이는 살기가 되므로 그 방향에 거울을 걸어두어 살기를 반사시키도록 한다.

식물

식물은 양기陽氣의 균형을 유지하는 힘이 강하고 음기陰氣를 없애서 생기를 퍼뜨려 주는 행운의 요소이다. 여성은 꽃을 중심으로 인테리어를 하면 효과적이다. 특히 남서쪽이나 북동쪽 같은 귀문방鬼門方에는 인도고무나무, 관음죽觀音竹, 종려 종류 등 잎을 감상하는 관엽식물觀葉植物을 두면 음기陰氣를 중화시킨다.

방향제芳香劑

향기는 공간의 기를 이동시키는 작용을 하고, 여러 가지 인연을 불러들이는 힘이 있는 요소이다. 감귤이나 플러럴floral 계열, 녹색 계열의 방향제가 좋다. 다양한 향기로 공간에 변화를 주자.

숯

숯은 음이온陰 ion을 발생시켜 공기를 정화하는 훌륭한 요소이다. 검은 숯 덩어리를 그대로 사용하면 인테리어의 균형을 깰 수 있으므로 한지로 싸서 서랍 귀퉁이나 전자 제품 근처에 둔다. 만약 싸둔 종이에 먼지가 쌓이면 음기陰氣로 변하므로 종이를 갈아 주도록 한다.

선풍기

선풍기는 공간의 기를 순환시키는 요소이다. 바람을 일으켜 좋은 인연까지도 불러들이므로 아주 훌륭한 여성의 벗이기도 하다. 약간 위를 향해 틀어 두는 것이 좋다.

공기 청정기

항상 공기가 맑으면 그 공간에는 좋은 운기가 넘친다. 음이온까지 발생시키는 청정기라면 금상첨화다. 가족이 주로 지내는 공간에 설치하는 것이 가장 효과적이다.

제습기除濕機

습기가 지속되면 그와 동시에 음기陰氣도 발생한다. 그러므로 운세가 저하되거나 건강운이 약화되는 것을 피하려면 항상 제습기를 켜두는 것이 좋다.

종鐘

음색音色이 아름다운 종은 살기殺氣를 억눌러 왕기旺氣를 집안으로 불러들이는 힘이 있다. 현관이나 집 안의 동쪽 또는 자기가 원하는 운기의 방위에 달아둔다.

정수기淨水器

물은 금전운과 여성의 운기를 다스리므로 평상시에 사용하는 물에도 신경을 써야 한다. 가능한 한 설거지를 할 때도 정수기 물을 사용하는 것이 좋다. 또한 머리카락은 수水의 운기를 그대로 흡수하기 때문에 주방뿐만 아니라 샤워할 때도 정수기를 이용한다.

명함名銜

명함은 자신의 이름, 직장명이나 지위 등 자신이 어떤 사람인가를 그대로 나타낸다. 따라서 명함은 직장생활에서 생각한 것 이상으로 효과를 발휘한다. 여러 가지 명함 중 좋은 디자인을 골라야 한다.

그리고 중요한 것은 명함을 교환할 때 인사다. 명함을 건네는 방법 하나로 상대와 앞으로 어떤 관계를 맺게 되느냐가 결정된다. 가장 좋은 교환법은 일단 먼저 상대의 눈을 보고 명함을 건넨 다음 정중하게 인사를 한다. 가끔 고개를 많이 숙이면서 명함을 내미는 사람들이 있는데, 풍수에서 볼 때 금할 행동이다. 머리를 너무 숙이면서 명함을 내밀면 상대의 지위가 자신보다 위에 있든 그렇지 않든 자신의 지위를 격하시키는 결과를 낳을 수 있으므로 주의한다. 명함의 디자인도 사업운에 영향을 미친다. 디자인을 고를 경우 다음과 같은 점에 참고하기 바란다.

▶ 좋은 사례

크로스 디자인 | 선과 선이 교차하는 디자인은 인연을 맺는데 도움을 준다.

심벌마크 디자인 | 가장 좋은 명함 다자인은 우측에 직장을 상징하는 마크를 넣는 것이다. 개인적으로 사용하는 명함이라면 우측에 좋아하는 색의 실seal을 붙이는 것만으로도 행운이 찾아온다. 남성은 좌측에 마크를 넣는다.

▶ 나쁜 사례

사선斜線이 들어간 디자인 | 풍수에서는 예각銳角이 들어간 디자인은 운에 좋지 않은 영향을 미친다고 본다. 명함에 사선이 들어가면 명함 귀퉁이에 삼각형이 만들어져 사업에서 좋은 인연을 맺지 못한다.

이름과 회사명을 읽기 어려운 것 | 이름의 크기가 너무 작거나 회사명이나 주소를 읽기 어려운 명함은 절대 금물이다. 아무리 디자인이 뛰어나도 이름이나 회사명이 어필되지 않는다면 명함 본래의 역할을 다할 수 없기 때문이다.

동물 소품

좋아하는 동물 캐릭터나 별 생각 없이 몸에 달고 다니는 동물 소품이 지니는 풍수적 의미를 분석하면 다음과 같다.

돼지 | 돼지는 토土의 기운을 띠는 캐릭터로 건강운을 더욱 강화시켜 큰 힘을 발휘하게 한다. 가정운이나 자립운, 가족운과 상생한다.

올빼미 | 올빼미는 금金의 운기를 띠며 돈의 흐름을 원활하게 한다. 또한 자식운도 상승시키므로 머리를 써서 자산을 운용하려는 사람에게 권할 만한 캐릭터.

판다 | 판다는 흰색과 검정이 섞인 곰으로 기본적으로 곰과 같다. 단, 판다는 특정인과의 인연을 원하거나 특별한 변화를 바라는 사람에게 적당한 소품이다.

코끼리 | 아주 온순해 보여도 실은 근성이 난폭한 동물이 코끼리이다. 코끼리 캐릭터는 자신의 토대를 확실히 갖추고 그 위에 강한 행동력까지 제공한다. 금전운을 상승시키는 힘도 있다.

새 | 파닥이는 날갯짓으로 바람을 일으키는 새는 인연을 몰고 와서 인간관계운을 활성화한다. 사교성을 높이고 싶은 사람에게는 더 필요한 캐릭터다. 새 그림이 인쇄되어 있는 타일이나 손수건을 사용하면 더욱 효과적이다.

곰 | 곰은 토土의 운기를 띤 캐릭터다. 무언가를 부지런히 모으는 강한 에너지가 있기 때문에 돈이나 좋은 운세를 모으고 싶은 사람에게 추천할 만하다. 또 곰에게는 변화의 기운도 있어서 휴대전화에 달거나 붙이면 효과적이다.

개 | 개는 지위를 향상시키는 캐릭터다. 지위 상승을 바라는 사람에게 적당하다. 그러나 많은 사람의 기가 드나드는 현관에 놓는 것은 좋지 않다.

펭귄 | 펭귄은 수水의 운기가 있는 캐릭터로 연애운을 활성화한다. 현재의 파트너와 계속 좋은 인연을 유지하는 것은 물론 좀더 새로운 인연을 원할 때도 효과적이다.

고양이 | 고양이는 강한 화火 기운을 띤다. 아름다움의 운이나 학업운, 다이어트 운을 상승시키는 역할을 한다. 만인에게 사랑받는 캐릭터인 고양이는 인간관계나 인기 상승에도 효과적이다.

호랑이 | 호랑이는 금金에서 발생하는 독毒을 말끔히 씻어내는 캐릭터다. 좋은 일이 이어져도 그 속에서 싹트기 쉬운 악한 기운을 완전히 정화하고 즐거운 일만 가져온다.

양 | 양은 수水의 운기를 지니며 아주 강한 연애운의 캐릭터다. 애인이나 파트너와의 관계를 더욱 심화시켜 나가는 힘이 다른 어느 동물보다 강하다. 잠옷이나 욕실 용품에 양 디자인을 활용하면 매우 효과적이다.

병아리 | 갓 태어난 병아리는 강한 금金의 운기가 있는 캐릭터다. 즐거운 일이나 풍성함을 생성시키는 강력한 힘이 있다. 특히 아동용 소품에 햇병아리 그림을

사용하면 더 큰 효과를 기대할 수 있다.

사자 | 백수의 왕답게 강력한 화火의 운기를 띠는 사자는 확실한 지위운의 상승을 보장한다. 단, 너무 근엄하여 접근하기 힘든 분위기가 드러날 수 있으므로 주의한다.

거북이 | 길수吉獸라 하여 중시되는 거북이는 수水 운기의 캐릭터. 수 기운이 다스리는 연애운은 물론 상대방의 신뢰를 얻거나 학업을 향상시키는 힘도 있다. 아울러 장수운까지 겸비하고 있다.

토끼 | 토끼는 목木기운의 캐릭터다. 외양外樣에서도 알 수 있듯이 사람들에게 언제나 사랑을 받기 때문에 사교운이나 인기운과 상생한다. 여성이 토끼 캐릭터를 지니고 있으면 모든 사람에게서 사랑을 받는다.

말 | 말은 강한 화火의 운기의 캐릭터다. 학업이나 아름다움, 다이어트 이외에 직감력이나 승부운, 출세운까지도 상승시킨다. 그러나 몸에 지니고 다니면 다소 제멋대로인 경향을 보이기 쉬우므로 주의한다.

원숭이 | 원숭이에는 금金의 운기가 있으며, 자신의 기반을 단단히 다지게 하고 가정운을 강화하는 힘이 있다. 본인의 운세를 변화시키기 어려운 사람에게는 약점을 극복하는 효과가 있다.

지물(紙物)을 판매하는 상점의 사무실 남쪽 벽에 놓인 소 캐릭터. 방위도 좋고 조명장치까지 설치해 놓아 불빛이 점멸하므로 분위기를 더 돋우어 주고 있다. 또한 왼쪽 밑에는 미국화폐를 붙여 두었는데 이는 풍수적으로 좋다.

돌고래 | 돌고래는 수水 운기의 캐릭터다. 돌고래는 동료와 몰려다니는 습성이 있어서 친구와 동료 사이를 원활히 하는 힘이 강력하다. 친숙한 교우관계를 원하는 사람에게 적합하다.

용 | 용은 목木과 수水 운기가 병존하는 강력한 발전운의 캐릭터다. 열정과 행동력, 의욕, 뛰어난 운동 능력과 상생한다. 너무 무섭지 않은 이미지의 소품을 준비한다.

소 | 소는 토土의 운기가 있는 캐릭터로 강한 저축력을 상징한다. 한편으로 자신의 토대를 갈아엎어서 변화를 추구하는 힘이 있으므로 전직轉職이나 기회 전환을 희망하는 사람에게 적합하다.

6 희망 성취를 위한 방위

생활을 하다보면 원하는 것이 생기기 마련이다. 자기가 원하는 것을 이루기 위해서는 운이 호전되는 방위로 여행을 떠나는 것도 좋다. 여기에서는 원하는 것을 성취할 수 있는 방위와 운기를 흡수하는 비결을 소개한다.

출세를 원하는 경우

하루라도 빨리 출세하고 싶은 사람은 화火의 운기가 있는 남쪽을 이용한다. 남쪽은 지위 상승의 운이 있어 순발력에 도움을 주고, 한꺼번에 운을 이끄는 효과도 있다. 여행지로는 비치 리조트가 좋다. 여기에 온천이나 피부 관리실에서 몸 관리를 받으면 운이 더욱 상승한다. 시간이 걸리더라도 확실한 승진을 하고 싶은 사람이라면 성공을 몰고 오는 북서쪽이 좋다. 이 방위로 나가면 나중에 큰 인물이 될 수 있다. 가능한 한 품격 높은 호텔에서 묵는 것이 좋으며, 미술관이나 유적지를 돌아보는 등 고상한 여행을 즐기는 것이 좋다.

부서 이동을 원하는 경우

다른 부서로 이동하고 싶은 사람은 '인연'과 관계가 있는 동남쪽에 신경을 쓴다. 동남쪽은 인연을 만드는 '풍風'의 운기가 강해서 새로운 부서와의 인연을 만드는 데 도움이 된다. 여행을 떠난다면 바람이 잘 통하는 곳으로 정하자. 여행을 떠날 때는 가벼운 옷차림과 바람에 날리는 헤어스타일이 좋다. 그리고 여행지를 동남쪽으로 선택하면 좋은 운을 더욱 많이 흡수할 수 있다. 옷차림이나 몸치장에 인연을 의미하는 리본을 다는 것도 좋다. 숙박은 청결하고 바람이 잘 통하는 곳으로 정한다. 오픈한 지 얼마 안 되는 숙박시설이나 발코니가 있는 호텔도 좋다.

전직하고 싶은 경우

전직을 희망하는 사람은 변화를 가져오는 북동쪽에서 운이 트인다. 풍수에서 북동쪽은 융기된 산을 의미하며, 변화와 지속을 나타낸다. 따라서 업무나 사업에 변화를 주고 싶고 기반을 새로이 다지고 싶은 사람은 북동쪽으로 가야 한다. 이 방향의 운을 흡수하려면 산이 훤히 보이는 경치 좋은 곳에 숙박지를 정한다. 매일매일 일상생활에 묻혀 사는 것보다는 변화 있는 행동이 행운을 부른다. 새로 산 속옷과 겉옷을 입고 여행을 떠난다면 그만큼 운의 흡수율도 높아진다.

유학 가고 싶은 경우

유학을 희망하는 사람은 '인연'을 부르는 동남쪽에 주목한다. 동남쪽에 존재하는 '풍風'의 운기가 자신에게 기회를 줄 것이다. 만약 유학이 결정된 사람이라면 어학 능력을 높일 수 있는 동쪽에 신경을 써야 한다. 동쪽은 실천력을 높이는 데도 효과적이다. 동쪽은 운의 흐름이 빠르게 전개되므로 여행지에서는 민첩하게 행동한다. 여행지에서는 변화가나 화제의 장소를 방문해 보는 것도 좋다.

좋은 평가를 받고 싶은 경우

지금 하는 일이 순조롭게 진행되어 그 일에서 확실하게 평가를 받고 싶다면 대지를 상징하며 토土의 운기를 나타내는 방위인 남서쪽으로 간다. 만약 남서쪽에서 마음에 드는 장소를 발견하면 얼마 동안 정착한다는 기분으로 여유 있게 시간을 보내는 것도 좋다. 그곳에서 향토음식을 먹거나 온천을 즐기는 등 그 지방의 기를 듬뿍 흡수한 후 돌아온다. 돌아올 때 하는 선물로는 토土의 운기가 담겨 있는 도기陶器가 좋다. 또한 가족이나 동료 등 생활 기반이 같은 사람과 함께 여행을 떠나면 더욱 많은 운기를 흡수할 수 있다.

7 색채의 이미지와 응용

오행五行이 상징하는 색의 상생과 상극

오행별로 색깔을 보면 목木은 청색과 녹색, 화火는 붉은색, 토土는 황색, 금金은 백색, 수水는 흑색이나 회색을 상징한다. 이를 상생과 상극으로 분류해 보면, 상생의 관계가 되는 색깔로는 청색과 녹색은 붉은색, 붉은색은 황색, 황색은 백색, 백색은 흑색, 흑색은 청색이나 녹색 계통 색상이다. 상극의 관계가 되는 색깔은 청색과 녹색은 황색, 적색은 백색, 황색은 흑색, 백색은 청색이나 녹색, 흑색은 적색계통이다. 오행의 상생인 목생화, 화생토, 토생금, 금생수, 수생목을 오행의 상극인 목극토, 화극금, 토극수, 금극목, 수극화를 생각하면 쉽게 알 수 있다.

색채의 이미지와 연상

색채의 기본적인 기능 중에는 연상과 상징이 있다. 연상은 그 색을 보았을 때 기본적으로 떠올리게 되는 색채가 가진 감성적 특징을 갖고 있으며 시대의 변화에 둔감하다. 이에 반해 상징성이란 마치 나라마다 언어가 다른 것처럼 같은 색이라도 자신들만의 색채를 기호화嗜好化하여 사용하는 경우이다. 따라서 색채의 상징은 같은 색을 사용해도 의미는 다르게 적용될 수 있다. 빨강의 연상작용으로는 흥분,

색채별 형태와 연상

색깔	형태	긍정적 연상	부정적 연상	비고
빨강	정사각형	피(생명), 열정, 불(따뜻함), 감성적인, 진취적인, 애국심, 혁명, 예수, 자유	피(상처), 불(방화), 죽음의 고통, 상처, 찢어지는 듯한 감정, 광란, 전쟁, 무정부 상태, 혁명(부정적인), 위협, 악마, 할복자살	중국-남쪽의 수호신
주황	직사각형	불, 불꽃, 결혼, 우호적, 은혜, 천상의 과일, 자부심과 야망, 지혜	악담, 사탄	
노랑	역삼각형	태양, 빛, 밝음, 자손의 번창, 확대, 지성, 뛰어남, 지혜, 고귀함, 곡식의 숙성, 직감	배신, 비겁함, 악담, 순수하지 못한 사랑, 타락	중국에서는 청국(淸國)의 황제만이 입을 수 있었던 색. 중국-중앙
초록	육각형	채소경작, 자연, 대지의 풍요, 동정심, 순응, 번창, 희망, 생명, 불사의, 젊음, 신선, 영혼의 회복, 지혜, 경사	죽음, 검은 물질과 붉은 동물의 연결 고리, 격노한, 질투, 천박한, 도덕적 타락, 반목, 광기, 재앙	동쪽 방위, 나무
파랑	원형	하늘, 축제(밝은 파랑)를 상징, 고요한 바다, 명상, 신선한 느낌, 헌신, 순수, 진실, 영원, 정의, 자애, 찬 느낌	밤과 폭풍우 치는 바다 (어두운 파랑), 의심과 낙담	중국-동쪽 방위, 노랑 위의 파랑-노인의 죽음, 파랑 위에 노랑-성직자
보라	타원형	힘, 정령(精靈), 고귀함, 진실한 사랑, 충성, 절대적 지배력, 인내, 겸손, 향수, 기억	승화, 순교, 회개, 비하, 애도	중국에서는 교육받은 사람들이 입었던 옷의 색
갈색	마름모	지구	붙임, 가난	중국에서는 애도를 표할 때 중국인들이 쓰는 방문 카드
금색	약간 벌린 입 모양	태양을 신비한 것으로 생각하는 관점, 위엄, 부, 영광, 지혜	우상 숭배	중국의 예술에 있어 노랑 위의 금색-황제
흰색	반달 형	낮, 순결, 청결, 완벽, 정확, 지혜, 진실	유령, 영적임, 추운, 텅 빈, 빈	중국-서쪽의 보호자
회색	X자 형	성숙, 신중, 겸손, 회개, 단념, 회상	중화, 이기심, 의기소침, 무력, 무관심, 붙임, 겨울, 비통, 나이듦, 후회	기독교-크리스트교 부활 상징, 조의, 겸손함, 유골
검정	사다리꼴	강대함, 위엄, 단호한, 지적 교양, 왕위, 게으름이 없는, 땅을 기름지게 하다. 단호한 결단력, 밤, 신성함, 엄격함	불건전함, 없음(無), 절망적임, 밤, 부도덕함, 죄, 죽음, 아픔, 부정	중국-북측의 보호자

피, 금지, 위험을 떠올리지만 상징적으로는 혁명, 힘, 전쟁, 귀신의 퇴치 등 상징적인 언어로 사용할 수 있다. 파랑의 경우 하늘, 시원함, 젊음, 안정, 미래 등을 쉽게 연상하게 된다. 이것은 특별한 교육을 받지 않고도 일반적인 문화권 사람들이 떠올릴 수 있는 범주이다. 그러나 상징적으로 사용되는 경우에는 정절, 기독교, 악마, 서쪽, 바다의 신, 부활 등을 의미한다. 노랑 역시 일반적으로는 어린이, 부귀, 약함, 친절함 등을 연상하지만 상징적으로는 반군, 육체적 사랑, 거짓, 치욕 등의 부정적인 의미도 있다. 즉 시대 상황과 사회환경에 따라 상반된 의미의 상징이 될 수 있다. 색채 이미지와 연상은 문화적인 영향과 지역적인 특수성에 좌우된다. 일반적인 색채의 연상과 형태에 대하여 다음 표와 같이 정리해 본다.

팔괘의 방위가 상징하는 색깔과 운기

팔괘	방위	자연	오행	주관운(主管運)	혈육(血肉)	운(運)에좋은 색	강한 운(運)색/약한 운(運) 색
진(震)	동	우뢰(雷)	木	발전운, 공부운	長男	청색계,녹색계	흑·회색계/적·자색계
손(巽)	동남	풍(風)	木	애정운, 결혼운	長女	녹색계,청색계	흑·회색계/적·자색계
이(離)	남	화(火)	火	인기운, 애정운	中女	적색계,자색계	청·녹색계/황·다색계
곤(坤)	남서	지(地)	土	가정운, 건강운	母	황색계,다색계(茶色系)	적·자색계/백·황색계
태(兌)	서	택(澤)	金	금전운, 상업운	少女	백색계,은색계	황·다색계/흑·회색계
건(乾)	서북	천(天)	金	출세운, 사업운	父	백색계,은색계	황·다색계/흑·회색계
감(坎)	북	수(水)	水	금전운, 연애운	中男	흑색계,회색계	백·은색계/청·녹색계
간(艮)	북동	산(山)	土	상속운, 부동산운	少男	황색계,다색계(茶色系)	적·자색계/백·은색계

배색과 조화

일반적으로 배색이란 목적과 기능에 적합한 미적 효과를 얻기 위하여 여러 개의 색채를 의식적으로 짜 맞추는 것을 말한다. 흔히 색채를 평가할 때 아름다운 색, 추한 색 등으로 표현한다. 이처럼 개개의 색에는 고유성이 강한 것 같지만, 실제로는 색 자체의 독자성에 따라 지각되는 것보다 인접한 색과의 관계로 결정되는 경우가 더 많다. 색채가 효과적인지 그렇지 못한지는 배색으로 결정되며, 심미적인 효과에 따라 아름다움이 표현된다. 배색이 제품, 건축, 그래픽, 패션 디자인 등에서 중요시되는 이유가 바로 여기에 있다. 배색은 개인 또는 그룹의 기호에 영향을 받는다. 효과적으로 배색하기 위해서는 색채심리를 분석하여 단순히 개인의 기호나 직관성에만 의존하지 않고, 기능에 입각한 사고를 해야 한다. 또한 공공 디자인이나 다중 이용시설의 경우에는 더욱 과학적이고 합리적인 유니버설 배색이 되어야 한다. 그래야 다양한 사람이 쉽게 인지하고 불편함 없이 사용할 수 있다.

색채의 세계에는 형태, 위치, 면적비, 색면의 재질감, 빛의 각도와 반사 그리고 개인의 심리 상태나 취미 등 많은 조건이 복잡하게 관계한다. 교차되면서 반응을 나타내므로 이론대로 배색하더라도 모두 성공한다고 보장할 수도 없다. 그렇다고 기본적인 색채 질서와 다양한 배색 기법을 무시해도 좋다는 뜻은 아니다. 아이디어를 발전시키기 위해 기본이 되는 색채 이론에는 심리학, 생리학, 미학 등이 있다.

색채 조화는 배색의 결과에 대한 활용과 평가에 대한 부분으로 정의된다. 배색의 평가는 유쾌함/불쾌함, 좋아함/싫어함 등의 주관적 판단으로 보여질 수 있으나 이를 넘어서 심리적 평가와 함께 합리성이 동반되어야 한다. 결국 색채 조화의 평가는 합리적이면서도 다수 이론이 적용된다. 그리고 각각의 색채심리 이론에서 출발한 단색들이 여러 색으로 조합되었을 때 또는 각각의 면적별로 분할되고 실제로 시공되었을 때 그 평가는 계속된다. 따라서 조화에 대한 평가는 항상 객관적이고 일괄적일 수 없다. 특히 풍수적 관점에서 배색은 색들과의 상생과 상극을 고려해야 한다.

주택 외관의 색상

주택 내부의 색상도 중요하지만, 외관 역시 기의 상승이나 저하에 영향을 미친다. 색상이 우리에게 미치는 영향이 즉각적이고 직관적인 것처럼 주택 외관의 색상 역시 같은 영향력을 미친다. 주택의 색상을 선택할 때 오행의 상생 주기에 따라 색상을 구성해 활용한다면 원활한 가정 분위기를 연출할 수 있다. 색상 구성의 적용은 주택 내부의 길이나 토대부터 비롯된다. 주택의 색상을 선택할 때에는 상생이 되도록 하되 길부터 시작해서 벽과 덧문, 장식재, 지붕 순으로 한다. 길을 오행의 토土인 황갈색으로 포장한다면 주택의 외벽은 오행의 금金인 흰색으로 꾸며야 황색의 토土가 흰색의 금金을 상생하기 때문이다.

주택 안에 길이 없거나 이 색상 구성이 마음에 들지 않으면 오행의 상생 주기나 상극 주기를 활용하여 색상을 구성해도 된다. 상생 주기를 활용할 때는 주택의 바닥 장식재부터 시작한다. 상생 주기의 색상 구성은 주택의 바닥부터 시작해서 위쪽에서 마무리한다. 예를 들어, 주택의 테두리를 화火 색상인 붉은 벽돌을 사용했다면 벽은 토土의 색상인 옅은 갈색으로 칠한다. 그리고 장식재와 덧문은 토土에서 상생되는 금金의 흰색으로 칠하고, 지붕은 금金을 상생하는 수水의 흑색이나 회색으로 칠한다. 그러나 장식재나 덧문도 없다면 바닥 장식재부터 시작해서 벽과 지붕 순으로 한다. 여하튼 서로 상생이 되도록 색상을 구성해서 칠하면 된다.

5색의 오행 상생 주기 적용사례

지붕	분홍색/빨강색 (火)	갈색/노란색 (土)	흰색 (金)	회색/검은색 (水)	파란색/초록색 (木)
덧문	파란색/초록색 (木)	분홍색/빨강색 (火)	갈색/노란색 (土)	흰색 (金)	회색/검은색 (水)
벽	회색/검은색 (水)	파란색/초록색 (木)	분홍색/빨강색 (火)	황갈색/노란색 (土)	흰색 (金)
바닥 장식재	흰색 (金)	회색/검은색 (水)	파란색/초록색 (木)	분홍색/빨간색 (火)	황갈색/노란색 (土)
도로 ↑	황갈색/갈색 (土)	흰색 (金)	회색/검은색 (水)	파란색/초록색 (木)	분홍색/빨강색 (火)

천天·인人·지地의 3색에 오행 상생 주기 적용사례

지붕(天)	노란색/주황색 (土)	흰색 (金)	회색/검은색 (水)	파란색/초록색 (木)	분홍색/빨간색 (火)
창문(人)	분홍색/빨간색 (火)	노란색/주황색 (土)	흰색 (金)	회색/검은색 (水)	파란색/초록색 (木)
벽(地) ↑	파란색/초록색 (木)	분홍색/빨간색 (火)	노란색/주황색 (土)	흰색 (金)	회색/검은색 (水)

공간별 알맞은 색상

주택은 인체에 비유할 수 있다. 각 공간은 별도의 개체이지만 각 기능 간에 긴밀한 조화를 통해서 서로 연관되어 있다. 따라서 각 공간의 색상은 공간의 특정 용도와 분위기에 적합하면서도 전체적으로 조화를 이루어야 한다.

현관 | 입구와 바로 연결된 현관에 가장 적합한 색상은 밝고 옅은 색이다. 전체적으로 밝은 분위기의 현관은 일을 마치고 집에 돌아온 식구들에게 긍정적인 영향을 주어 에너지를 재충전할 수 있는 쾌적한 환경을 조성해야 한다. 파란색, 초록색, 분홍빛이 감도는 흰색에 가까운 색상이 현관에 가장 적합하다. 이 색상들은 희망과 환대를 상징하는 색상들로 가정에 평온함을 가져온다. 현관이 좁

아 답답하거나 햇빛이 들지 않는다면 밝은 색상의 효과가 더욱 두드러질 것이다. 현관이 어두울 경우는 가급적 어두운 색을 피한다. 어두운 현관에는 적당히 밝은 조명이 도움이 된다. 운기가 현관으로 들어오기 때문에 현관은 밝은 것이 좋다.

주방 | 주방에 어울리는 색상은 흰색이다. 순수한 청결을 의미하는 흰색은 부엌을 상징하는 오행의 화火와 조화를 이룬다. 검은색은 오행상의 수水로서 화火를 억압하기 때문에 피하는 것이 좋다. 또한 빨간색은 부엌에 너무 많은 열을 제공해서 가족의 건강을 책임지는 주부의 마음을 조급하게 한다. 그러나 흰색이 주조를 이루는 주방이라면 빨간색과 검은색으로 악센트를 줄 수도 있다.

침실 | 결혼은 화火의 빨간색과 금金의 흰색 자리에 있다. 따라서 침실에 적합한 색상은 분홍색이다. 분홍색은 길운吉運을 상징한다. 희망과 발전을 상징하는 옅은 초록색과 밝은 파란색 역시 침실과 어울린다. 분홍색이나 빨간색 침대보와 담요는 결혼을 바라는 사람이나 결혼생활에 축복이 깃들기를 바라는 신혼부부에게 적합하다. 파란색이나 초록색 담요는 젊은이의 자기 계발을 촉진시키고, 노란색 담요는 노인에게 적합하다.

아이방 | 교육은 자녀의 성장에 중요한 역할을 한다. 수水와 목木의 중간에 있는 '지식'을 상징하는 검은색과 파랑색, 초록색은 자녀의 공부에 열중할 수 있도록 도와준다. 특히 가구에 검은색을 사용하면 사고력을 길러준다. 거칠고 다루기 힘든 아이의 경우에는 침실의 책상이나 장롱 등의 가구와 벽을 엄숙하고 진지한 느낌이 나는 흰색과 검은색, 갈색으로 장식하면 좋다.

거실 | 거실에는 많은 색상과 무늬가 있어야 한다. 손님을 맞이하기도 하는 거실은 활기찬 분위기와 다양한 대화를 위해 시각적인 자극을 충분히 활용한다. 거실에 어울리는 색은 노란색, 옅은 갈색이나 황갈색, 초록색이나 파란색이다. 갈색이나 노란색은 팔괘八卦의 중앙에 있는 토土와 거실을 연결해 준다. 거실은 활동의 중심이 되는 공간이며 갈색, 황갈색, 노란색, 주황색으로 상징이 되는 토土에 속한다.

서재 | 서재나 공부방 역시 조용하고 명상적인 분위기를 유지해야 한다. 서재에 적합한 색은 그 방을 사용하는 사람이 좋아하는 책의 종류에 따라 달라진다. 깊이 있는 책을 좋아한다면 갈색이 적당하고, 평범한 책을 좋아한다면 옅은 파란

색이나 밝은 초록색 또는 분홍색이 어울린다.

식당 | 가족이 식사를 하는 식당은 식욕을 돋을 수 있는 색상으로 꾸며야 한다. 분홍색, 초록색, 파란색이 이 조건에 가장 부합하는 색상이다. 그러나 검은색이나 흰색 또는 이 두 색의 혼합은 피하는 것이 좋다. 검은색이나 흰색은 식사를 즐길 수 있는 분위기를 조성하지 못한다. 거주자가 우아한 식당 분위기를 원하거나 체중을 조절하려는 경우에는 예외적으로 검은색을 활용하기도 한다. 그러나 일반적으로 식당은 미각을 돋우는 밝고 연한 색이 좋다.

화장실 | 화장실은 검은색이나 흰색 또는 이 두 가지 색을 혼합해 사용할 수 있다. 두 색을 혼합해 사용할 때에는 이보다 밝은 색의 타월을 사용하여 화장실의 배경에 악센트를 주는 것이 좋다. 분홍색, 은은한 색조, 회색 역시 화장실에 좋은 색상이다.

空間風水

제4장

공간별 인테리어

현관

주방

식당

거실

침실

세면실

욕실·화장실

아이방

정원·베란다·테라스 식물 재배와 풍수

인테리어 공간 요소

※ 제4장은 290~291p '인용 및 참고 문헌'의 31,32,33을 저본底本으로 하였음을 밝힙니다.

1 현관

현관은 그 집안의 얼굴이다. 좋은 기운을 맞이하느냐 그렇지 못하느냐는 온전히 현관 상태에 달려 있다. 집의 얼굴인 현관은 '남편의 운기運氣'와 '여성의 인연'을 다스리는 장소인 동시에 왕기(旺氣 ; 왕성한 기운)가 들어오는 입구이기도 하다. 왕기는 현관으로만 들어오기 때문에 현관이 산만하여 어지러운 음기陰氣가 가득하면 집안 전체의 운기도 쇠하기 쉬우므로 주의를 기울여야 한다. 따라서 왕기를 불러들이려면 언제나 밝고 깨끗하고 좋은 향기로 꾸며 두는 것이 좋다. 인테리어의 주된 색상은 현관의 방위에 맞추거나 좌향坐向에 맞추면 된다.

현관의 바닥은 깨끗하고 신발도 가지런히 놓여 있는데 이는 풍수적으로 좋다. 유리창도 우윳빛으로 풍수적으로 좋다. 현관 앞에 들어서 칸막이가 없고 일직선 방향에 바로 창문이 보이면 재물운이 새어나가기 쉽다.

액자額子

그림이나 액자도 그 집안의 운기運氣에 큰 영향을 미친다. 꽃, 식물, 사진 액자 등을 현관에서 실내로 이어지도록 높이를 조절해 두면 왕기旺氣의 흐름이 좋아진다. 사진이나 그림만 달랑 걸어두기보다는 되도록이면 액자에 넣어 장식하는 것이 훨씬 효과적이다.

조명照明 / 스탠드 stand

좋은 기운은 밝은 곳을 좋아하기 때문에 현관은 반드시 밝게 꾸민다. 창문이 없으면 조명이나 스탠드로 환하게 꾸미면 왕기가 몰려들 것이다. 다소 어두운 현관에는 갓이 달린 스탠드를 둔다.

꽃 / 화분花盆

꽃은 누구나 현관 장식 때 애용하는 소품小品이다. 특히 화분용 꽃은 공간을 안정시키는 효과가 있기 때문에 부부夫婦에게 좋다. 단, 독신자는 화분보다 화병花瓶에 꽃을 꽂아두는 것이 좋다. 그런데 빈 화병을 그냥 놓아두는 것은 절대 금물禁物이다.

예수상과 사진, 성모 마리아상 그리고 가장 오른쪽에 교황 사진 등이 놓여 있다. 천장에는 전등이 비추고 있다. 현관문을 열고 집안으로 들어올 때 경건한 마음과 예수님이 기도를 들어줄 듯한 생각에 잠기게 된다. 풍수적으로 아주 좋다.

거울鏡

거울은 태양을 마주보게 배치해야 왕기가 상승한다. 또한 거울 앞에 관엽식물觀葉植物이나 꽃처럼 생기 있는 소품을 두는 것이 좋다. 현관문 쪽으로 배치하면 집안의 좋은 기운을 몰아 낼 수 있으므로 주의해야 한다.

관엽식물觀葉植物

관엽식물은 왕기旺氣를 불러들이는 강력한 아이템이다. 모든 살기殺氣를 정화시켜 주기 때문에 음기陰氣가 스며들기 어렵다. 독신인 사람에게도 관엽식물이 좋다. 그러나 꽃이 활짝 핀 것은 관엽식물이라기 보다는 꽃으로 취급한다.

현관 매트mat

현관 매트는 집주인의 품위를 그대로 나타내므로 풍수에서 차지하는 의미가 매우 크다. 가능하면 고급스러운 매트를 준비하는 것이 좋다. 화학섬유보다는 면綿이나 실크가 기운을 더 상승시키며, 계절에 따라 매트를 바꾸는 것도 포인트이다.

현관문

사람들은 보통 현관문을 나설 때 제일 먼저 눈에 띄는 기를 흡수한다. 따라서 문을 열었을 때 공원이나 화단 또는 좋은 운기가 흐르는 집, 올라가는 방향의 계단 등이 보이면 그 현관문의 방위는 일단 합격이다. 그러나 쓰레기통이나 병원, 압박감을 주는 높은 건물 등은 좋지 않다. 그러므로 현관문이 그런 방위일 경우에는 문을 나서면서 차라리 하늘을 우러러보는 것도 좋은 방법이다. 집안으로 들어올 때도 마찬가지이다. 거실이 바로 보이는 집은 온 가족이 화목하고, 꽃이나 관엽식물이 보이면 좋은 기를 흡수할 수 있다.

우산꽂이

주로 비가 오는 날 사용하는 우산은 물기를 품고 있기 쉬운데, 물기는 음기를 발산하기 때문에 우산을 직접 현관 바닥에 두면 좋지 않다. 그러므로 우산꽂이는 물기를 잘 흡수하는 도자기 제품이나 습기에도 녹슬지 않는 스테인리스 제품을 사용한다.

슬리퍼꽂이

손님용 슬리퍼가 없는 집은 실제로도 손님이 잘 찾아오지 않는다. 한쪽에 몇 켤레의 슬리퍼를 목제꽂이에 수납해 두면 사업운이 상승하고, 바구니에 두면 인간관계의 운이 열린다. 현관의 공간에 여유가 없다면 무리하게 배치할 필요는 없다.

현관 풍수에서의 금물禁物

신발 | 현관은 바로 가장家長의 운을 나타내는 장소이다. 그런 곳에 신발을 늘어놓는다면 가장의 얼굴을 신발로 밟고 있다는 뜻이 된다. 그렇다면 결국 그 집 가장의 운 자체가 큰 타격을 받을지도 모른다. 또한 현관에는 장난감이나 운동용품을 놓아두어도 안 된다. 집의 얼굴인 현관은 항상 깔끔하게 정리 정돈한다.

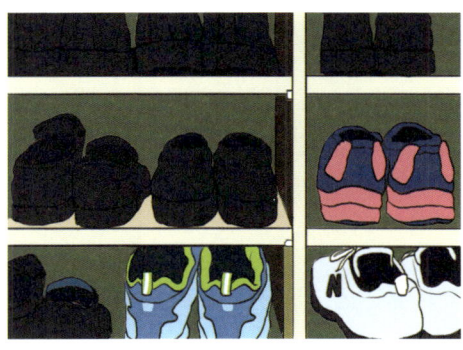

현관에 있는 신발장 안의 신발들이 잘 정리돼 있음은 풍수적으로 좋다.

애견용품 | 현관에 절대로 두어서는 안 되는 것이 애견용품이다. 개는 '변화'를 상징하기 때문에 운기가 들어오는 현관과는 상극이다. 애견용품을 두면 왕기와 개 사이에 다툼이 일어나 집안에 다툼이나 분쟁이 일어날 수도 있다.

드라이플라워 / 아트플라워 | 아무리 예쁜 꽃이라 해도 생명이 없는 꽃에 지나지 않는다. 죽은 꽃에 들어 있던 음기가 집안으로 들어와 왕기를 쇠퇴시킬 수 있다. 또한 아트플라워는 생화에 비해 운기가 4분의 1 정도밖에 되지 않는다. 오래되거나 더러우면 오히려 살기를 낼 수 있으므로 주의한다.

문패門牌

문패가 없으면 사람이 살지 않는다거나 부재중이라는 뜻이 되므로 이런 집에는 왕기가 들어오지 않는다. 문패의 소재는 좌향坐向에 맞추어 선택하는 것이 좋다. 플라스틱이나 검은색 돌, 회색이나 적색 계열의 돌은 음양의 조화를 무너뜨리기 때문에 피하는 것이 좋다. 남성이 함께 사는 집이라면 흰색 돌이나 타일을 사용하고, 여성만 사는 집은 분홍색 계열의 석재나 목재 또는 순백색 타일을 사용한다. 대리석이나 석영石英도 좋다.

방위별 주의할 점

북쪽 | 수水의 기가 있는 방위로, 이 방위의 현관은 차가운 기가 흐를 수 있으므로 따뜻한 이미지를 주는 인테리어로 통일하는 것이 바람직하다. 긴 술이 달린 현관 매트를 깔거나 난로로 현관 주변을 따뜻하게 유지한다. 스탠드와 같은 조명시설로 항상 현관을 밝게 만들어 준다.

동쪽 | 목木의 기가 있는 방위로, 인테리어 역시 젊은 풍風으로 한다. 지나치게 중후한 분위기가 풍기지 않게 주의하고, 매트도 경쾌한 분위기로 꾸민다. 관엽식물이나 종 같은 소품도 아주 좋다. 특히 이 방위에는 소리를 통해 왕기가 들어온다는 사실을 명심하자.

남쪽 | 화火의 기를 상징하는 방위이다. 불은 곧 '감각sense'이니 현관 역시 센스

있게 꾸민다. 단, 동물 디자인이나 적색, 청색, 플라스틱 제품은 운기를 흐트러 뜨리는 역할을 하므로 주의한다. 관엽식물을 배치하면 기의 흐름이 부드러워진다.

서쪽 | 금전운을 상징하는 방위다. 여기에는 호화로운 인테리어와 둥근 소품이 좋다. 타원형 현관매트나 흰색 띠를 두른 스탠드는 왕기를 불러들이는 효과가 있다. 다만 플라스틱 제품은 금전운을 저하시키므로 주의해야 한다.

북동쪽 | 새로운 운기가 생겨나는 방위로, 이 방위에 있는 현관에서는 좋은 기운이 생겨나므로 항상 깨끗이 하는 것이 중요하다. 신발장 안도 자주 점검해서 안 신는 신발은 그때그때 처분한다. 꽃이나 작은 열매무늬와 상생한다.

동남쪽 | 인간관계의 운을 다스리는 방위로, 이런 현관에는 꽃, 향기, 작은 술이 달린 장식이 적당하다. 특히 술이 달린 현관매트는 아주 좋다. 귀엽고 산뜻한 이미지, 통풍이 잘되는 현관을 꾸미는 것이 핵심이다. 아로마 스톤Aroma Stone도 추천할 만하다.

남서쪽 | 토土의 기가 있는 방위로, 이 방위에 있는 현관은 네 귀퉁이에 나쁜 기운이 쌓여 있을 가능성이 높기 때문에 구석구석까지 청결을 유지해야 한다. 또한 구석에 물건을 쌓아두어서도 안 된다. 현관 주변에 높이가 낮은 가구를 배치하면 기의 흐름이 좋아지며, 조명이나 우산꽂이는 도자기 제품이 좋다.

북서쪽 | 금金의 기를 상징하는 방위로, 이 방위에 있는 현관은 그 집 가장의 격을 나타내기 때문에 꽃병이든 어떤 소품이든 되도록 고급스러운 것이 좋다. 어른에게 받은 것이면 금상첨화다. 현관 매트도 가능하면 값비싼 것으로 깔아두는 것이 운기의 상승에 도움이 된다.

2 주방

가족의 음식을 조리하는 주방은 그 집에 사는 사람들의 생명력과 금전운에 막대한 영향을 미친다. 주방이 지저분하거나 산만하면 금전운은 물론 건강운도 치명적인 타격을 받을 수 있으므로 항상 깔끔하게 정리정돈해 둔다. 특히 화火의 기운이 있는 가스레인지와 수水의 기가 있는 싱크대가 공존하는 곳이기 때문에 음양의 조화가 깨지기 쉬우므로 각별히 인테리어에 신경 쓴다. 예를 들면 물기 주변에 화火의 기운이 있는 플라스틱 제품을 둔다거나 가스레인지 근처에 수水의 기가 있는 정수기를 배치하면 운기는 최악의 상태가 될 수 있다. 무엇보

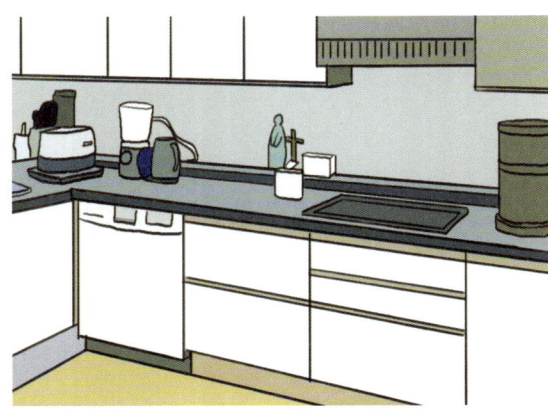

밥솥과 전기 포트, 도기 화장지 통, 전기 레인지로 구성돼 있는데, 단순해서 풍수적으로 좋다.

다도 플라스틱 제품을 눈에 띄지 않게 치우는 것이 중요하다. 남서쪽과 북동쪽은 귀문방鬼門方이므로 정남서쪽이나 정북동쪽에 가스레인지 같은 화기火器를 두면 화재를 당할 염려가 있다.

물 가까이에는 꽃을, 가스레인지 선반은 녹색 계열로

꽃이나 식물은 음양의 조화에 매우 효과적이다. 물 근처에는 단 한 송이라도 꽃을 두는 것이 좋다. 또한 화火의 기운이 막강한 가스레인지 부근에는 도자기 화분이 적격이다. 물론 여기서도 플라스틱 제품은 예외이다.

주방 창문 커튼

주방 창문에 커튼이 없으면 돈이 바깥으로 빠져나간다. 하지만 커튼이 주방을 어둡게 해서도 안 된다. 은은하게 햇빛을 통과시키는 레이스나 색상이 밝은 커튼으로 장식하자.

흰색 도자기

이는 음양의 조화가 깨지기 쉬운 주방 운기를 조절하는 역할을 한다. 특히 흰색 도자기를 물 근처에 두면 효과가 더욱 크다. 디자인은 가능하면 통일감 있게 한다. 한편 플라스틱 제품은 되도록 치우는 것이 바람직하다.

장식성 주방 잡화

금전운이 있는 장식성 잡화는 물 근처에 두면 금전운을 상승시키는 효과가 있다. 싱크대 근처나 아래쪽에 두면 효과가 더 크다. 이때 잡화류는 반드시 실용성이 있어야 한다. 비실용적인 잡화는 오히려 역효과를 낸다.

정수기

좋은 금전운을 상승시키기 때문에 주방에서 사용하는 물도 중요한 역할을 한다. 마시는 물은 물론 설거지를 하는 물도 정수기를 거쳐 나오는 물이 좋다. 특히 도자기는 물을 잘 흡수하기 때문에 간단히 헹굴 때라도 정수기 물을 사용한다.

주방 매트

주방 매트는 불의 강력한 기운을 중화시키는 데 더없이 좋은 아이템이다. 매트는 목木의 기운이 있는 면綿 소재가 좋으며 색상도 녹색 계열 또는 밝고 엷은 빛깔의 오렌지나 옅은 오렌지가 적당하다. 매트 색상을 중심으로 주방 전체를 흰색으로 통일하는 것이 좋다.

냉장고

전자 제품에는 기본적으로 화火의 기운이 있다. 물론 전원이 켜진 냉장고는 수水의 기운도 발산한다. 냉장고 안에 음식물을 너무 오래

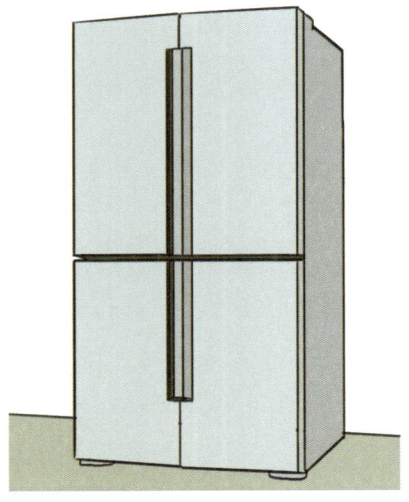

냉장고에 상표 외에 아무것도 붙어 있지 않고 깨끗한 것이 풍수적으로 아주 좋다.

보관해 둔다거나 냉장고 문에 메모지나 광고지를 덕지덕지 붙여두면 금전운이 쇠하므로 주의해야 한다. 가끔씩 냉장고 안과 겉을 물걸레로 닦아 주는 것이 좋다.

뚜껑 달린 쓰레기통

쓰레기에는 음의 기운이 있고, 이는 운기를 저하시키는 주범이기도 하다. 쓰레기는 쌓이지 않고 눈에 띄지 않으며 냄새를 풍기지 않아야 한다. 쓰레기에서 풍겨 나오는 음의 기운이 주방에 퍼져 나가지 않게 뚜껑이 달린 것을 사용한다. 플라스틱 제품은 금전운을 상쇄시키므로 목재나 스테인리스 제품을 선택한다.

바닥 수납장

바닥에 수납공간이 있다면 이곳에는 가능한 그릇 종류를 수납하자. 식품은 절대 금물이다. 사람의 발바닥에서 발산된 노폐물이 내뿜는 나쁜 기운을 식품이 그대로 흡수하기 때문이다. 그런 식품을 섭취하면 생명력이 저하되는 것은 당연한 이치이다.

주방에서 이것만은 금물禁物

주방을 깨끗하게 정리정돈해도 다음과 같은 인테리어는 금전운을 물거품으로 만든다.

냉장고 위에 전자레인지 | 수水의 기운이 있는 냉장고 위에 화火의 기운이 있는 전자레인지를 올려놓으면 그야말로 상극이다. 이 두 가지가 바로 음양의 조화를 깨뜨리는 주범이다. 어쩔 수 없이 두 가지를 두어야 한다면 둘 사이에 4㎝ 정도의 판자를 깔아야 한다.

주방에 지갑 | 주방은 화火의 기운이 가장 강한 곳이다. 이런 곳에 지갑을 두면 강력한 화火의 기운으로 말미암아 금전운이 타버릴 수도 있다. 그러므로 다소

번거롭지만 지갑이나 영수증은 다른 장소에 보관한다.

냄비가 타서 눌어붙어 있는 경우 | 타서 눌어붙은 냄비는 금전운을 날린다. 냄비는 언제나 반짝반짝 광이 나게 닦아두는 것이 좋다. 단, 청색이나 적색 냄비는 금물이다.

음식물 보관

물을 사용하는 싱크대는 수水의 기운이 있다. 이에 반해 생명력이 있는 음식물은 화火의 기운을 지닌다. 따라서 이러한 음식물을 싱크대 밑에 보관하면 수의 기운으로 화의 운기가 쇠하여 음식물의 에너지를 충분히 흡수할 수 없다. 그러므로 싱크대 밑 수납 공간은 조리용구로 채우도록 한다. 음식물은 가스레인지 밑에 보관하는 것이 좋다. 음식에 있는 생명력이 쇠할 염려가 없기 때문이다. 쌀이나 빵, 파스타, 감자, 조미료 등 액체 이외의 식품은 이곳에 보관해도 무방하다. 단, 미네랄이 함유된 식수에는 수水의 기운이 있기 때문에 가스레인지 밑이 아니라 싱크대 아래에 두어야 운기를 상승시킬 수 있다.

방위별 주의할 점

북쪽 | 수水의 운기인 북 방위에 있는 주방은 항상 깨끗이 하고 물때가 생기지 않도록 해야 한다. 물때는 금전운의 막강한 천적이기 때문이다. 인테리어 메인 컬러는 흰색으로 설정하여 운기를 정화시킨다. 냄비 받침이나 주걱 등의 목제품은 금전운을 상승시킨다.

동쪽 | 동쪽은 목木의 기를 띠는 방위이다. 이 방위에 있는 주방은 심플하면서도 실용성 있는 분위기를 연출하는 것이 좋다. 주방 잡화 역시 실용적인 제품이 바람직하다. 계량용 저울이나 요리 타이머 등은 운기를 상승시키는 좋은 아이템이다. 주방매트는 반드시 면 제품을 사용해야 한다.

남쪽 | 남쪽은 화火의 기운을 띠는 방위이다. 특히 이 방위에 있는 주방에서 주의해야할 점은 스테인리스 제품을 항상 깨끗이 닦아두어야 한다. 주방에서는

화의 기운이 너무 강해질 수 있으므로 토±의 기운을 상징하는 타일을 인테리어에 병용하는 것이 좋다. 또한 도자기 제품도 토±의 기운을 중화하기 때문에 적당한 소품에 해당된다.

서쪽 | 서쪽은 금金 운기運氣의 방위이다. 이 방위에 있는 주방은 낭비를 조장하기 때문에 이에 대한 대책을 철저히 세우지 않으면 안 된다. 눈길에 닿는 곳 가까이에 도자기 제품이나 과일 디자인 제품을 배치하고, 플라스틱이나 검정색 계열의 잡화는 가급적 피하는 것이 상책이다.

북동쪽 | 토±의 기가 있는 북동쪽은 변화를 유발한다. 이 방위에 있는 주방은 수납 상태가 결정적인 역할을 한다. 그러므로 오래되었거나 불필요한 물건이 쌓이지 않게 정기적으로 냉장고나 찬장을 정리하는 것이 좋다. 불필요한 물건은 가차 없이 처분토록 한다. 또한 위쪽의 찬장을 잘 활용하면 금전운이 상승한다.

동남쪽 | 동남쪽은 목木의 운기가 있는 방위로 인연운因緣運과 관계가 있다. 이 방위는 향기에 민감하기 때문에 주방에서 음식물이나 기타 쓰레기 냄새가 나지 않도록 주의한다. 쓰레기통은 되도록 목제품으로 뚜껑이 달린 것을 준비한다. 특히 식품은 냉장고에 그대로 쌓이기 쉬우므로 각별히 주의한다. 수납 소품으로는 바구니가 상생효과가 있다.

남서쪽 | 남서쪽은 토±의 기가 있는 방위로, 이 방위에 있는 주방은 실용성과 통일감이 인테리어의 요점이다. 따라서 그릇이나 조리기구도 디자인이나 색상보다는 실용성을 우선해서 선택해야 한다. 특히 토±의 운기는 통일감이 없으면 기가 흩어지기 때문에 인테리어 색상이나 취향을 통일하는 것이 바람직하다.

북서쪽 | 북서는 금金의 운기를 띠는 방위이다. 이 방위에 있는 주방은 그 집안 가장家長의 인격을 그대로 반영하기 때문에 고급스러운 분위기를 내는 것이 무엇보다 중요하다. 심플하면서도 고풍스러운 인테리어에 주력한다. 단, 인감印鑑이나 신용카드는 절대로 주방에 두어서는 안 된다.

주방 잡화

국자와 뒤집개 | 국자와 뒤집개는 앞부분이 반드시 스테인리스이고 손잡이는 목재로 된 것이 좋다. 혹시 손잡이가 플라스틱이라면 색상은 반드시 흰색이나

녹색 계열로 한다. 되도록 같은 디자인으로 통일하고 더럽거나 탄 제품은 즉시 교체하여 사용한다.

밥솥 | 밥솥은 주식인 쌀을 조리하는 기구로 우리의 건강뿐만 아니라 활력이나 금전운에도 큰 영향을 미친다. 지저분한 밥솥에 한 밥을 먹으면 금전운이 상쇄되므로 밥솥의 안과 겉이 항상 깨끗하도록 신경을 써야 한다.

전기보온병 | 수水의 기운을 띠는 전기보온병은 여성 건강운에 큰 영향을 끼친다. 오래된 물을 계속 두거나 그 물을 마시면 건강에 해롭고 운기도 나빠지므로 보온병의 물은 수시로 바꿔 주어야 한다. 또한 가스레인지나 전자레인지 가까이에 두어서는 안 되므로 주의한다.

냄비 | 냄비는 사용하는 사람의 토대土臺를 뜻한다. 냄비를 사용하지 않고 그대로 쌓아두면 그만큼의 운이 분산되므로 주의한다. 너무 비싼 것보다는 고급스러운 것으로 뚜껑이 있는 냄비를 사용한다.

도마 | 도마는 그 집안 사람 모두의 운의 토대土臺를 상징한다. 균이 득실거리는 도마를 사용한 음식을 섭취하면 운기가 떨어지는 것은 자명한 일이다. 도마는 되도록 목재나 유리 제품을 사용하고 철저히 살균을 해야 한다.

젓가락 | 젓가락은 사용하는 사람의 수준과 격格을 반영한다. 특히 가장의 젓가락은 신경을 써야 한다. 목제 젓가락을 강력히 추천하는데, 칠이 벗겨지면 즉시 교체한다. 가장의 지위를 한층 안정시키기 위해서 젓가락 받침을 사용한다.

행주 | 행주는 주방과 식당의 정화작용과 함께 인간관계를 다양하게 연결시켜 주는 역할을 한다. 더럽거나 너덜거리는 행주를 사용하면 악의가 있는 사람들이 접근하거나 싸움에 휘말리기 쉬우므로 주의한다.

쓰레기통 | 삼각 코너에 놓는 쓰레기통은 구석에 먼지가 쌓이기 쉬우므로 사용하지 않는 것이 좋다. 그래도 사용한다면 뚜껑이 달린 것을 쓴다. 플라스틱 제품은 쓰레기에 있는 악의 기운을 더 활성화하므로 쓰지 말고, 더러우면 금전운이 저하되므로 쓰레기가 쌓이지 않게 해야 한다. 또한 세균이 번식하지 못하게 항상 깨끗이 닦아둔다.

3   식당

가족이 모여 단란하게 식사를 하는 식당은 가족 모두의 운의 토대土臺를 만들어가는 아주 중요한 공간이다. 사람은 식사하면서 단순히 영양소만 섭취하는 것이 아니라 식당 곳곳에 스며 있는 운기까지도 흡수한다. 다시 말해서 식당의 운기가 좋으면 발전운이나 건강운도 상승한다. 또한 식당은 가정의 행복운도 좌우한다. 플라스틱 제품은 피하고 톤tone이 밝은 인테리어를 설계한다.

식기장食器欌

문이 없는 식기장은 특히 주의를 기울여야 한다. 이런 식기장에 그릇까지 바로 놓아두면 그릇 안으로 왕기旺氣가 모두 흡수될 위험이 높다. 물론 식기장에 문이 있으면 상관없다. 굳이 그릇을 바로 놓아두어야 할 때는 그 안에 사탕을 채워두는 것이 바람직하다.

오디오Audio

오디오처럼 소리를 내는 전자 제품은 목木의 운기를 지니고 있기 때문에 동쪽이나 동남쪽에 배치하는 것이 좋은데, 스피커만 따로 가까이 두어도 상관없다. 오디오 주변이 지저분하면 분쟁의 원인이 되

가지런히 정리된 식기장. 식기가 모두 도기(陶器)로 되어 있으며 가지런히 정리되어 있음은 풍수적으로 좋다.

식탁은 사각형이고 식탁 위의 수저통과 휴지곽은 도기(陶器)가 풍수적으로 좋다.

기도 하므로 주의한다. 주로 검정색 오디오가 많은데, 이는 음陰의 기운이 강하므로 오디오 앞에 관엽식물觀葉植物을 놓아서 기를 중화시키는 것이 좋다.

전화

전화는 목木의 운기가 있는 물건이기 때문에 가능하면 공간의 동쪽이나 동남쪽에 배치하면 발전운과 사업운을 상승시킨다. 그렇게 하기가 어려우면 전화기를 나무의자에 올려놓는 것도 한 방법이다.

휴대전화는 전화기 본체보다 충전기를 동쪽이나 동남쪽에 두는 것이 좋다.

식탁食卓

식탁은 반드시 사각이나 타원형이어야 하고, 소재도 밝은 원목 제품이 좋다. 유리나 짙은 갈색의 탁자에는 밝은 계열의 식탁보나 오찬 매트를 까는 것이 좋다.

식탁의자

식탁의자는 말 그대로 의자에 앉은 사람의 토대土臺로 안정감을 나타내기 때문에 편안하고 튼튼한 것으로 선택한다. 특히 가장의 의자는 팔걸이가 있어야 운기가 상승하고 가족 전체의 운기에도 효과가 있다.

달력

자연이나 정원 사진, 꽃과 과일 그림이 그려져 있는 달력을 눈높이에 맞춰서 걸어두면 좋은 운기를 흡수할 수 있다. 분위기가 어두운 달력은 절대 금물이다. 또한 은행이나 가게 이름이 적힌 달력은 그 가게와 똑같은 운명에 처할 수 있다.

런천 매트 luncheon mat

런천 매트를 깔고 식사를 하면 운의 토대가 한층 강화된다. 천연 소재와 은은한 색조의 오렌지나 분홍색, 녹색, 노란색처럼 색이 밝은 런천 매트를 적극 추천한다. 특히 유리나 원형 테이블은 운을 원활히 흡수하지 못하므로 반드시 런천 매트를 깔아야 한다.

꽃 장식裝飾

누구나 식탁 위에는 꽃 장식을 하고 싶어 한다. 이는 식사와 동시에 꽃의 운기까지 함께 흡수할 수 있는 장점이 있다. 꽃을 유리컵이나 대접에 놓아두면 가정운이 한층 상승한다.

4 거실

거실은 토土 운기의 공간인 동시에 가정운의 요충지라 할 수 있다. 나아가 가족관계를 돈독하게 할 뿐만 아니라 평안하고 안락한 휴식을 통해 복잡다단한 하루 일과를 보내며 쇠진한 기운을 재충전하는 장소이기도 하다. 따라서 이 공간이 복잡하거나 지저분하여 편안함을 느낄 수 없다면 좋은 운기를 보충할 수 없다. 또한 이는 가족 간에 불화가 싹트는 원인이 되기도 한다. 그러므로 거실은 누구나 평안하게 쉴 수 있어야 하는데, 따스함이 느껴지는 거실을 꾸며보도록 하자.

수납장

신문이나 잡지를 넣어두는 수납장은 지저분해지지 않게 유지한다. 오래된 신문이나 잡지를 계속 쌓아두면 발전운이나 기회운에 치명적이다. 햇살을 자주 쬐어 주거나 눈에 잘 띄지 않게 정리하는 것이 중요하다.

텔레비전과 관엽식물觀葉植物

강한 양기를 발산하는 텔레비전은 동쪽이나 동남쪽에 두는 것이 좋다. 서쪽이나 북서쪽은 기의 균형이 깨지기 쉬우므로 피한다. 텔레

소파에 쿠션이, 바닥에는 양탄자가 깔려 있고 에어컨은 흰 천으로 싸져 있으며, 조명등이 놓여 있는데 이는 풍수적으로 좋다. 다만 소파의 소재가 천연제품이 아닌 것은 풍수적으로 좋지 않다. 그러나 커튼 없이 흰 비닐 뽁뽁이로 유리창을 씌운 경우는 밝은 빛이 들어오는 건 좋지만 비닐 제품 자체가 풍수적으로 좋지 않다.

거실 전면에 TV와 오디오, 십자고상, 성모상, 손자들의 사진이 놓여 있다.
단순한 것이 풍수적으로 좋다.

비전 주변에 관엽식물을 놓아두면 수시로 자연을 바라보면서 식물의 생기를 흡수할 수 있다. 또한 관엽식물은 텔레비전에서 나오는 음기陰 氣를 중화시키는 작용도 한다.

카펫

거실 바닥에는 천연 소재의 카펫을 까는 것이 좋다. 발을 따뜻하게 함으로써 가정운을 상승시키므로 겨울철이나 날씨가 추울 때는 난방과 카펫으로 따뜻함을 유지할 수 있게 한다.

커튼

거실에 단 커튼에서 중후한 느낌이 풍기면 집안의 공기도 무거워진다. 지나치게 가라앉지 않게 커튼은 면綿 소재로 하고, 소파와 조화를 이루며 계절감을 살릴 수 있으면 더욱 좋다. 단, 빛이 완전히 차단되는 커튼은 절대 금물이다.

조명, 스탠드

분위기가 어두우면 그곳에 모인 사람들의 마음도 어두워진다. 이럴 때 조명은 부족한 운기를 보충할 수 있어야 좋다. 스테인리스 제품보다는 갓이 있는 천이나 한지 제품을 준비한다.

쿠션 cushion

쿠션은 하루 동안 쇠잔한 운기를 보충하기에 좋은 요소이다. 특히 인간관계를 돈독히 하는 강력한 힘이 있다. 집안에 미혼인 사람이 있다면 결혼운이 있는 꽃무늬 쿠션 몇 개 정도를 비치해 두는 것이 좋다. 색상이나 소재는 소파에 맞추어 코디한다.

소파

소파는 앉았을 때의 느낌에 따라 운기의 좋고 나쁨이 결정된다. 소재는 가죽이나 비닐보다는 화이트나 옅은 갈색 천이 제격이다. 뒤쪽에 있는 커튼에 무늬가 있다면 그 무늬 가운데 한 가지 색으로 균형을 유지하는 것이 좋다. 검정이나 회색, 빨간색 소파는 분쟁을 유발할 수 있으므로 가급적 피한다.

주방과 거실에서 이것만은 금물

소파는 소파, 침대는 침대로만 사용 | 사람은 잠자는 동안 새로운 활력과 운기를 보충한다. 그만큼 잠자는 공간을 확실히 확보하는 것이 중요하다. 요즘에는 낮에는 소파로 쓰고 밤에는 침대로 쓰는 가구를 흔히 볼 수 있는데, 이렇게 하면 거실의 운기와 침실의 운기가 서로 엉키는 바람에 제대로 보충할 수 없다. 소파는 소파로만, 침대는 침대로만 사용한다.

검정색 테이블에 비닐 식탁보는 절대 금물 | 거실이나 주방에서 사용하는 테이블은 목재가 좋다. 그러나 검정색 테이블이나 비닐 식탁보는 음기陰氣와 화기火氣로 인해 음식물의 생명력을 소멸시켜서 결국에는 충분한 운기를 보충 받지 못하므로 주의해야 한다. 음양의 균형이 깨질 수 있는 검정색 테이블과 비닐 식탁보는 절대 금물임을 명심한다.

주방에서는 둥근 탁자를 사용 말아야 | 요리를 통해 스며온 운기를 제대로 안정시키려면 토土의 운기가 필요하다. 사각이나 타원형 테이블은 나쁜 운기를 안정시키는 데 좋다. 토土의 운기가 없는 둥근 테이블은 피하는 것이 좋으나 이미 사용하고 있다면 사각형 런천 매트를 까는 방법도 있다.

알아두면 좋은 상식

강력한 양기와 전자파를 발산하는 텔레비전 주변 또는 방의 구석구석에는 나쁜 기가 쌓이기 쉽다. 이런 곳에 음이온을 분출하는 숯을 두면 자연스럽게 공기가 정화되어 쌓여 있던 나쁜 기운이 해소된다. 숯은 바구니에 넣어 쉽게 눈에 띄지 않게 한다.

방위별 주의할 점

북쪽 | 수水 운기의 북 방위에 속한 거실과 주방은 다른 방위에 비해 춥기 때문

에 방한 대책에 신경을 쓰는 것이 좋다. 한여름 이외에는 푹신푹신한 쿠션이나 방석을 깔아두고, 인테리어 분위기도 따스함을 위주로 통일하는 것이 바람직하다. 운기가 아래쪽으로 몰려들지 않게 구석구석까지 청소를 게을리 해서는 안 된다.

동쪽 | 목木 운기의 동 방위는 젊고 활기찬 분위기의 거실과 식당이 상생 조건이다. 계절과 조화를 이루게 신경 써서 면綿이나 마麻 종류의 섬유를 활용하고, 전체 분위기도 자연스럽게 연출해 본다. 종처럼 소리가 나는 소품도 좋은 요소이다.

남쪽 | 남쪽은 화火 운기를 발산하기 때문에 거실과 주방의 분위기는 깔끔하면서도 세련되게 꾸미는 것이 좋다. 유럽풍 가구나 플라스틱 제품, 검정색이 많이 섞인 가구는 금전운에 큰 타격을 주므로 주의한다. 창가 주변에 유리 소재나 나뭇잎무늬의 공예품을 배치하는 것이 좋다.

서쪽 | 금金 운기를 띠므로 이 방위에 있는 거실과 주방은 유럽풍이나 모서리가 둥근 가구와 상생한다. 쿠션도 사각보다는 동그란 형태가 좋다. 화이트 색상이 어울리며, 빗금 디자인이나 플라스틱으로 만들어진 잡화雜貨는 좋지 않다.

북동쪽 | 북동 방위는 변화를 유발하는 토土의 기운을 띠기 때문에 이 방위에 있는 거실이나 식당이 지저분하고 더러우면 나쁜 운기를 일으키기 쉽다. 따라서 항상 청결을 유지해야 한다. 수납공간에는 투르말린(tourmaline : 전기석)이나 숯을 넣어 두어 공기를 정화시키는 것이 좋으며, 인테리어 주요 색깔은 흰색이 효과적이다.

동남쪽 | 목木 운기를 띠기 때문에 이 방위에 있는 거실과 주방은 다른 어느 공간보다도 통풍에 신경을 써야 한다. 커튼도 바람에 살랑거릴 정도로 엷은 것이 좋다. 또한 이 방위는 향기나 냄새에 민감하므로 쓰레기 냄새가 풍기지 않게 주의해야 하며, 뚜껑 달린 등나무 제품 쓰레기통이 좋다.

남서쪽 | 남서는 토土의 기운을 띠기 때문에 가정운이 상승하기에는 안성맞춤이다. 눈높이 정도의 낮은 가구로 토속적이면서 고풍스러운 분위기를 연출하는 것이 좋다. 거실에는 쿠션이나 방석으로 편안함을 주어야 한다.

북서쪽 | 북서는 격조를 상징하는 금金의 방위이다. 이 방위의 거실은 물론 주

방에서도 식탁의 상석上席을 가장의 자리로 확보하는 등 가장만의 공간을 확보해 주는 것이 중요하다. 인테리어는 고급스러운 소품에 주안점을 두는 것이 좋은데, 특히 둥근 형태의 조명을 권한다.

5 침실

사람은 수면을 통해 새로운 기운을 축적한다. 따라서 좋은 운기를 흡수하느냐 못하느냐는 침실의 환경에 달렸다. 좋은 기운을 원한다면 절대 간과해서는 안 되는 공간이 바로 침실이다. 사람은 누구나 잠자는 동안에 주변의 기를 흡수하여 하루 동안 상실한 운기를 보충하면서 다음날에 대비한다. 이렇게 중요한 역할을 하는 침실의 환경이 좋지 않다면 나쁜 운기를 그대로 흡수하여 그야말로 '운運 영양실조'에 걸리고 만다. 즉, 잠을 잘 자는 사람이 운 좋은 사람이라고 해도 과언이 아니다. 매일 좋은 운기를 보충하고 싶다면 우선 침실을 다시 한 번 둘러보고, 특히 침대 위치를 세심히 살펴보아야 한다.

침실의 매트 색상과 커튼 색깔이 거의 같은 색으로 조화를 이루고 있어 좋다. 침대나 쿠션의 색깔이 상생이 되고 여러 가지가 널려 있지 않아 좋다. 또한 침대 밑에는 아무 것도 없어야 풍수적으로 좋다.

옷장과 이불장이 잘 정리되어 있어야 재물운이 흩어지지 않는다.

커튼

침실에는 반드시 이중 커튼을 달아야 한다. 한 겹짜리 커튼은 왕기가 빠져나갈 수 있으므로 주의해야 하며, 항상 깨끗하고 뽀송뽀송한 상태를 유지한다.

조명·꽃·방향제

인테리어 풍수에서는 조명과 꽃, 방향제 이 세 가지를 '인연세트'라고 한다. 이는 연애운이나 인간관계운을 상승시키는 효과가 있다. 잠들어 있는 사람은 수水의 운기를 지니기 때문에 이 세 가지를 머리맡에 놓아두면 기의 흡수가 원활해지고 여러 가지 좋은 인연을 맺을 수 있다. 아로마 오일을 침대 커버에 뿌린다거나 아로마aroma 스탠드로 조명효과를 내서 왕기 넘치는 침실을 코디해 보자.

베개

침실에서 가장 비중을 두어야 할 부분은 베개의 위치다. 수면 중에 사람은 수水의 운기를 띠며 머리를 통해 운을 흡수하므로 북쪽으로 머리를 향하게 하는 것이 상생의 으뜸 조건이다. 머리를 북쪽으로 하고 발을 남쪽으로 두면 운기의 흐름이 자연스러워지므로 베개는 반드시 북쪽으로 둔다. 경우에 따라서는 젊음과 발랄함을 상징하는 동쪽도 괜찮다. 서쪽은 쉽사리 일어나지 못하고 빨리 노화되는 운기를 지녔으나 조용함과 숙면을 원하거나 나이가 많은 사람이라면 큰 문제가 안 된다. 그러나 남쪽은 머리에 열이 많아지고 안절부절 못하게 되어 숙면이 불가능할 수 있으므로 삼가야 한다.

침대 커버

잠자는 동안 사람은 수水의 운기를 띠기 때문에 침대 커버는 목木의 기운이 있는 면제품이 좋다. 커튼이 무늬가 있는 것이라면 침대 커버는 단색單色이 바람직하고, 단색 커튼일 경우에는 무늬가 있는 침대 커버가 궁합이 맞는다. 그러나 단색이라고 해도 검정색이나 자색, 회색은 가급적 피해야 하고 무늬도 동물무늬는 절대 금물이다.

침대 밑 수납

사람은 잠자는 동안 운기를 보충하므로 침대 밑에 수납공간을 마련하여 인연 운기가 있는 의류를 수납하는 것이 좋다. 단, 그 외의 것은 절대 금물이다.

화장대

꼭 화장대가 아니더라도 여성이 사용하는 침실이라면 반드시 화장을 하는 공간이 있기 마련이다. 여성은 이 공간에서 자신의 미를 확인하고 추구해 나간다. 간혹 세면대 거울 앞에서 화장을 하는 여성들이 있는데, 이는 모발이나 피부를 상하게 하는 지름길이다. 화장은 항상 화장대에서 해야 한다. 그리고 화장대 거울에 자신의 잠자는 모습이 비치면 좋지 않다. 그런 상황이라면 천으로 가리는 것이 좋다.

침실용 카펫 carpet

침실에서는 '두한족열頭寒足熱', 즉 머리는 차게 하고 발은 따뜻하게 해야 한다. 발이 찬 사람은 건강이나 운기 모두 좋지 못하다. 바닥에는 언제나 카펫이나 매트를 깔아서 발을 따뜻하게 유지한다.

침실에서의 금물禁物

언뜻 보기에는 좋아도 다음과 같은 것은 침실에서 절대 금물이다.

물침대 | 낮 시간에 활동 중일 때 사람은 화火의 기를 띠지만 취침에 들어가면 수水의 기를 지닌다. 그래서 침대까지 물침대를 사용한다면 수의 운기가 지나쳐서 건강이나 정신 상태에 악영향을 미칠 우려가 있다. 따라서 물침대를 사용할 때는 습도 조절 장치가 있는 것을 선택하든지 실크나 양모커버를 깐다.

잠잘 때는 방을 어둡게 | 침실 조명을 끄면 방안에는 음陰의 기운이 넘친다. 잠자는 동안 사람은 수水의 운기를 띠기 때문에 결국 이 음의 수 운기를 그대로 흡수할 수밖에 없다. 이렇게 되면 그 사람의 운기가 나쁜 쪽으로 흐르는 것은 자명한 일이다. 방안을 꽃으로 장식하거나 좋은 방향제를 사용해도 음기가 가득한 침실에서는 전혀 소용이 없다.

잠자는 모습이 거울에 비친 경우 | 자신의 잠자는 모습이 거울에 비치는 것은 그리 바람직하지 못하다. 그렇게 되면 혼자서 받아야 할 좋은 기운을 거울 속의 또 다른 자신과 나누어야 하는 아이러니가 발생하기 때문이다. 가장 좋은 방법은 거울의 방향을 조정하는 것이지만, 불가피한 경우에는 거울에 수건이나 천을 씌워서라도 가려 두는 것이 좋다.

알아두면 좋은 상식

지갑이나 통장, 카드, 증권 등 금전과 관련된 것은 집이나 침실의 북쪽에 보관하는 것이 좋다. 금金의 운기가 있는 돈은 수水의 운기를 만나면 기운이 더욱 상승하고, 특히 사람이 잠들어 있는 동안에는 더욱 효과를 발하기 때문에 돈과 관계있는 것은 모두 수의 운기를 띠는 북쪽에 두는 것이 바람직하다. 그런데 하루에도 수십 번씩 여닫는 서랍에 보관하면 소용이 없으므로 전용 상자나 서랍을 정해 둔다. 사람들의 움직임이 빈번한 주방이나 자주 여닫아야 하는 가방 속에는 절대 보관하지 말아야 한다.

침실 방향별 주의할 점

북쪽 | 북의 방위는 어쩐지 추운 이미지가 있어 흉한 방위라고 여겨지는데 실제로는 그렇지 않다. 큰 성공을 바라기 어렵지만 조심스레 행복을 얻으려 한다면 북에 침실을 두어도 나쁘지 않다. 북에 침실을 두는 가정이 늘어나고 있는데 한 쌍의 작은 새처럼 화목한 부부가 많다. 다만 북쪽에 침실을 둔 남녀는 사람 사귀는 것이 서투른 성격의 소유자가 될 경향이 높다. 외출을 싫어하는 남성도 있다. 자기 홍보, 나아가 처세술이 능숙하지 못하고 특히 출세에 뒤지기 쉽다. 사회적 성공보다 행복한 가정을 얻는 것에 힘을 쏟는 타입이다. 그렇다고 해서 결코 운기가 나쁜 방위는 아니다.

적극적으로 주위 사람들과 친해지는 등, 의식적으로 외출을 하도록 하고 사람과의 관계를 소중히 하면 큰 행복을 얻을 것이다. 또 북에 침실이 있는 남성은 학자나 기술자 등 열심히 일을 하는 사람에게 좋다. 그리고 자기 의지대로 그 일을 계속해 나가면 좋다. 북의 침실은 대기만성형大器晩成形의 남성을 만든다.

본명성이 일백一白이나 자년생子年生에게 좋다. 9성으로 북쪽이 일백一白이고 24방위로 자향子向이기 때문이다.

동북쪽 | 좋은가 나쁜가 이전에 어쨌든 변화를 부르는 방위이다. 동북에 침실이 있으면 좋건 나쁘건 기복이 많은 인생을 보낼 가능성이 많다. 어떤 회사에 들어가 정년 때까지 무사히 근무하고 싶은 사람은 동북에 있는 침실은 절대로 피해야 한다. 파란만장한 인생을 보내고 싶다면 동북에 침실을 두면 좋다. 이사·전근·전직·사고·질병 등 모든 파란이 있을 것이다. 그리고 동북의 침실을 가지고 있는 사람에게는 그러한 변화가 운세호전의 절호의 찬스가 되기 쉽다. 남성은 의협심이 많고 남 돌보기를 좋아해 사람은 좋지만, 성격이 급한 것이 결점이다. 상처를 입거나 병에 걸리기 쉬운 방위이지만 돌연히 행운이 찾아 올 수도 있다. 아무튼 들쭉날쭉함이 심한 방위이다. 8백八白이나 축년생丑年生과 인년생寅年生

에게 좋은 방위이다.

동쪽 | 소극적인 성격인 사람은 동쪽에 머리를 두고 자면 좋다. 그것은 동이라는 방위에 젊고 밝음을 가진 힘이 충만되어 있기 때문이다. 일면 젊은 커플을 위한 침실이며 중년 이후에는 다른 방위로 침실을 옮겨야 한다. 왜냐하면 에너지가 가득 찬 침실이므로 인생의 안정기에 들어간 사람에게는 불안정한 분위기에 빠져버리기 때문이다. 따라서 너무 숙면도 할 수 없고 늦잠도 잘 수 없는 침실이다. 그러나 젊은 사람에게 있어서는 최고의 침실이다. 아침 일찍 일어날 때부터 체내에 활동력이 넘쳐, 남자라면 일도 척척 잘 해 낼 수 있다. 젊은이의 운이 강한 방위로 젊어서 성공한 인물 중에는 동으로 침실을 두고 있는 사람이 많다. 특히 시대의 첨단을 걷는 직업, 예를 들어 카피라이터, 패션관계, 음악관계 등에 종사하면 성공할 가능성이 많다. 단, 동쪽의 침실은 거기에 사는 사람이 싫증이나 화를 잘 내게 하는 결점이 있으니 주의해야 한다. 3벽三碧이나 묘년생卯年生에게 좋다.

동남쪽 | 화목과 행복을 얻을 수 있는 방위다. 고생 끝에 밑바닥에서부터 올라와 잡는 행복이 아니고, 주위 환경의 혜택을 받아 쉽게 성공을 얻는 행복, 어려움을 알지 못하는 이들은 동남에 침실을 갖는 경우가 많다. 장사를 하고 있는 사람이 동남에 침실을 두면 사업이 번성한다. 애정에도 좋은 방위이다. 동남에 침실을 둔 부부는 결혼 후 아무리 세월이 흘러도 신혼처럼 따뜻한 애정을 유지하는 경우가 많다.

일에 있어서도 본인의 노력만 있으면 어느 정도 성공이 보장되는 것은 당연하다. 단, 주의할 것은 너무 순조롭게 모든 일이 진행되므로 그야말로 고생을 모르는 인간이 되기 쉽다. 어쨌든 주위에 경솔한 인간으로 보여질 수도 있는데, 이를 보완하기 위해서는 침착한 남성다움을 증진시키는 기운을 가진 서쪽이나 북서쪽에 위치하는 방에서 시간을 보내거나 중후한 분위기를 보급하면 좋다. 동남의 침실도 동과 같이 젊은이에게 알맞은 방위이다. 진년생辰年生이나 사년생巳年生에게 좋다.

남쪽 | 남향의 침실은 볕이 가장 잘 든다. 그래서 태양에너지를 듬뿍 받은 남향으로 침실에는 기가 충만하다. 그 때문에 남쪽에 침실을 두면 차분함이 부족하여 푹 휴식을 취하기에는 부적절하다. 밤에 좀처럼 잠들지 못하는 사람은 침실이 남쪽에 있든지 머리를 남쪽으로 향하고 자기 때문이다. 기가 넘치는 남쪽의

침실을 장기간 사용하면 예술적 감각이 넘쳐난다. 창조력과 감성이 더 단련된다. 때문에 남쪽의 침실은 창의성을 필요로 하는 직업에 종사하는 사람에게 있어서는 최고이다. 다만, 반대로 일반 봉급생활자가 여기에 침실을 두면 필요 이상으로 감수성이 예민하여 신경질적으로 될 수도 있어 좋지 않다. 화려하게 되기 쉬운 방위이므로 젊은 사람이 여기에 침실을 두면 너무 방탕할 위험이 있다. 반대로 중년 이상의 조용한 부부는 남쪽에 침실을 두는 것으로 생기발랄한 애정을 되찾을 수 있다. 구자九紫나 오년생午年生에게 좋다. 수면 부족에 주의가 필요하다.

남서쪽 | 남쪽보다 기가 충만하지도 않고 서쪽만큼 조용한 분위기도 없는 것이 남서 방위의 침실이다. 남서는 대지의 기를 받기 쉬운 방위이다. 대지의 기는 묵직하고 차분함을 사람에게 주는 힘이 있다. 그 때문에 남서에 침실을 두면 젊은 사람이라도 차분한 인상을 준다. 여성의 경우는 특히 이런 경향이 강하다. 남녀 모두 성격이 소박해지고 성실하게 열심히 일해서 조촐한 행복을 얻으려는 경향이 있다.

인품이 좋아서 주위로부터 미움 받은 일은 없지만 때로는 완고한 일면도 있다. 좋은 방위이기는 하지만 젊은 부부가 남서에 침실을 두는 것은 고려해야 한다. 나이에 맞지 않게 너무 차분하여 노인 같이 여겨질 수가 있다. 40세 이상의 부부에게는 매우 기분 좋은 침실이다. 신기하게도 일본에는 남서에 침실을 두는 집이 많다.

공무원이나 교직원 등 딱딱한 직업을 가진 사람의 집에는 남서의 침실이 많은 것도 납득할 만하다. 남서에 침실을 갖는 사람은 너무 소박해지지 않도록 복장이나 실내 인테리어에 신경을 써야 한다.

남서 방위의 운기는 안정되어 있으므로 대체로 모든 사람에게 좋지만 특히 미년생未年生, 신년생申年生에게 아주 좋다.

서쪽 | 서쪽은 휴식을 위해서 좋은 방위이다. 서쪽의 침실에서 자면 기가 충전된다. 특히 회사나 상점을 경영하고 있는 사람에게는 좋은 방위로 장사가 잘 되는 데 효과가 있다. 그러나 부정적인 면도 있다. 이 방위의 침실에서 자면 바람을 잘 피우게 된다. 이성異性에게 바람을 피울 위험성도 있고 일에 있어서도 본업을 집어치우고 다른 사업에 열을 올릴 가능성이 있는 방위이다. 또 하나의 중대한 폐해는 남편의 성생활이 약해질 수 있다. 서쪽의 침실에서 베개를 서향으

로 할 경우 너무나도 잠이 푹 들기 때문에 부부생활을 소홀히 해버리게 된다. 이에 따른 대책으로는 침상이나 침대를 북쪽으로 기울게 한다.

본래는 운기가 강한 방위이므로 이상의 두 가지 점에 주의하면 우선 만족한 인생을 살아갈 수 있다. 7적七赤이나 유년생酉年生에게 좋다.

북서쪽 | 북서쪽은 남편의 방위이며 남성의 방위이다. 이 방위에 침실을 둔 집의 주인은 사회적으로 성공을 하고 열심히 일하는 사람이 많다. 거기에다 부부 사이도 좋은 경우가 많다. 지금까지 출세가도를 타지 못하는 사람이 침실을 북서로 옮기면 좋다. 이것이 어려우면 서재를 북서향에 둔다. 그렇게 하면 생각지 않은 행운이 찾아와 출세의 실마리를 잡을 수 있다. 또 북서쪽은 건강을 담당하는 방위이기도 하다. 북서에 침실을 둔 남성은 큰 병에도 안 걸리고 아주 건강한 사람이 많다. 당연히 부부생활도 좋다. 건강에 불안한 남성, 중요한 때에 힘이 솟지 않는 남성은 꼭 북서에 침실이나 서재를 두면 좋다.

북서쪽은 남성의 힘을 강하게 하는 방위이므로 즉각적인 효과가 나타난다. 신체의 연약함과 동시에 정신적인 나약함, 결단력 부족, 기의 부족, 의욕 저하 등도 극복된다. 남성에 있어서 최고의 방위는 북서이다. 그러나 좋은 것만 있는 것은 아니다. 북서의 침실은 자기주장이 강해지는 단점도 있다. 이기적인 성격이 강하게 나타난다. 출세운을 강하게 하는 반면 완고함도 두드러지게 나타난다. 북서에 침실을 갖는 남성은 아무쪼록 완고한 성격을 완화시키도록 노력해야 한다. 본래 북서 방위에서 나오는 남성의 기는 그 집 주인이 나이 들수록 원숙미가 나타나므로 마음 쓸 필요가 없다. 북서는 만년晩年운이 좋은 방위이다. 물론 여성에게 있어서도 좋다. 술년戌年, 해년亥年, 6백六白년의 태생에게 특히 좋다.

중앙의 침실 | 집의 한가운데에 침실을 둔 집은 그리 많지 않다. 침실을 그 집의 중심에 두는 것은 이미지상 좋지 않고 무엇보다도 햇볕이 들지 않는 게 문제이다. 그러나 전국시대의 무장武將인 덕천가강德川家康 등은 거성居城의 중심에 당당히 침실을 두었다. 이와 같은 사례에서도 알 수 있듯이 중앙의 침실은 제왕帝王의 운기가 감돌고 있다.

윗자리에 앉을 그릇을 만들어내는 침실이다. 회사를 경영하고 있거나 다른 사람을 지도하는 입장에 있는 사람은 꼭 중앙에 침실을 둔다. 평범한 사람은 중앙에 둔 침실에서 좀처럼 잠들 수가 없다. 제왕의 운기에 압도되어 버리기 때문이다. 그러므로 평범한 봉급생활자가 중앙에 침실을 두는 것은 생각해 볼 필요가 있다. 그러나 자신은 큰 인물이라고 자각하는 사람 또는 타인 위에 군림하고 싶다고 생각하는 사람은 중앙에 침실을 둘 자격이 있다.

잠 잘 때 머리를 두는 방위

침실 내에서 머리를 어느 방위로 두고 잠을 자느냐에 따라 길흉이 달라진다. 머리를 북향으로 두고 잠을 자면 편안한 잠을 잘 수 있다. 세상을 떠난 이의 머리를 북으로 향해 매장하기 때문에 잠잘 때 머리를 북쪽으로 두는 것을 일반적으로 꺼리는데, 이는 잘못된 인식으로 풍수적으로 나쁘지 않다.

죽은 사람의 머리를 북으로 두는 것의 기원은 중국 주周나라 때로 거슬러 올라간다. 왕이나 현자賢者가 죽으면 주나라 수도인 낙양洛陽의 북쪽에 있는 북망산北邙山에 장사를 지낸 유래에서 비롯되었다. 사람이 죽으면 북망산으로 간다는 생각이 여기서 기인한 것인데, 당시 아무나 북망산에 묻힌 것은 아니었다.

두통이나 현기증 등의 만성병에 시달리고 있는 사람은 북쪽으로 머리를 두고 자면 이런 증상을 완화시킬 수 있다. 서쪽은 옛날부터 극락세계라고 인식하고 있다. 그래서 서쪽으로 머리를 두는 것을 기피하고 있는데, 서쪽으로 머리를 두면 뇌혈관병에 걸리기 쉽다.

남쪽으로 머리를 두면 불면증에 걸리기 쉽다. 남쪽은 밝은 기운이 있어 숙면이 잘 안되기 때문이다. 동쪽은 해가 뜨는 방향으로, 강한 기가 솟으므로 건강하고 원기가 있는 젊은 사람에게는 좋지만 중년이나 노년의 사람에게는 정서가 불안해진다. 침실 인테리어에 대한 일본의 풍수가 '리노이에 유치쿠'의 설명은 다음과 같다.

① 침실에는 반드시 이중 커튼을 달아야 한다. 한 겹의 커튼은 왕기旺氣가 빠져 나갈 수 있으므로 주의해야 하며, 항상 깨끗하고 뽀송뽀송한 상태를 유지한다.

② 조명·꽃·방향제芳香劑 이 3가지를 '인연세트'라고 한다. 이것은 연애운과 인간관계를 상승시키는 효과가 있다. 잠잘 때 꽃이나 방향제를 머리맡에 두면 기의 흡수를 원활하게 할 수 있고 여러 가지 좋은 인연을 맺을 수 있다. 방향제로는 편백나무나 잣나무 등 침엽수에서 나오는 피톤치드도 좋다.

③ 잠잘 때 지구자기의 방향대로 머리를 북쪽으로 하고 발을 남쪽으로 하면 기의 흐름이 자연스러워지므로 베개를 북쪽으로 두는 것이 좋다. 경우에 따라 젊음과 발랄함을 상징하는 동쪽에 두는 것도 좋다. 서쪽은 쉽사리 일어나지 못하고 빨리 노화되는 운기를 지녔으나 조용함과 숙면을 원하거나 나이가 많은 사람이라면 큰 문제가 없다. 그러나 남쪽은 머리에 열이 많아지고 안절부절못하게 되어 숙면이 불가능할 수 있으므로 절대 삼가야 한다.

④ 침대 밑에 수납공간을 마련할 경우 인연의 운기가 있는 의류를 두는 것이 좋다. 이외의 것은 절대 금물이다.

⑤ 화장은 침실의 화장대에서 하는 것이 좋다. 그러나 화장대의 거울에 자신의 잠자는 모습이 비치면 좋지 않으니 거울의 방향을 바꾸든지 거울을 천으로 가리는 것이 좋다.

⑥ 바닥에는 언제나 카펫이나 매트를 깔아서 발을 따뜻하게 한다.

⑦ 물침대를 사용하면 물의 기운이 지나쳐 건강이나 정신 상태에 나쁜 영향을 미치므로 물침대를 사용할 때는 습도조절 기능이 있는 것을 선택하든지 실크나 양털 침대 카버를 깐다.

⑧ 금金의 운기가 있는 돈은 수水의 운기를 만나면 기운이 더욱 상승하고, 특히 사람이 잠들어 있는 동안에는 더욱 효과를 발하기 때문에 돈과 관계가 있는 지갑·통장·인감 등은 침실의 북쪽에 두는 것이 좋다. 그러나 하루에도 여러 번 열고 닫는 서랍에 보관하면 소용이 없으므로 전용상자나 서랍을 정해 넣어둔다.

6 세면실

　세면실은 미운美運을 좌우하는 중요한 공간이다. 거울과 세탁물의 수납이 관건이다. 수水의 기와 화火의 기를 공유하는 세면실은 미와 돈을 주관하는 곳이다. 세탁물이나 잡화雜貨 등을 어지럽게 방치하면 그 어지러운 분위기가 그대로 세면실의 운기마저 오염시키므로 주의해야 한다. 이 공간은 '쌓이지 않고', '보이지 않게' 하는 처리가 요점이다. 또한 세면실은 밝을수록 운기에 좋은 영향을 미친다는 사실을 기억해야 한다.

거울

　세면실의 거울에 비치는 것은 그 집안 여성미의 척도이다. 미운美運을 상승시키려면 거울에서 반짝반짝 빛이 나도록 항상 닦아주고, 불필요한 소품이 비치지 않게 세심하게 주의한다.

목욕 수건

　목욕 수건은 수水의 운기를 띠는 것으로 피부에 사용하므로 최대한 부드러운 질감과 백색, 분홍색, 크림색 같은 은은한 색조로 통일하는 것이 무난하다. 남성은 체크무늬나 로고가 들어 있는 것이 좋고, 여성은 꽃무늬 수건이 좋다. 오래 사용한 수건은 오히려 피부를 상하게 하므로 그때그때 바꿔준다.

수건 수납

세면실에서 사용하는 수건은 여성의 기를 나타낸다. 그래서 수건을 너무 꽉꽉 눌러 놓으면 결국 여성의 기운을 압박하는 결과가 되므로 느슨하게 개어두는 것이 좋다. 또한 기를 모아 두면 좋지 않으므로 수건은 통풍이 잘되는 선반에 둔다.

꽃

세면실 거울에 비치는 모든 것은 그대로 그 집에 사는 여성의 미에 영향을 미친다. 그러므로 그 법칙을 잘 이용하여 거울에 예쁜 꽃이 비치게 하는 것이 좋다.

뚜껑이 있는 바구니

사용했거나 오염된 세탁물을 그대로 방치하면 보기에도 안 좋고 더러워진 공기가 세면실의 기까지 오염시킨다. 그래서 세탁물이 나오면 지체하지 말고 뚜껑 있는 바구니에 넣어야 한다. 바구니가 없을 때는 천주머니도 상관없다. 흔히 사용하는 플라스틱 바구니는 운기 흐름의 최대 적이다.

욕실과 세면실에서의 금물禁物

세면실의 잘못된 풍수는 아름다움에 오점을 남길 수 있다. 그러니 다음 사항은 절대 금해야 한다.

원색原色의 욕실 | 욕실은 말 그대로 수水의 운기를 지닌 장소이다. 그런 공간에

빨간색이나 노란색, 보라색이나 청색 같은 원색을 사용하면 기의 흐름이 균형을 잃는다. 음기가 강한 검정색이나 옥색도 좋지 않다. 기본적으로 방위에 따른 색을 사용해야 하지만, 밝은 은은한 색조를 사용하는 것이 무난하다.

욕조에 남은 물 | 욕조에 남은 물은 사람의 몸에서 흘러나온 '악惡의 기운'으로 가득하다. 그런 물을 남겨 둔다면 나쁜 기운이 욕실 전체를 휘감아 돌 수 있기 때문에 남은 물은 그때마다 버리는 것이 가장 좋다.

세면실에서의 화장 | 아름다움은 화火의 기운을 지닌다. 그러므로 수水의 운기로 가득한 세면실에서 화장을 하면 아름다움의 기운이 모두 소멸한다. 물론 빗이나 화장 도구, 화장품이 거울에 비치는 것도 삼가야 한다. 단, 간단한 피부 손질 정도는 무리가 없을 것이다.

알아두면 좋은 상식

욕실에 들어 갈 때 꽃 한 송이 | 욕실은 눅눅한 수水의 운기가 많은 장소이다. 음기陰氣가 있는 수 운기가 지나치게 많으면 가족의 건강운이나 금전운에 나쁜 영향을 주고 여성은 연애운이 타격을 입을 수도 있다. 그럴 때 도움되는 것이 꽃 한 송이다. 꽃은 지나친 수水의 기운을 흡수해 공간을 정화시키는 역할을 한다. 꽃에 있는 아련하고도 아름다운 운기는 특히 여성의 운기 상승에 큰 도움이 된다. 결국 꽃을 들고 들어가는 것만으로도 여성 자신의 운을 단련하는 의미가 있다.

유니트unit 바스bath에 생기 넘치는 소품小品 | 화장실과 욕실이 한 곳에 있는 이 공간은 습기가 차지 않게 하는 것이 최대 관건이다. 눅눅하다고 해서 무리하면서까지 매트나 변기 커버를 준비할 필요는 없다. 그보다는 차라리 관엽식물이나 생화처럼 생기 있는 소품을 준비한다. 세면대 위나 변기 수조水槽 위에 놓아두면 기의 순환이 훨씬 원활해진다.

욕실 인테리어는 되도록 심플하게 하고 꽃무늬 타월로 포인트만 주는 것이 좋다. 지나치게 흰색 위주로 하면 이곳을 이용하는 여성이 창백해지거나 분위기 자체도 무미건조해질 우려가 있으므로 주의한다.

화장실과 세면대가 붙어있는 경우 | 이 경우에는 자칫하면 화장실의 음기가 쌓

일 수 있으므로 변기를 사용하지 않을 때에는 가능한 뚜껑을 덮어 두는 것이 좋다. 아래쪽으로 쌓이기 쉬운 기를 순환시키려면 화장실 벽면 아래쪽에 옅은 조명이나 슬리퍼를 준비하는 것도 바람직하다. 또한 세면대 거울 앞에 꽃을 꽂아두면 여성의 외모에도 효과가 있으며, 수납 선반 구석에 숯을 올려놓으면 음의 수水 운기를 정화시킬 수 있다.

7　　　　　　　　　　　욕실·화장실

　　욕실은 환기가 가장 중요하다. 습기가 차지 않는 욕실이야말로 건강운과 금전운을 예감할 수 있는 공간이다.

환풍기 | 습하고 눅눅한 욕실에는 곰팡이가 생기기 때문에 건강운이나 애정운에 치명적이다. 샤워나 목욕을 마친 후에는 반드시 환풍기를 한 시간 정도 틀어주는 것이 좋다. 특히 욕실과 화장실이 한 곳에 있을 경우에는 더욱더 환기에 주의를 기울여야 한다.

욕실 매트 | 욕실의 물기가 밖으로 나가지 않게 하려면 욕실 입구에 반드시 매트를 깔아야 한다. 기의 균형을 깨는 검정색이나 회색, 너무 화려한 원색은 피하고 밝은 은은한 색조의 매트를 까는 것이 좋다.

비누 등 | 물 근처에는 가급적이면 화火의 기를 띠는 플라스틱 제품을 놓지 않는다. 더구나 비누통 바닥이 빗살로 된 제품은 최대의 적이다. 비누통은 도자기 제품이 좋고, 조개껍질처럼 바다 이미지를 풍기는 무늬가 애정운과 금전운을 상승시킨다.

샴푸와 린스 용기 | 지금 사용하는 샴푸와 린스 용기가 플라스틱 제품이라면 도자기 제품으로 바꾸는 것이 좋다. 기의 균형 면에서나 외관상으로라도 훨씬 효과적이다.

　　가족의 건강운과 깊은 연관이 있는 화장실은 수水의 운기를 지닌

욕조에 세제와 세수 대야가 놓여 있는데, 플라스틱 대야는 풍수적으로 좋지 않다.

다. 화장실이 너무 춥거나 악취를 풍긴다거나 어두컴컴하면 음陰의 수운기인 물독[水毒]이 쌓이기 쉽다. 이런 상태가 지속되면 가족의 건강에 악영향을 미친다. 특히 여성은 부인과 질환의 위험이 있으므로 화장실은 항상 밝고 깨끗하며 따스하게 유지해야 한다. 또한 화장실에 악취가 풍기면 그대로 집안 여성에게 영향이 미치므로 악취 제거는 필수이며, 좋은 향기를 풍기면 자연히 운기가 상승 무드를 타게 된다. 아로마 스톤이나 조명을 설치하거나 천연 성분의 향수 또는 플로럴 floral 계열이나 감귤 계열의 방향제를 뿌리는 것도 좋다.

꽃, 식물

화장실에 꽃이나 관엽식물처럼 생기 있는 것을 놓아두면 화장실이 쉽사리 음기로 전환되는 것을 막을 수 있다. 꽃은 흰색 꽃병에 꽂고 관엽식물은 도자기류에 담는 것이 좋다.

화장실 수납

화장실의 수납공간에는 가능한 휴지와 생리대 외에는 수납하지 않는 것이 바람직하다. 수건은 다른 수납함을 만들어 따로 보관하는 것이 좋다.

변기 뚜껑은 꼭 닫아야

뚜껑이 열려 있으면 그곳에서 나오는 음의 운기가 화장실 전체로 퍼지므로 반드시 닫아 둔다. 그것이 불가피할 경우에는 잠자는 시간이라도 꼭 닫는다.

매트

화장실 바닥의 매트도 필수 품목이다. 이곳에 흐르는 음의 수水 운기는 아래로 가라앉는 성질이 있기 때문에 매트가 없으면 화장실 전체에 나쁜 운기가 퍼진다. 매트는 푹신하고 보드라운 것으로 준비하고 항상 깨끗이 사용한다.

수건 수납장과 칫솔 소독장이 잘 정리되어 풍수적으로 좋다.

화장실 변기는 도기(陶器)이고 뚜껑이 잘 닫혀 있어 풍수적으로 좋으나 쓰레기통이 플라스틱 제품이라면 나쁘다.

화장실에는 음기(陰氣)가 흐르는데 입구에 그림액자를 걸어둠으로써 양기(陽氣)로 바꾸어 준다.

슬리퍼

화장실에는 반드시 전용 슬리퍼를 두어야 한다. 이 공간은 음의 운기가 지배적이기 때문에 슬리퍼를 따로 사용하지 않으면 화장실의 음기가 집안 곳곳으로 흡수될 수 있다. 그러므로 슬리퍼는 다른 공간과 꼭 구별해서 사용해야 한다.

사진

꽃을 직접 꽂아 둘 만한 장소가 없을 때에는 꽃 사진이라도 걸어 두기 바란다. 디자인이나 색깔이 비슷한 사진을 액자에 넣어 단계적으로 걸어 두면 공간에 생기가 우러나온다. 그래서 음기가 쌓이기 쉬운 화장실이라도 운기가 상승하는 곳으로 바꿀 수 있다.

화장실 수건과 변기 커버

화장실에서 사용하는 수건이나 변기 커버를 녹색이나 분홍색, 은은한 노란색으로 코디하면 화장실이 어느 방위에 있든 상관없다. 물론 집의 좌향이나 화장실 방위를 참고로 색조를 맞추면 된다. 좌향과 전혀 동떨어진 색깔은 무리겠지만 어쨌든 그 집안의 화장실과 어울리는 수건이나 변기 커버를 사용하면 음의 운기만 감도는 화장실도 양의 운기로 바꿀 수 있다. 수건이나 변기 커버는 몇 가지 색상과 디자인을 준비하여 일주일 간격으로 교체해 주도록 한다. 그렇게 하면 공간에 변화의 기가 우러나와 정체되기 쉬운 화장실의 운기를 깨끗이 순환시켜 줄 것이다.

화장실에서 이것만은 금물禁物

단조로운 인테리어, 동물무늬 인테리어 | 검정색은 음陰의 수水 운기를 띠므로 화장실의 음기를 더욱 활성화한다. 거기에 흰색을 가미한다면 상황은 더 악화될 수밖에 없다. 화火의 운기가 있는 동물무늬도 화장실과 최대의 상극이므로 절대 피해야 한다.

책장이 있는 화장실 | 화장실은 음의 운기를 지녔다. 여기에 목木의 운기를 띠는 책이나 잡지를 두면 젊음을 상징하는 책이 화장실의 음기를 그대로 흡수하여 나쁜 기로 전환한다. 그 결과 남자들의 사업운을, 여자들의 젊음을, 아이들의 학업운을 손상시킬 우려가 있으니 주의한다.

원색原色의 화장실 | 화장실을 알록달록한 원색으로 코디할 경우 기의 균형이 산만하게 되어 질병에 걸릴 확률이 높아지므로 주의한다. 그러나 예외적으로 음기가 더 강해지는 겨울에는 조금 적극적인 색깔로 화장실을 밝고 따스하게 꾸미는 것도 괜찮다.

알아두면 득이 되는 좋은 상식

화장실이라는 수水 운기의 공간에서 흡수되는 향기는 그 집 여성의 인상을 대변한다. 그리고 그 인상에 어울리는 인연이나 운기를 몰고 온다. 따라서 악취가 풍긴다거나 싸구려 방향제를 사용하면 그것이 곧 그 집 여성의 이미지가 된다. 그러므로 화장실에는 언제나 고급스럽고 그윽한 향기가 감돌게 하는 것이 요점이다. 금전운을 상승시키는 달콤한 향이나 목木 운기의 감귤 계열 향기가 가장 무난하다. 아로마 스톤도 좋은 향기를 내기 위한 요소이다.

방위별 주의할 점

북쪽 | 북은 수水의 운기를 지닌 방위다. 이 방위에 있는 화장실은 항상 서늘하기 때문에 방한 대책에 신경을 써야 한다. 매트나 변기 커버도 보온성이 좋은 것으로 준비하되 여성은 분홍색, 남성은 녹색과 은은한 노란색을 주 색깔로 하는 것이 좋다. 또한 화장실을 사용하지 않더라도 가끔 물을 내려서 운기가 정체되지 않게 한다.

동쪽 | 동쪽은 목木의 운기를 띈다. 이 방위의 화장실은 항상 청결을 유지하여 수水의 운기가 그대로 쌓이지 않게 해야 한다. 인테리어는 녹색 계열로 통일하는 것이 효과적이고, 향기는 감귤 계열이 좋다. 센스 있게 자그마한 시계를 달아 두는 것도 개운開運을 위한 요점이다.

남쪽 | 남은 화火의 운기를 띠는데, 이 방위에 있는 화장실은 음양의 조화가 깨지기 쉽기 때문에 차가운 느낌이 드는 색깔이나 적색, 검정색, 동물무늬는 피하는 게 좋다. 흰색을 기본으로 하여 녹색으로 포인트를 주고 관엽식물을 놓아두면 효과 만점이다. 예쁜 거울도 개운開運을 위한 좋은 요소이다.

서쪽 | 금金의 운기를 지닌 서 방위의 화장실은 청소를 게을리 하면 재물이 분산될 위험이 크기 때문에 반드시 청결을 유지해야 한다. 수건이나 변기 커버는 흰색, 은은한 노란색, 분홍색을 1, 2주 간격으로 바꾸어 순서대로 사용하는 것이 좋다. 구석에 숯을 놓아두면 더욱 효과적이다.

북동쪽 | 변화를 촉발하는 토土의 운기가 있는 이 방위는 쉽게 더러움을 타는 경향이 있으므로 구석구석까지 청결하게 신경 써야 한다. 수건과 변기 커버는 다양한 색상과 디자인을 준비하여 일주일에 한 번 정도는 교체해 주는 것이 좋다. 흰색 바탕에 빨간 꽃무늬나 오렌지색 체크무늬 수건이 효과적이다.

동남쪽 | 목木의 운기를 띠는 동남 방위에 있는 화장실에서 악취가 나면 그 집안 여성의 운기도 타격을 받는다. 그러므로 구석에 탈취 효과가 있는 숯을 준비

해 두자. 방향제는 오렌지향이 좋다. 수건은 수시로 교체하고, 수납은 바구니나 등나무 제품을 이용하면 운기 상승에 효과적이다.

남서쪽 | 남서는 토土의 운기를 띤다. 이 방위에 있는 화장실에는 디자인이나 색상보다 실용성 위주의 잡화나 소품을 선택하는 것이 좋다. 큰 매트와 푹신푹신한 슬리퍼는 필수적인 요소이고, 아래쪽에 작은 조명을 달아 두면 효과는 배가 된다. 주 색깔은 은은한 노란색과 녹색을 잘 배합해 밝은 이미지를 연출한다.

북서쪽 | 금金의 운기가 있는 북서 방위의 화장실은 유럽풍의 인테리어로 코디해 보는데, 크림 톤의 노란색이나 백색, 은은한 분홍색과 상생한다. 수건과 변기 커버는 자수를 놓은 꽃 디자인이 효과 만점이다. 꽃병과 액자도 둥근 형태의 디자인을 추천한다.

8 아이방

아이의 운을 승승장구하게 하려면 무엇보다도 책상의 위치와 학습 영역 확보에 주안점을 두어야 한다.

앞으로 크게 성장할 아이들에게는 목木의 운기가 있어서 성인 이상으로 집안의 운기를 잘 흡수하기 때문에 인테리어 코디에도 아이 몫을 분배해 두어야 한다. 우선 신경 써야 할 부분은 책상 위치와 의자에 앉았을 때의 시선 범위다. 책상은 차분한 마음으로 공부를 할 수 있는 북쪽이 가장 좋으며, 현명하고 지혜로운 아이를 원한다면 책상 근처에 장난감을 늘어놓으면 절대 안 된다. 즉, 공부와 놀이 영역을 확실히 구분해야 한다.

책상

책상은 역시 밝은 계통의 원목 제품이 최고이다. 캐릭터가 덕지덕지 붙어 있거나 스테인리스로 된 책상은 아이의 집중력을 떨어뜨리기 때문이다. 또한 의욕 향상에 도움이 되는 관엽식물은 상관없지만 책상 위에 자질구레한 소품을 많이 올려놓으면 공부에 방해가 될 뿐이다. 의자는 양기가 강한 적색을 제외하고는 편안한 것을 고르면 된다.

책상의 방위는 북쪽이 최고다. 동쪽도 그리 나쁘지는 않지만 공부방면보다는 스포츠나 컴퓨터 쪽에 소질이 있는 아이에게 효과적인 방위다. 그런데 서쪽은 아이가 의욕을 상실할 우려가 있으므로 피하는 것이 좋다. 예술가로 키우고 싶다면 남 방위가 적당하다.

창문과 커튼

아이방은 무엇보다 통풍이 잘 되어야 하고 창가도 항상 깨끗해야 한다. 커튼도 침대 커버와 잘 어울리는 무늬나 색깔을 선택해야 음양의 조화를 이룬다. 방안에 캐릭터를 지나치게 많이 붙이지 않게 조절해 주는 것도 잊지 말아야 한다.

장난감 바구니

항상 가지고 노는 장난감이 눈에 띄면 당연히 놀고 싶은 마음이 생길 수밖에 없다. 그런 유혹을 이기고 책상 앞에 앉기란 쉬운 일이 아니다. 그러므로 다 가지고 논 장난감은 반드시 정리를 해두어야 한다. 플라스틱 수납 박스는 아이의 운을 저하시키므로 원목 제품이나 등나무 제품을 추천한다.

TV용 게임기

책상에 앉았을 때 정면으로 게임기가 보이면 당연히 공부에 열중할 수 없으므로 이를 고려해야 한다. 게임기에는 금金의 운기가 있으므로 방안의 동쪽이나 동남쪽에 게임기를 두어 공부와 놀이를 자연스럽게 분리하는 것이 좋다.

관엽식물

텔레비전 바로 옆에 대나무 일종인 관음죽觀音竹 같은 관엽식물을 놓아둔다. 그러면 텔레비전을 볼 때나 게임을 할 때 자연스럽게 식물이 시선에 들어오므로 아이의 발전운을 상승시킬 수 있다. 식물은 옆으로 자라는 것보다 키가 큰 편이 더 효과적이다.

베개

아이는 동쪽으로 머리를 두고 자는 것이 상생의 으뜸 조건이다. 이 방위에 베개를 두면 발전운과 성장운, 어휘력이 상승하여 활발하고 적극적인 아이로 성장할 수 있다. 부득이 동쪽에 베개를 둘 수 없다면 동남쪽에 두어도 상관없다. 단, 의욕을 상실할 수 있는 서쪽이나 안절부절하게 될 가능성이 있는 남쪽은 피하는 것이 좋다. 침대 커버도 되도록 천연 소재의 백색 제품이 좋다.

아이방에서의 금물禁物

잘못된 인테리어 풍수는 아이의 학업이나 건강에 나쁜 영향을 미친다.

침대와 책상은 남쪽에 두지 말자 | 아이가 침착하지 못하다고 한탄하는 엄마들이 있다. 그런 경우에는 먼저 침대와 책상의 방위를 확인해 봐야 한다. 혹시 침대와 책상이 남쪽으로 놓여 있지 않은가? 침대를 남쪽에 두면 숙면을 취할 수 없고, 책상이 남쪽에 있으면 양기가 너무 강해서 집중력이 떨어진다. 일단 침대를 북쪽이나 동쪽으로 옮기고 책상도 북쪽으로 옮기면 차분해진다.

인물 포스터를 천장에 붙여두지 않는다 | 잠을 잔다거나 공부하고 있는 본인의 모습을 다른 누군가 내려다보고 있다면 이는 문제가 있는 인테리어. 늘 누군가의 시선을 의식하다 보면 그 공간에는 화火의 운기가 생겨나고 안절부절 못하는 등 정서불안이 되기 십상이다. 게다가 잠을 자면서 보충해야 할 운기를 다른 사람과 나누어야 한다는 문제점도 있다. 그러므로 포스터 종류는 눈에 너무 띄지 않게 액자에 넣어 걸어두는 것이 좋다.

알아두면 좋은 상식

책상 위치에 따라 아이의 장래 진로가 결정된다. 책상 배치에 고려할 점은 방향에 따라 차이가 있다.

북향 | 공부에 집중할 수 있으므로 학습습관이 능동적인 아이로 자랄 수 있다. 학자, 변호사, 의사를 목표로 한다면 이 방위에 책상을 두자.

동향 | 활력이 넘치고 스포츠에 소질이 있는 아이나 컴퓨터 방면에 소질이 있는 아이가 될 가능성이 높다. 운동선수나 엔지니어가 적당하다.

남향 | 예술적 재능이 뛰어나고 화려함을 추구할 가능성이 높은 방위. 학업 쪽은 다소 버거워하므로 예술가, 탤런트, 창작가 등이 적당하다.

서향 | 조숙하고 침착하며 놀이를 즐기는 경향이 짙은 아이가 될 가능성이 크다. 학업 능률은 다소 떨어지나 사업가를 목표로 한다면 좋은 결과를 얻을 수 있다.

방위별 주의할 점

북쪽 | 수水의 운기를 띠기 때문에 이런 방에서 자란 아이는 지나치게 내성적이고 소심해질 가능성이 크다. 남자 아이라면 녹색 계열로 꾸미고, 여자 아이는 밝은 계열의 은은한 분홍색으로 인테리어를 하고 잔잔한 꽃무늬로 포인트를 주는 것도 좋다. 플라스틱 제품은 학습능력 저하로 이어지므로 금물이다.

동쪽 | 목木의 운기가 있는 동쪽은 가장 좋은 방위로 추천한다. 특히 남자 아이에게 더 효과가 있는 방위이기도 하다. 공부나 스포츠, 어휘력 등 모든 방면에서 뛰어난 아이로 자란다. 라디오 같은 소리 나는 소품이 효과적이다. 아침 햇볕을 가리는 차광 커튼은 절대 금물이다.

남쪽 | 화火의 운기를 띠는 남쪽 방위의 방에서는 다소 허둥대는 아이로 자랄 수 있으므로 인테리어에 더 신경을 써야 한다. 벽지는 백색을 기본으로 노란색, 녹색 계열로 통일하고, 잎사귀무늬로 포인트를 주면 좋다. 여기에 관엽식물도 훌륭한 요소이다. 검정색은 절대로 금하는 게 좋고, 이 방에서 침대는 동쪽에, 책상은 반드시 북쪽에 둔다.

서쪽 | 금金의 운기를 지닌 방위로 이 방위에서 생활하는 아이는 전혀 아이답지

않은 조숙한 성격을 지닐 가능성이 크다. 되도록 고급스러운 가구를 배치하고 도자기 제품의 스탠드를 항상 켜두는 것이 좋다. 한 집안의 금전운은 아이 방에서 나오므로 언제나 청결을 유지하고 정리 정돈에 심혈을 기울여야 한다.

북동쪽 ǀ 북동은 토土의 운기를 지닌 방위로, 이 방위에 아이방이 있다면 아이에게 직접 청소를 맡기도록 한다. 방이 지저분하거나 더러우면 아이가 상처를 입거나 가족 간에 불화가 생길 수 있으므로 책임감을 느끼게 하는 것이 중요하다. 원색은 피하고 늘 청결을 유지하면 개운開運 효과를 거둘 수 있다.

동남쪽 ǀ 목木의 운기가 있는 동남쪽에 있는 방은 방위로 보아서는 아주 좋다. 특히 여자 아이에게는 최적의 위치로 밝고 붙임성 있는 아이로 자랄 수 있다. 통풍에 신경을 쓰고 녹색green 등 은은한 오렌지 계열 위주로 코디한다. 이 방위에 컴퓨터를 배치하는 것도 좋은 아이템이다.

남서쪽 ǀ 남서는 토土의 운기를 띠는데, 이 방위에 있는 방은 여자 아이라면 상관없지만 남자 아이의 방으로는 적당하지 않다. 자칫하면 혼자서는 잠을 잘 수 없는 심약한 아이로 자랄 위험이 크다. 어쩔 수 없이 이 방위에 아이 방을 두어야 한다면 밝은 색의 원목 가구를 배치하고 키가 큰 스탠드를 갖춰 둔다.

북서쪽 ǀ 북서는 금金의 운기가 있다. 이 방위는 아이가 지나친 자만과 우월감에 도취될 가능성이 크지만, 반면에 책임감은 매우 강할 수 있다. 책상이나 침대 등 가구는 어른도 사용할 수 있을 정도로 고급스럽고 큰 것으로 준비한다.

9 정원·베란다·테라스 식물 재배와 풍수

　집안에서 흡수한 기는 자신의 운기運氣가 되는 한편, 정원이나 베란다에서 얻은 기는 운기를 보충해준다. 즉, 외부에서 얻은 기는 사람에게 부족한 기를 보충해 주고, 일상생활에서 소진한 운기나 생명력을 자연스럽게 보급할 수 있는 중요한 영역이다. 적당한 시간은 오전이다. 좋은 운기를 흡수하려면 이곳에서 아침 식사를 하는 것도 효과적이다.

　집안에서 식물을 재배하는 것은 바로 자신의 운기를 키우는 것과도 같다. 조그마한 정원이나 베란다에서 식물을 재배하느냐 재배하지 않느냐에 따라 운기와 인연운의 상승 정도는 엄청나게 차이가 난다. 베란다나 테라스에서 운기를 얻을 수 있는 식물재배법을 알아본다. 여기에서 말하는 북쪽, 동쪽 등의 방위는 집 중심 기준의 방위라기보다는 테라스 중심에서 측정했을 때의 방위를 말한다.

플랜터 (planter : 식물 재배 용기)

　식물 재배 용기는 테라코타(terra cotta : 점토를 구워 만든 질그릇)나 목재 같은 자연소재로 만든 것을 사용한다. 목재나 도자기 제품은 토土의 기를 가졌기 때문에 식물을 잘 자라게 하고 그 식물의 운기까지도 상승시킨다. 플라스틱 용기는 화火의 기를 가졌기 때문에 식물에 좋지 않다. 풍수적인 관점을 떠나 플라스틱은 미세한 구멍이 없어 식물의 뿌리가 충분한 산소를 흡수할 수 없다.

조명

태양이 비치지 않는 어두운 밤이나 흐린 날에 전등을 밝게 켜두면 식물이 동화작용을 해서 활력을 얻을 수 있다.

유유자적한 테라스

단독주택의 경우 테라스에 나와서 차를 마시거나 식사를 하면서 한가롭고 평화로운 한때를 보내면 엄청난 운기를 보충하고 흡수할 수 있다. 동쪽이나 동남쪽 테라스에서 식사를 하면 발전운과 젊음을 흡수할 수 있다. 남서 방위에서는 바비큐 파티 같은 점심이나 저녁 식사를 하면 가정운이 상승한다. 서쪽 방위의 경우는 티타임이나 홈 파티가 제격인데, 이와 동시에 금전운과 만사형통운을 흡수할 수 있다.

방위별 주의할 점

북쪽 | 북쪽은 수水의 운기를 띠므로 이 방위에는 물 흐르듯이 자연스런 라인을 살려서 식물의 높낮이를 번갈아 배치하는 것이 좋다. 물을 많이 흡수하는 식물이 좋다. 또한 북쪽은 검정색을 상징하므로 흰색의 꽃과 상생운相生運이 된다.

동쪽 | 동쪽은 목木의 운기가 있는 방위이므로 목의 기를 가장 필요로 하는 장미를 재배하는 것이 좋다. 그러나 가시가 많거나 가시가 긴 것은 피하는 것이 좋다. 가시가 살기殺氣가 되기 때문이다. 장미 외에 관음죽 등과 같이 위로 쑥쑥 자라는 식물이 좋다.

남쪽 | 남쪽은 화火의 기운이 강하고 목木의 기운이 상생을 해주므로 화분을 다른 방위보다 많이 놓아둔다. 여기에는 관엽식물이나 붉은색의 꽃이 피는 식물이 좋다.

서쪽 | 서쪽은 금金의 기운을 띠는 방위인데, 이 방위는 기가 낮은 곳으로 모이기 때문에 화분을 낮은 곳에 둥그런 선을 그리도록 배치하면 효과적이다. 재배 용기도 둥글고 낮은 것을 선택하고 여러 개의 화분 중 1개 정도만 큰 것으로 하면 균형이 잡힌다. 꽃은 노란색이나 흰색의 꽃이 피는 것이 좋다. 아이보리로 채도彩度를 조절하면 운기를 상승시킬 수 있다.

북동쪽 | 북동쪽은 토土의 운기가 있는 방위로 이곳에 꽃이나 관엽식물을 심으려면 오렌지색이나 붉은 계열을 섞어 심는 것이 좋다. 토土는 원형을 상징하므로 화분은 원형을 쓰는 것이 좋다.

동남쪽 | 동남쪽은 목木의 운기를 띠므로 이 방위는 서양풍으로 인테리어를 하면 좋고 꽃을 가꿀 때는 붉은색의 꽃이 피는 것이 좋다. 허브계열도 무난하다.

남서쪽 | 남서쪽은 토土의 기가 아주 강한 방위이다. 이곳은 일조량이 적어 기가 낮은 곳으로 흐르기 때문에 화분도 낮은 데 두어야 한다. 생명력이 강한 식물을 두면 상생운이 된다. 이 방위에는 열매가 열리거나 잎이 무성한 식물을 재배한다.

북서쪽 | 북서쪽은 금金의 기가 흐르는 방위이므로 세로의 선을 살리면 좋은 운기를 많이 흡수할 수 있다. 예를 들어 아이비 같은 식물을 위로 자라게 대臺를 만들어 주면 효과 만점이다. 잎이 많은 식물과 꽃이 많은 식물을 섞어서 재배하면 좋은데, 이때 화분은 둥근 것이 좋다.

10 인테리어 공간 요소

집을 구성하는 각각의 인테리어 공간요소에 대한 의미를 확실히 알면 인테리어 풍수도 훨씬 이해하기 쉽다.

창문

창문이 아름다운 집에는 미인이 난다. 화火의 운기가 있는 창문은 그 집안 사람들의 지위운이나 미운美運, 만남운, 명석함과 관계가 있다. 창문이 더러워지면 이런 운들이 사그라질 수 있으므로 더럽다고 생각되면 지체 없이 닦아야 한다. 창가에 물건을 쌓아 두거나 플라스틱 제품을 두는 것은 금물이다. 밝은 창가에 수정crystal이나 유리제품을 놓아두면 온 집안으로 양기가 퍼지게 된다.

계단

오르락내리락하는 계단은 변화가 심한 장소다. 그렇기 때문에 계단 모퉁이에는 반드시 작은 조명이나 식물을 두어 기의 정체停滯를 막는 것이 좋다. 벽에 그림이나 사진을 걸 때도 서로 높이를 달리하는 것이 운기 흡수에 효과적이다. 계단 중간에 있는 창문에 커튼을 달아두면 왕기가 빠져나가는 것을 막을 수 있다.

복도

복도는 기가 지나다니는 통로다. 왕기는 밝은 빛이나 S자 라인을 따라 들어오기 때문에 어둡거나 직선 형태의 복도는 풍수적으로 전혀 효과가 없다. 이럴 때는 조명이나 식물, 책장과 테이블을 서로 엇갈리게 배치하여 복도 라인을 S자로 만들면 된다. 복도 모퉁이는 기가 괴기 쉬운 지점이므로 조명이나 꽃 장식을 하여 의식적으로라도 밝은 공간을 만들어야 한다.

조명

풍수에서 조명은 태양의 대용품이라 부른다. 따라서 햇볕이 잘 들지 않는 집이라도 조명을 밝게 설치하면 큰 문제가 없다. 집은 밝을수록 좋기 때문에 메인 조명 외에도 작은 조명을 여러 개 설치하면 운기를 확실히 보충할 수 있다.

관엽식물이나 꽃병 근처에 조명을 달면 식물의 운기가 배로 증가하여 왕기를 더욱 많이 흡수할 수 있다.

마루

마루는 토土의 운기를 끌어올리는 필터filter 역할을 한다. 그런데 어둡거나 오래되어 낡은 마루는 토의 기를 충분히 흡수하기 어려우므로 밝은 색상의 카펫을 깔아 두면 운기를 조절할 수 있다.

마루는 양기가 매우 강한 요소이다. 그렇기 때문에 카펫을 깔 때는 양기가 차단되지 않도록 통기성이 뛰어난 제품을 선택한다.

벽

한 집안의 벽에서 풍기는 인상은 그 집의 운이라고 할 만큼 중요하다. 그러므로 벽 색깔은 흰색이나 크림색, 엷은 녹색으로 통일하는 것이 좋으며 벽지가 낡았을 때도 재빨리 손질해야 한다.

　벽지의 색깔은 원색을 피하고 한 집안에 2가지 이상의 색상을 사용할 경우는 서로 상생이 되는 색상을 선택한다. 더 나아가 색깔이 주인의 본명성本命星이 상징하는 색상과 상생이 되는 색상을 택하도록 한다. 벽은 집안을 떠다니는 좋은 기운과 나쁜 기운을 모두 빨아들인다. 그러므로 3개월에 한 번 정도는 청소를 하여 운기를 재정비하는 것이 좋다.

난로와 화분 배치

　난로는 원래 추운 곳에 두는 것인데, 과연 집안에서 어디에 둘지 또는 방 안에서도 어느 위치에 둘 것인가가 문제이다. 주방에 가스레인지 같은 화기火氣를 놓을 때 사정선四正線인 정북·정남·정서·정동과 사우선四隅線인 정북동·정남동·정남서·정북서 선상에 설치해서는 안 된다.

　난로 역시 화기火氣를 가지고 있으므로 사정선이나 사우선은 피해야 된다. 특히 귀문선鬼門線인 북동과 남서는 절대적으로 피해야 된다. 사정선이나 사우선상에 난로가 놓이면 청정한 기가 더럽혀지고 그곳을 사용하는 가족에게 나쁜 영향을 준다. 가족 각자의 신경을 자극하고 말다툼 등으로 가족의 화합을 깨뜨리는 경우가 많다. 중앙은 오행상 토土를 의미하며, 화생토火生土이기 때문에 집안이나 방의 가운데에 두는 것이 좋다.

　동쪽이나 남동쪽은 목木으로 목생화木生火이므로 괜찮고, 남쪽은 화를 의미하므로 비화가 되어 무방하다. 그러나 북쪽은 수를 의미하므로 수극화水剋火가 되어 좋지 않다.

　집안에 화분을 두는 경우가 많은데, 특히 아파트의 상층은 땅의 기를 받지 못하므로 화분을 두어 화분에 있는 흙의 기를 받는 것이 좋다. 아파트의 층이 높을수록 화분을 많이 두어야 한다. 화분에 있는 식물이 광합성을 하기 때문에 햇볕이 잘 들고 공기 유통이 좋은 동쪽이나 남쪽에 두는 것이 좋다. 식물의 잎은 보통 녹색이므로 녹색을 상징하는 동쪽이나 남동쪽에 두거나, 남쪽은 목생화木生火가 되므로 남쪽에 두는 것이 좋다.

식물의 꽃 색깔을 상징하거나 꽃 색깔과 상생이 되는 방위에 놓아도 좋다. 동쪽이나 남동쪽에는 청색, 남쪽에는 붉은색, 서쪽이나 북서쪽은 흰색이나 노랑, 북쪽은 흰색이나 짙은 붉은색, 북동쪽이나 남서쪽은 아무 색이나 상관이 없다. 특히 북동쪽과 남서쪽은 귀문鬼門방위이므로 잎을 감상하는 종려, 고무나무, 벤자민 같은 관엽식물觀葉植物 화분을 놓아두면 흉함을 막을 수 있다.

職業風水

제5장

직장생활과 인테리어

직업별·업종별 좋은 방위

장사가 잘되는 위치와 입구 방향

사무실 직급별 자리 배치

응접실

직장운을 부르는 조건

사무실에서의 원만한 인간관계

직장운이 따르는 옷차림

사무실에서의 자리 환경

직업별 운을 상승시키는 비결

취직과 원만한 직장생활을 위한 인테리어

사업운에 도움 되는 인테리어

젊어 보이게 하는 인테리어

1 직업별·업종별 좋은 방위

직업별·업종별 좋은 방위

직업별, 업종별로 좋은 방위는 오행의 상생상극 관계로 정할 수도 있으나 8괘八卦의 상징에 따라 정하는 것이 좋다. 방위는 터가 없는 빌딩일 경우 빌딩의 중앙에서, 터가 있는 건물일 경우는 터의 중앙에서 측정한다.

직종별 좋은 방위

북쪽 | 주류생산업자·주류 판매상·수산업 종사자·상하수도 공사업자나 관리자·향락사업자

북동쪽 | 건축업자·요식업자·부동산중개업자·보험설계사·등산가

동쪽 | 전기 기술자·전기재료 판매상·전자제품 제조업자·전자제품 및 컴퓨터 판매업자·과일 판매상·수목원 관리자·성악가·작곡가

남동쪽 | 목재상·제지공장 근로자·항공정비사·파일럿·우편업무·우체국 근무자·택시나 버스 등 운수업자·중개업자·가구점·무역회사·오퍼상·택배서비스업·유통관계업·물류도매업

남쪽 | 출판이나 인쇄업 및 출판종사자·소설가·판사·검사·배우나 탤런트 등의 연예인·매니저·흥행업자·과학자·발명가·신문사나 잡지사의 기자·연구소직

직업별 행운을 부르는 방위

직업	직종	방위
봉급생활자 자유업 이외의 모든 직업	영업 관계직 기획 관계직 경영 관계직 총무 관계직 기술 관계직	남동, 동 동, 북 동, 북, 북서 남, 북 남동, 북서
자유업	음악, 미술 관계직 변호사 세무사 평론가 배우	동, 북, 남서 북, 동 북서, 남동 북, 남 남, 남서
의사		남동, 북서, 북
상업	소규모적인 상업 대규모적인 상업	남동, 북서 동, 남동, 북서
건축업	자기 사무소 자기 집 이외 사무소	남동, 북서 동, 남동, 북서
금융업	은행, 보험 등	북서, 북, 남동
농림 수산	일반 농업 목축 원예 어업	북, 남서 북, 남동, 서 북, 남동 북, 동, 남동
선박업		북, 동, 남동
서비스업	음료 판매업 전체	북, 남동
이·미용업	이발소, 미용실	북, 남동
스포츠 등	프로 스포츠	남동, 북서

원·교육계 종사자

남서쪽 | 산부인과 의사·산파·보육원·유아원·놀이방의 직원·간호원·부동산 거래업자·농부·잠업종사자·심리상담가·곡물생산이나 가공업자

서쪽 | 철물점·금속기구상·배우나 가수·탤런트·작곡가·디스코텍이나 캬바레 등의 성인유흥업소 종사자·음료수 판매상·다방이나 음식점 영업자·금융관계업자·변호사·치과의사·증권업자·목욕탕업자

북서쪽 | 단체장·기관장·대표이사·사장·최고책임자·경영주·지배인·제철업·정치인·군인·재판관·종교인·중역·경찰관·과일가게·교육가·무역업자·기계제조업

상가별 유리한 방위

북쪽 | 병원·주점·주류도매점·음료품상·생수판매 대리점

북동쪽 | 숙박업·버스터미널·보험사·하치장·분양사무소·주차장·등산용품 판매점

동쪽 | 전기재료상·전자제품상·음향기기 판매상·과일가게·수목원·화원·꽃집

남동쪽 | 화장품점·예식장·수출입상·운송회사·시장·가스판매 대리점·가구점·목재상·무역회사·택배사무실·물류유통업

남쪽 | 카메라나 안경판매점·인쇄소·출판사·연구소·신문사·잡지사·흥행사무실·박람회장·극장·미장원이나 이발소·화장품점·의료용품점

남서쪽 | 택지분양사무소·곡물판매점·보육원·골프장·산부인과병원·유아원·놀이방·부동산사무소·장례용품점

서쪽 | 다방·음식점·오락실·철물점·목욕탕·치과·은행·전당포·극장·증권사·디스코텍·카바레

북서쪽 | 각종 기관이나 공공단체 사무실·교회·사찰·귀금속상·제철관련업·광공업·철공장

2. 장사가 잘되는 위치와 입구 방향

장사가 잘되게 하는 위치는 오행이나 구성법에 앞서 일반적인 상식으로 따지는 것이 좋다. 가게 입구가 건물 한쪽 벽의 한가운데 있으면 가게의 중심부로 순환이 되지 않은 기운이 뚫고 들어오는 형국이 되므로 좋지 않다. 아울러 이런 가게의 입구는 다량의 먼지가 들어오므로 위생상으로도 좋지 않다.

식당·제과점·생선가게·야채류 판매상 등은 특히 외부의 거친 나쁜 기나 먼지를 효과적으로 막아내야 한다. 음식물에 먼지가 붙게 되면 외관상 불결하게 보일 뿐만 아니라 세균이 감염되어서 건강상 좋지 않다.

가게의 터를 고를 때는 가급적 가게의 앞쪽에 가로막는 건물들이 없는 것이 좋다. 즉, 전방이 넓게 트인 장소가 좋다. 하지만 넓은 장소라고 해서 건물 자체의 규모가 큰 것을 의미하는 것은 아니다. 전망이 탁 트인 곳이라는 것은 건물의 대지 자체는 좁더라도 가게 앞에 건물들이 없거나 넓은 도로가 있는 경우를 말한다. 따라서 가게 앞쪽이 넓으면 사방에서 모여드는 재물운과 생기를 바탕으로 하여 가게가 번창하고 발전할 가능성이 높다. 쉽게 말해서 이런 장소에 있는 가게는 많은 사람들이 모이게 된다.

장사는 사람과 사람의 왕래에서 비롯된다. 사람의 왕래가 빈번한 곳에 생기와 행운이 있다는 것을 자영업자는 알아야 한다. 자신의 가게가 있는 앞쪽에 다른 가게의 간판이나 벽, 전신주가 설치되어 있다면 원활한 기의 흐름이 방해되어 손님의 왕래가 줄어들기 쉽다. 만약 가게 앞에 다른 가게의 벽이 놓이거나 간판 등 장애물이 있는 경우에는 이에 대한 보완책으로 출입문의 크기를 크게 하는 것이 좋다. 출입문을 적당히 키우면 생기의 유통이 원활해진다.

가게의 입구를 남쪽이나 남동쪽으로 하면 장사가 잘 될 수도 있다. 남향이나 남동향은 겨울의 북서풍을 막아주고 햇볕을 잘 받아 사람들을 모여들게 한다. 입구가 동쪽이나 서쪽이면 직사광선을 받아 좋지 않고 북쪽이나 북서쪽에 있는 경우 찬 계절풍의 영향으로 나쁜 영향을 받는다. 이는 절대적인 것이 아니고 사람들이 많이 다니는 쪽으로 입구를 내야 한다. 만약 북쪽에 사람의 왕래가 많다면 북쪽으로 입구를 내는 것이 현명하다. 입구는 전망이 넓은 쪽을 택하는 것이 좋다. 그래야 사람들의 눈에도 잘 띄고 하는 일이 막히지 않는다.

가게의 방위는 주인의 본명괘(本命卦)와 같은 방위이거나 같은 사택四宅의 방위와 일치하면 좋다. 일본의 경우, 태어난 해의 12지十二支와 같은 방향을 중요시하는데, 이를 소개한다.

출생 시간별 좋은 방위는 가게를 얻는 위치뿐만 아니라 주택을 사서 이사하는 경우, 사무실을 얻거나 빌딩을 건축하려는 방위, 취직할 회사의 방위 등에 적용하여 자신에게 유리한 방향으로 활용할 수 있다. 출생 시간은 동양 역학에서 적용하고 있는 것으로 한다. 밤 11시~1시 사이에 태어났다면 자시생子時生으로서 자신에게 좋은 방위는 북쪽이다. 점포를 얻을 때도 북쪽 방향으로 하는 것이 유리하다.

가게 내에서 주인과 점원, 창고 등의 위치에 따른 길흉은 사무실

출생 시간별 좋은 방위 조견표

출생 시간	12지(十二支)	길방위(吉方位)
23시~1시	자子	북
1시~3시	축丑	북~북동
3시~5시	인寅	북동~동
5시~7시	묘卯	동
7시~9시	진辰	동~남동
9시~11시	사巳	남동~남
11시~13시	오午	남
13시~15시	미未	남~남서
15시~17시	신申	남서~서
17시~19시	유酉	서
19시~21시	술戌	서~북서
21시~23시	해亥	북서~북

내에서의 자리 배치와 같다. 출입문을 중심으로 주인과 사원 등의 위치가 같은 사택四宅에 속하고 오행상 상생이 되느냐로 따진다.

사장과 점원의 좌석 배치 길흉

위 그림에서 보면 사무실의 출입문은 이離방위이고 주인석은 감坎방위로 연년에 해당되어 날로 번창하고 돈도 잘 벌게 된다. 출입문은 남쪽에 있어 오행상 화火이고 주인석은 북쪽에 있어 오행상 수水로써 서로 상극이 되나 북쪽은 음이고, 남쪽은 양으로 음양 배합상으로 좋다. 점원석은 손巽방위로 천을에 해당되어 점원이 정직하고 부지런히 일한다. 금고의 위치는 진震방위에 있어 생기에 해당되므로 날로 돈이 쌓인다. 창고는 건乾방위에 있어 절명에 해당되므로 도둑이 우려된다. 뒷문은 감坎방위로 연년에 해당되어 좋다.

3 사무실 직급별 자리 배치

　사무실에서 가장 지위가 높은 사장이나 기관의 대표 자리를 중심으로 해서 길흉을 가늠하는 방법도 있고, 사무실의 출입구를 중심으로 길흉을 판단하는 방법도 있다.
　일반적으로 주택의 3요소인 대문·안방·주방에 관점을 두고 길흉을 판단하기 때문에 사무실 출입구를 기준으로 하여 좌석 배치의 길흉을 검토하는 것이 바람직하다.
　동사택과 서사택의 길흉 판단에서와 마찬가지로 사무실 출입문과 사장, 사원들의 좌석 방위가 생기·천을·연년·보필에 해당되면 좋고 화해·육살·오귀·절명에 해당되면 나쁘다. 출입문의 방위와 사무실 대표의 본명괘(본명성)가 같은 사택四宅에 속하면 더욱 좋다.
　사무실 내에서의 방위 측정은 사무실 중심점에서 한다. 사무실의 출입문을 정남·정북·정동·정서나 정남동·정남서·정남북·정북동에 두어서는 안 된다. 여기서 정正은 각 방위의 15° 내를 말한다.
　아래 그림에서 사무실 내 임직원의 좌석 배치에 대한 길흉을 판단해 보면 다음과 같다.
　기준은 곤坤방위에 있는 출입문으로 정한다. 사장석(주무자)은 건乾방위로 연년에 해당되므로 사업이 날로 번창할 수 있다. 출입문은 곤

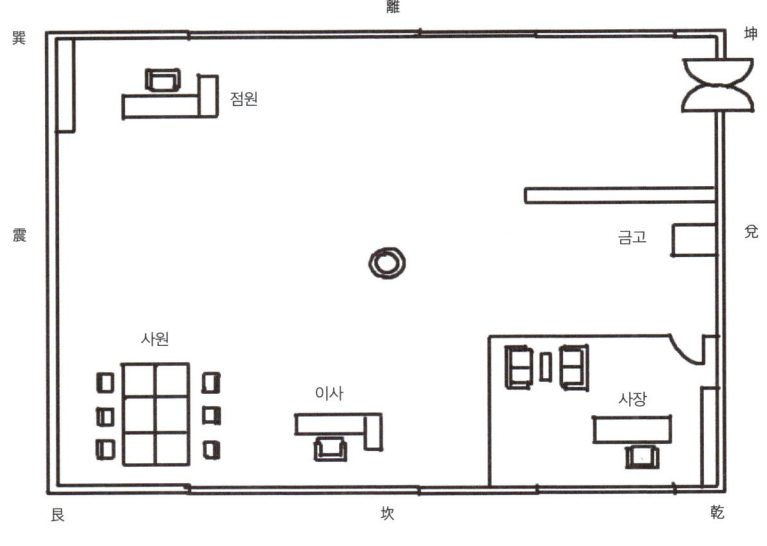

사무실의 길흉 화복도

坤방위로 사장석과 상생 조화되어 번창 화목할 수 있는 좋은 문이다.

이사석은 감坎방위로 절명에 해당되어 나쁘다. 이사석은 상극이 되어 해임될 수 있는 자리이다. 감사석은 손巽방위로 오귀에 해당되어 사장과 서로 싸우고 불화가 생긴다. 사원석은 간艮방위로 생기에 해당되어 사원들이 열심히 일하고 사장을 잘 도와 줄 자리이다. 금고의 위치는 태兌의 방위로 천을에 해당되어 금전의 출납이 원활하고 돈도 잘 모일 자리이다.

사업을 하는 사람은 자기 자신의 운이 그대로 사업에 반영되고 나아가 많은 종업원의 운명도 좌우된다. 그만큼 자신의 사무실에 깊은 관심을 가져야 한다. 강한 운기를 받으려면 구성九星의 본명성 방위나 태어난 해의 12지支의 방위를 항상 청결하게 한다. 그런데 건물이나 택지, 사무실의 어느 방위가 움푹 들어가면 운기가 나쁘게 작용한다. 각 방위가 움푹 들어갈 때의 영향을 보면 다음과 같다.

북쪽 | 부하가 따르지 않는다.

북동쪽 | 사고나 상처가 생긴다.

동쪽 | 계획이 무너지거나 좋은 계획이 있어도 실행되지 않아 고민이 많다.

남동쪽 | 작은 실수에서 중대과실이 생긴다. 신용도 잃는다.

남쪽과 남서쪽 | 계획대로 일이 잘 되지 않는다. 안정감이 없고 생각만 앞선다.

서쪽과 북서쪽 | 자금 유통에 어려운 점이 있다.

이상과 같이 건물이 움푹 들어간 것은 좋지 않다. 일반 가정에서는 별로 문제가 안 되어도 경영자의 입장에서는 좋든 나쁘든 그 나름대로 강한 영향을 받기 때문에 주의가 필요하다. 또 회사나 사업소에서 가장 중요시되는 방위는 북서쪽이다. 이 방위는 원래 '주인'과 잘 맞고 강한 운기를 나타낸다. 따라서 회사의 대표자나 책임자가 사용하면 좋다. 이대로 하면 신기하게도 주인으로서 품격이나 분위기를 갖추게 된다.

4 응접실

밖에서 방문객을 맞이한다는 의미에서 대외적인 운세를 상승시키는 힘을 갖고 있는 것이 응접실이다. 응접실이 어느 방위에 있으면 좋은지 알아보자.

남서쪽과 북동쪽 | 이 방위는 귀문방鬼門方으로 크게 흉하지는 않지만 귀한 손님을 맞이하는 응접실로는 좋지 않다. 사업과 관련된 좌담을 할 경우는 성사가 잘되지 않으며, 스승과 제자의 관계에 있어 학력 향상에 부정적인 면을 초래한다. 그러나 가족들의 생활공간이나 어린이들이 친구들과 노는 장소로는 상관이 없다. 아무리 좋은 방위에 있는 응접실이라도 동·서·남·북의 정중선이나 북동·동남·남서·북서의 사우선 중심 15°에 난로를 놓아서는 안 된다. 화기火氣가 있는 난로를 귀문방鬼門方에 두면 화재를 당할 수 있다. 난로를 응접실 한 가운데 두면 따뜻한 공기가 사방으로 퍼져 고루 따뜻해지고 풍수적으로도 좋다.

북쪽 | 주인의 정의감이나 성실성을 고취시켜준다. 주변 사람들로부터 신뢰를 얻고 지원을 받는다.

북서쪽 | 주인의 지위가 안정되고 신망을 얻으며 하는 일도 순풍에 돛달 듯 잘 풀린다.

동쪽 | 교육자, 연구가, 기술자, 자유업 종사자의 경우 업적을 크게 거둘 수가 있다.

남쪽 | 정치가나 조직의 지도자는 지도력과 통찰력을 크게 발휘할 수 있다.

남서쪽 | 회사 경영자나 관리인의 경우 인간관계가 좋아져 남의 협조를 얻고 노사 관계가 부드러워지며 팀워크가 좋아진다.

북동쪽 | 사업을 자식에게 물려주고 싶은 경우 이 방위가 좋다. 남자 어린이는 부모의 기대에 부합되게 탁월한 능력을 발휘한다.

서쪽 | 딸의 매력이 길러지고 성품이 정직하다. 또한 딸이 원만한 가정을 이루고 남편과 좋은 인연을 맺는다.

동남쪽 | 건실한 가정을 이루고 가족 모두가 정성과 노력을 다하는 성격을 갖게 된다. 자녀들이 독립심이 강하고 경제관념도 발달해서 아주 믿음직스럽게 성장한다.

직업별 응접실 방위

봉급생활자, 영업직 - 동쪽이나 동남쪽

경리직 - 북쪽, 동쪽, 북서쪽

광고나 홍보직 - 북쪽, 동쪽

인사나 총무직 - 북쪽, 남쪽

경영자 - 동쪽, 동남쪽, 북서쪽

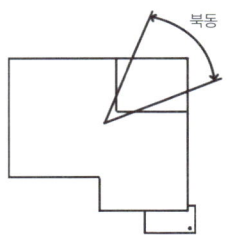

자주 사용하지 않는 응접실이면 북동쪽이 좋다.

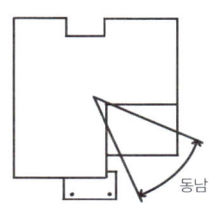

업무 일로 방문객이 많으면 동남쪽이 좋다.

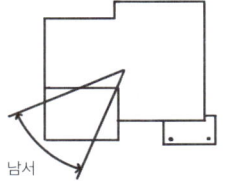

남서쪽의 응접실은 귀한 손님을 맞이하기에 좋다.

응접실의 방위에 따른 길흉

업종에 따라 분류해 보면 교사나 의사, 변호사 등 교육 연구 분야는 동쪽, 음식업은 북쪽이나 동남쪽, 세무사나 상점주인 등 금전을 취급하는 일이라면 동남쪽이나 북서쪽이다. 예술관계직은 북쪽, 동쪽, 남서쪽, 저술업은 북쪽이나 남쪽, 배우와 탤런트는 남쪽과 남서쪽이 좋다. 농업인이라면 북쪽이나 남쪽, 목축업은 북동쪽, 동남쪽, 서쪽, 어업은 북쪽, 동쪽, 동남쪽이 좋다.

북동 자주 사용하지 않는 응접실이면 북동쪽이 좋다
동남 업무 일로 방문객이 많으면 동남쪽이 좋다
남서 남서쪽의 응접실은 귀한 손님을 맞이하기에 좋다

요즘은 대부분 아파트 생활을 하기 때문에 별도로 응접실을 두기보다는 거실을 응접실로 이용하는 경우가 많다. 거실 인테리어에 대하여 리노이에 유치쿠는 다음과 같이 설명하고 있다. 거실은 토기土氣의 공간으로 가족관계를 돈독하게 할 뿐만 아니라 편안하고 안락한 휴식을 취할 수 있어 쇠진한 기운을 재충전해 주는 장소이다. 그러므로 거실은 누구나 평안하게 쉴 수 있어야 하고 따스함을 느껴야 한다.

① 강한 양기陽氣를 발산하는 텔레비전은 동쪽이나 동남쪽에 두는 것이 좋다. 서쪽이나 북서쪽은 기의 균형이 깨지기 쉬우므로 피한다. 텔레비전 주변에 관엽식물을 두면 전자파를 흡수하고 식물의 생기를 발산한다. 전자제품 주변에 숯을 두면 자연스럽게 공기가 정화되어 나쁜 기운이 없어진다.

② 카펫은 천연소재를 이용한 제품이 좋다.

③ 거실 커튼은 중후한 느낌이 풍기면 집안의 공기가 무거워진다. 지나치게 가리지 않도록 커튼은 면제품으로 하고, 소파와 조화를 이루고 계절감을 살릴 수 있으면 더욱 좋다. 빛이 완전히 차단되는 커튼은 절대 금물이다.

④ 분위기가 어두우면 그 곳에 모인 사람들의 마음도 어두워진다. 그러므로 조명을 해주면 부족한 기운을 보충할 수 있어 좋다.

⑤ 쿠션은 쇠잔한 기운을 보충하고 인간관계를 돈독히 하는 강력한 힘이 있다. 쿠션의 색깔은 소파에 맞춰 코디한다.

⑥ 소파는 비닐보다는 가죽 소재가 좋고 색깔은 연한 갈색이나 분홍색이 좋다. 검정색이나 회색, 빨강색은 분쟁을 유발할 수 있으므로 가급적 피한다. 소파를 침대로 사용하면 침실의 운기와 거실의 운기가 서로 엉키어 좋지 않다.

5   직장운을 부르는 조건

기상과 동시 햇볕 쬐며 아침 생기를 흡수

아침에 일어나면 가장 먼저 창문을 연다. 그리고 신선한 공기를 들이마신 다음 아침 햇살을 듬뿍 쬐는 것으로 일과를 시작하자. 이것만으로도 하루의 운이 놀라울 정도로 좋아진다. 아침 햇살은 나쁜 기를 제거하고 긍정적인 기를 흡수하도록 도와주는 데 강력한 효과가 있다.

행운은 행동으로 옮기는 사람에게

일단 어떤 일이든지 부딪쳐 보자는 마음으로 모든 일에 임하자. 수동적이고 안일한 자세를 취하면 절대 운이 따르지 않는다. 조금이라도 발전하고 싶다면 먼저 행동으로 옮기자.

책상 주변의 정리 정돈

책상 주변이나 가방 속 등 신변을 항상 정리 정돈하는 습관을 기르자. 기가 원활히 흐를 수 있도록 깨끗하고 깔끔하게 정리된 환경에서 일을 시작하면 좋은 기가 찾아온다.

긍정적인 사고방식이 행운을

매사에 긍정적인 사고방식으로 임하는 사람은 그만큼의 행운을 부르는 힘도 강해진다. 항상 웃는 얼굴에 긍정적인 사고방식으로 모든 일을 대하고 언행에도 각별히 신경 쓴다면 직장운도 좋아진다.

목욕으로 일과 마무리

하루 동안 흡수한 나쁜 기는 그날 바로 씻어내는 것이 철칙이다. 목욕할 때는 반드시 따뜻한 물을 채운 욕조에 몸을 담그고 향기로운 입욕제入浴劑를 이용해 좋은 기를 흡수하자.

계절에 민감한 사람 되어야

사시사철 자연에 잠재된 살아있는 기를 흡수할 수 있게 계절에 맞는 생활을 하자. 특히 제철 음식은 '때時'의 운기가 따르는 기회를 얻는 데 가장 효과적이다.

여가 시간을 충분히 활용

취미 생활이나 학원 수강 등 자신을 위해 뭔가를 하는 시간은 매우 소중하다. 개인 생활에서 즐거움을 만끽할 수 있는 사람에게는 직장운도 따른다.

6 사무실에서의 원만한 인간관계

직장에서 동료나 상사 등과 인간관계가 원활하지 못하면 스트레스가 쌓일뿐더러 직장운에도 악영향을 미친다. 직장 내에서 인간관계로 고민하는 사람을 위해 다음의 내용을 소개한다.

동료 관계가 소원하고 직장에서 겉도는 느낌이 들 때
동료들에게 왕따를 당하는 것은 아닌데 왠지 회사에 가면 겉도는 느낌이 드는 사람은 먼저 책상 위에 있는 전화기를 확인한다. 혹시 자기의 전화기가 먼지를 뒤집어쓴 채 까만 손때가 덕지덕지 묻어있지는 않은가? 전화는 사람과 사람을 연결하는 커뮤니케이션을 위한 도구다. 이렇게 중요한 도구가 더럽혀 있으면 나쁜 기가 쌓여 인간관계에 좋지 않은 영향을 준다. 그러므로 전화기는 항상 청결한 상태를 유지해야 하며, 벨이 울리면 바로 받을 수 있는 위치에 두는 것이 중요하다. 그리고 전화기 뒤에 체리(cherry : 서양앵두)가 그려진 스티커를 붙여두면 자기의 인기까지 상승하는 효과를 볼 수 있다. 또한 책상 위에 유리로 된 소품을 두면 마음의 안정을 찾을 수 있다.

귀찮은 일은 전부 내 몫이라고 느낄 때

만약 모든 귀찮은 일은 내 차지가 되는 경우에 놓여 있다면 가지고 있는 자료나 메일mail부터 확인하자. 혹시 책상이나 서랍이 쓸데없는 자료로 넘쳐나고 있지는 않은가? 매일 수신함이 스팸 메일(spam mail : 무차별, 무선별적으로 보내는 e-mail)로 가득 차 있지는 않은가? 일단 자기 주변을 정리하고 필요 없는 파일이나 자료는 정리 정돈하는 습관을 기르자. 쓸데없는 스팸 메일은 받는 즉시 삭제하자. 또한 서류를 분류하는 파일 책상을 하나로 통일하면 업무에 대한 집중력을 향상시킬 수 있다. 그리고 차분하게 자신의 일에 전념하기 위해서는 안정감 있는 의자에 앉는 것도 중요하다. 회사가 제공한 의자밖에 쓸 수 없다면 쿠션을 이용해 편한 자세로 앉을 수 있게 만들어 보자. 도기陶器로 만든 머그컵mug cup이나 사각 모양의 컵 받침 등 토土의 운기가 있는 소품을 활용하는 것도 좋다. 이렇게 하면 자신의 토대土臺가 안정되고 잡일로 낭비하는 시간을 줄일 수 있다.

말 거는 사람이 많아 일에 집중할 수가 없을 때

일만 하려면 항상 시끄럽게 떠들거나 말을 거는 선배나 동료가 있다. 상사나 동료들의 간섭을 받지 않으려면 PC 주변의 정리에 신경 쓴다. PC 여기저기에 메모지를 덕지덕지 붙여 놓거나 PC 옆에 플라스틱 제품을 두면 다른 사람과의 언쟁에 휘말리거나 싸우기 쉬우므로 주의하자. 또 모니터 화면에 먼지가 끼면 다른 사람에게 공격이나 비난을 받기도 하므로 깨끗이 닦아 둔다. 불필요한 데이터나 메일도 받는 즉시 삭제하자. 마우스 패드는 나뭇잎 모양이 들어간 것을 사용하면 나쁜 기로 둘러싸인 공기를 중화하는 효과가 있다.

자신의 뜻과는 달리 싫어하는 상사가 아껴줄 때

싫어하는 상사가 자신을 아껴준다면 정말 난처한 기분일 것이다.

이런 경우에는 가방이나 화장품 정리함 등 개인적인 물건을 두는 장소를 살펴보자. 아무 생각 없이 가방을 바닥에 내려놓은 채 방치하거나 책상 서랍이 개인 소지품이나 오래된 서류로 마구 뒤섞여 있으면 뜻하지 않은 사람에게 호의를 살 수 있다. 그러므로 개인 물품은 가능한 바닥 가까이에 두지 않는다. 개인 물품은 위에서 두 번째 서랍 정도에 넣어두는 것이 적당하며, 개인 사물함에 가방을 보관할 때도 밑에 두지 말고 위에 걸어서 보관한다.

자신의 본 모습을 드러내기가 어려운 처지에 놓일 때

회사가 알 수 없는 힘에 눌려 침체된 분위기여서 자신의 본 모습을 드러내기 어렵다면 자기 주변에 쓸데없는 것을 쌓아두고 있지나 않은지 살펴본다. 이런 고민을 하는 사람들은 매일 쌓이는 이메일 정리를 게을리 하거나 서랍 속에 필요 없는 물건들이 쌓여 있는 경우가 많다. 우선 책상 주변을 말끔히 치우고, 필요 없는 물건을 과감하게 치운다. 옷차림도 깔끔한 인상을 주도록 노력한다. 가슴이 막히거나 소매가 너무 긴 옷은 피하고, 간편해 보이는 옷차림을 한다.

회사에 좋아하는 사람이 있는데 어긋나기만 할 때

같은 직장에 근무하는 사람과 마음이 잘 맞지 않은 것 같기도 하고 남의 눈도 의식되어 회사생활이 힘들다면, 물이 모이는 주변을 깨끗이 청소한다. 물이 모이는 주변은 질투가 모이는 장소이기 때문이다. 만약 정수기 주변이 더러워져 있거나 싱크대가 물때로 얼룩져 있다면 연인과의 관계도 발전하기 어렵다. 또한 차를 마실 때 타일로 만든 컵받침을 사용하면 결혼운이 상승한다. 만약 결혼에 성공해서 회사를 그만두고 싶은 여성이 있다면 반드시 타일로 된 받침을 사용한다.

7   직장운이 따르는 옷차림

남성

안경 | 눈 주위에는 사업운의 에너지 원인인 화火의 운기가 모인다. 만약 안경을 쓰는 사람이라면 가급적 눈 주위가 눌리거나 막히지 않는 무테안경이 좋다. 또한 딱딱한 느낌이 드는 검정색 안경테는 화火의 운기를 없앨 수 있으므로 주의하자.

머리 | 남성은 화火의 운기가 강한 체질이므로 머리가 길면 화火의 기를 지나치게 많이 받아서 운의 균형이 깨질 수 있으므로 직장생활을 하는 사람은 머리를 짧고 단정하게 하는 것이 좋다. 머리색도 너무 밝은 색으로 염색하지 않는다.

셔츠 | 풍수에서 셔츠는 반소매보다 긴소매가 품격이 있다고 본다. 직장에서는 품격이 있는 긴소매 셔츠를 입는다.

손목시계 | 금金의 운기가 있는 둥근 형태는 금전운을 상승시키는 데 가장 효과적이다. 직장운이 따르게 하려면 둥근 손목시계를 차는 것이 좋다.

넥타이 | 기는 가슴으로 들어와 몸속으로 흐른다. 대부분의 남자들은 기를 받는 곳에 넥타이를 맨다. 양복이 어두운 계열이라면 넥타이는 밝은 색으로 매는 것이 흐름에 좋다.

양복 색깔 | 직장운을 상승시키는 데 가장 좋은 양복색은 남색藍色이다. 남색 양복을 입을 경우, 넥타이는 빨강이나 초록 계열의 색이 좋다. 수水의 운기가 있

는 회색 양복이라면 수水의 운기를 '양'의 운기로 바꿔주는 노랑이나 초록 계열의 넥타이가 잘 어울린다. 갈색 양복에는 격을 높여주는 보라색이나 화火의 운기가 있는 빨강, 주황 계열의 넥타이가 좋다.

구두 | 구두는 반드시 발에 딱 맞는 크기를 선택한다. 최신 유행 명품 구두를 신으면 발전운도 상승한다. 현재의 상황을 안정시키고 직장운을 탄탄히 하고 싶다면 기본 디자인 구두도 좋다.

여성

헤어스타일 | 가벼운 헤어스타일로 활동적인 직장 여성의 분위기를 연출한다. 이렇게 하면 행동까지 민첩해진다. 약간 바깥으로 뻗친 헤어스타일이 경쾌한 느낌을 준다.

상의 | 시원하게 가슴이 트인 브이네크라인(V-neckline)이나 보트네크라인(boat neckline : 옆으로 넓게 파졌으며 커브를 가진 배 밑바닥 같은 네크라인)을 입으면 좋은 기를 듬뿍 흡수할 수 있다. 위에 덧입는 재킷은 안정을 의미하는 토土의 운기가 있는 스트레치stretch 등 신축성이 뛰어나서 움직이기 편한 소재가 좋다.

하의 | 하의는 활발하게 움직일 수 있는 바지가 좋다. 바지 소재로는 의욕을 불러오는 면木의 운기이나 안정을 나타내는 스트레치土의 운기가 좋다.

벨트 | 직장운을 좋게 하려면 지속과 안정을 나타내는 벨트를 착용한다. 벨트는 안정감 있는 디자인으로 선택한다.

구두 | 직장운을 위해서 신고 벗기 편하며 안정감 있는 구두가 좋다. 샌들sandal이라면 발톱이 보이는 낮은 굽이 좋다. 운동화는 실천력을 상승시키는 데는 좋지만, 연애에는 그리 효과적이지 못하다. 상황에 따라 신발을 선택하는 것도 중요하다.

귀걸이 | 귀는 직장운을 상승하는 목木의 운기를 왕성하게 하고 의욕을 상징하는 화火의 운기가 있다. 그러므로 귀는 머리카락으로 감추지 말고 반드시 바깥으로 드러낸다. 귀를 강조하는 귀걸이 착용도 나쁘지 않다.

손목시계와 팔찌 | 사업에는 시간이 성패를 좌우한다고 해도 과언이 아니다. 이

렇게 때時의 운기를 관리하는 시계야말로 직장에서 없어서는 안 될 필수품이다. 또한 보충을 상징하는 팔찌는 속목시계를 찬 팔에 같이 차면 두 배의 효과를 볼 수 있다. 손목시계와 팔찌를 같이 차면 바라던 인연이 생각보다 쉽게 찾아온다.

8 사무실에서의 자리 환경

우리가 일하는 사무실에도 기가 흐른다. 따라서 지금 자기가 어느 쪽에 앉아 일하고 있느냐에 따라 운도 전혀 다른 방향으로 흐른다. 기는 일반적으로 상사의 우측에서 아랫사람을 향해 S자를 그리며 흐르고, 상사의 자리에 가까울수록 일에서 좋은 운이 따른다. 또한 등 뒤에 무엇이 있느냐에 따라서도 운이 달라진다. 예를 들어 만약 당신이 다른 사람에게 등을 보이는 자리에 앉아 있다면 무방비 상태에서 상대방의 시선에 당신의 기를 빼앗기게 된다. 하지만 여기서도 방법은 있기 마련이므로 우려할 필요는 없다. 여기에서는 우리가 손쉽게 실행할 수 있는 대처법 몇 가지를 소개하면 다음과 같다.

바로 등 뒤에 출입문이 있는 경우

사람들의 출입이 잦아서 기를 빼앗기기 쉽다. 문에 가까운 자리는 기가 왕성하여 활동력을 증가시키는 장점이 있다. 그러나 등 뒤에 문이 있다면 주의해야 한다. 이 자리는 사람들의 출입이 잦고, 다른 사람들의 시선에 무방비 상태에 있는 기를 빼앗기기 때문이다. 이럴 경우에는 책상 위에 작은 화분을 놓고 생기를 보충하거나 자주 휴식을 취하는 것이 좋다.

상사가 등 뒤에 위치한다면

만약 당신 등 뒤에 상사가 앉아 있다면 상사와의 관계가 좋더라도 자연히 상사에게 신경이 쓰이기 마련이다. 또한 앉아 있는 상태에서 이야기를 나눌 경우 상사와 제대로 눈을 맞추기가 어려워 서로 다른 생각을 할 수도 있고, 이로 인해 오해가 발생하기도 한다. 이런 자리는 항상 상사에게 기를 빼앗길 뿐만 아니라 자신에게 불리한 상황이 연출될 수도 있다. 이럴 때는 책상 끝에 거울을 둔다. 그러면 등 뒤의 시선을 의식할 수 있으며, 빼앗긴 기도 다시 찾아올 수 있다. 주의할 점은 자기의 모습이 거울에 비치지 않게 해야 한다. 상사뿐만 아니라 동료가 등 뒤에 앉아 있을 경우에도 마찬가지다.

등 뒤에 바로 기둥 모서리가 위치한다면

등 바로 뒤에 기둥 모서리가 보이는 자리는 운이 계속해서 막히므로 일에서 전혀 운이 따르지 않을 뿐만 아니라 건강까지 해칠 수 있다. 이런 자리는 운에 전반적으로 영향을 미친다. 이런 자리에 앉아 있다면 기둥 모서리에 테이프나 패드를 붙여 각진 부분을 가리거나, 기둥 앞에 관엽식물을 놓아 모서리가 보이지 않게 한다. 만약 이런 환경을 만들기가 어렵다면 등 뒤에 바로 기둥 모서리가 보이지 않게 모서리를 피해 앉는 것만으로도 운이 트이게 할 수 있다.

9 직업별 운을 상승시키는 비결

• 290~291p '인용 및 참고문헌'의 32를 참고하고 인용하였음을 밝혀 둡니다.

영업직

발로 뛰는 만큼 성과를 볼 수 있는 영업직은 '동動'의 운기를 활성화시켜야 한다. 동動의 운기가 강한 은색계열의 필기도구에는 행운이 따르며, 실천력도 몰라보게 좋아진다. 영업직은 발로 뛰는 직업이니만큼 신발에도 신경을 써야 한다. 또한 자신의 지위나 직급을 나타내는 명함집의 색상에도 세심한 주의를 기울인다. 화火의 운기에 활력을 불어넣을 수 있는 빨강이나 주황, 목木의 운기를 상징하는 초록 계열도 의욕을 넘치게 한다. 영업을 할 때 다른 사람보다 자신의 인상을 뚜렷이 남기기 위해서는 영업용 소품으로 화火의 운기가 있는 명품을 지니는 것도 좋다.

광고업

광고업에 종사하는 사람은 '손목시계'에 신경을 쓴다. 손목시계는 그 사람의 '때時'를 움직이며 지위를 상징하는 요소이므로 반드시 착용하는 것이 좋다. 보통 때는 손목시계를 왼손에 차고, 업무상 중요한 결전의 날에는 오른손에 바꿔 차면 좋은 효과를 볼 수 있다. 여성은

'보충'의 기가 있는 팔찌까지 함께 차면 인연이나 기회가 쉽게 찾아온다. 남성은 다이버용 시계 등 스포츠 시계도 좋다. 단, 남녀 모두 너무 비싼 시계를 차는 것은 좋지 않은 인상을 줄 수 있다.

디자이너·편집자

디자이너나 편집자 등 창조적인 작업을 하는 사람들은 책상 눈높이에 맞춰 '빛을 내는 소품'을 두면 좋다. 예를 들어 유리로 된 보석 스탠드, 수정(crystal : 水晶)으로 된 서진書鎭, 은으로 된 사진 액자 등이다. 빛을 모으는 물건은 예술성과 직감 능력을 높여주는 효과가 있다. 또한 화火의 운기가 있는 '천사天使 모양'이 들어간 소품도 센스가 필요한 직종에 믿음직스러운 동반자가 될 것이다. 이런 직종에 종사하는 사람들이 가진 소품 중에 소재가 유리이고 천사 모양까지 들어간 것이 있다면 운을 좋게 하는 데 효과가 크다.

접객업

판매직이나 미용사 등 사람을 대하는 직업에 종사하는 사람은 스트레스가 쌓이지 않게 주의하자. 이런 직업에 종사하는 사람은 목욕할 때 향이 좋은 입욕제入浴劑나 목욕용품을 사용하면 몸의 긴장을 풀 수 있다. 또한 향에서 풍기는 좋은 기도 흡수할 수 있다. 특히 여성은 오렌지, 자몽 등 감귤류 향기를 이용하면 사람들에게 호감을 주는 체질로 바뀔 수 있다. 복숭아 향기는 여성의 몸에 쌓인 독을 깨끗이 씻어내는 효과가 있으므로 자주 애용하도록 한다. 남성은 우디woody 계열의 은은한 향을 이용하는 것이 기를 정화시키는 데 좋다.

사무직

주로 사무를 보는 사람은 안정을 나타내는 토土의 운기를 활용하는 것이 요점이다. 사무직에 종사하는 사람들은 토土의 운기가 풍성한 결실로 맺어지는 것을 상징하는 '과일 모양'이 들어간 소품을 활용한다. 도기陶器로 만든 머그컵mug cup이나 타일로 된 컵받침 등 토土의 운기가 있는 소품은 업무의 기반을 튼튼히 하는 데 효과적이며, 다른 사람과의 신뢰를 얻는데도 도움이 된다. 기본적인 업무라도 신선한 공기를 불러일으키고 싶다면 PC 배경화면에 변화를 준다. 바다, 하늘, 화초 등 자연 풍경으로 PC 배경화면을 바꾸는 것도 좋다. 일주일 단위로 PC 배경화면을 바꿔 주면 좋은 기를 흡수하는 환경을 만들 수 있다.

컴퓨터 관련 기술직

화火와 목木의 운기를 이용해 컴퓨터 앞에서 항상 두뇌를 회전시켜야 하는 직종에 종사하는 사람은 현재의 환경에 수水의 운기를 첨가시키는 것이 좋다. 예를 들어 분수噴水나 물을 이용한 시설이 있는 음식점에서 점심을 먹거나, 쉬는 시간에 반드시 물 주변에서 긴장을 풀어 준다. 목욕할 때는 온천 성분이 함유된 입욕제入浴劑를 넣는 것도 좋다. 이렇게 하면 기의 순환이 좋아진다. 또한 컴퓨터 주변에 너무 많이 쌓이는 화火의 운기를 억제하기 위해서는 흙을 가까이 할 수 있는 화분을 가져다 놓자. 컴퓨터 주변에 유리 상자에 넣은 부귀죽(富貴竹 : 改運竹 : 가습식물인 드라세나, 산데리아나 같은 관엽식물)을 놓으면 컴퓨터에서 발산하는 좋지 않은 화火의 운기를 제거할 수 있다.

교육관계직

교사나 성인을 대상으로 가르치는 직업에 종사하는 사람은 무늬나 패턴을 활용하면 효과가 있다. 여성은 '물방울무늬'를 이용하면 자신의 풍부한 감성이나 지식을 상대에게 전달하는데 도움이 된다. 남성이라면 '스트라이프(stripe : 줄무늬)'가 좋다. 이렇게 하면 사람에게 지식을 전달하거나 다른 사람을 교육할 때 눈에 보이지 않는 능력을 발휘할 수 있다. 또한 보육원이나 유치원 등 아이들과 같은 눈높이에서 교육해야 할 경우에는 곰이나 고양이 같은 동물문양이나 나뭇잎문양이 좋다. 그 중에서도 목木의 운기를 풍부하게 해주는 클로버문양이 아이들[목木의 운기]에게 좋은 영향을 준다.

음식 관련 종사자

푸드 코디네이터나 요리사 등 음식에 관련된 직종에 종사하는 사람은 즐거움이나 풍요로움을 표현하는 금金의 운기에 신경 쓰자. 항상 웃는 얼굴을 지으면 그만큼 금金의 기운도 상승한다. 또한 둥근 형태[금金의 운기]도 음식에 관련된 영감을 얻을 수 있는 강력한 파트너이다. 다른 사람보다 많은 영감을 얻고 싶다면 둥근 물건을 보거나 몸에 지니고 다닌다. 여성이라면 물방울 무늬가 들어간 옷을 입는 것도 좋다. 또한 금金의 운기는 '수水'와 섞이면 더 풍성해지므로 물이 있는 계곡이나 바다로 여행을 떠나서 경치를 만끽하는 것도 좋다.

간호사

간호사나 간병인 등 봉사하는 일에 종사하는 사람은 몸과 마음을 균형 잡힌 상태로 유지하는 것이 중요하다. 이런 직업은 '속옷'으로 건강을 유지하자. 우선 여성은 기氣를 깨끗하게 해주는 백색이 좋다. 스트레스를 풀고 싶다면 분홍 계열을, 몸에 피로가 쌓였다면 민트색 (mint : 하늘색과 연두색의 중간 단계에 있는 색) 계열의 속옷을 입는 등 상황에 따라 다른 색으로 바꿔 입어 준다. 남성은 민트색 계열과 하얀색이 좋다. 인간관계를 좋게 하는 체크무늬도 속옷으로 추천할 만하다. 또한 여성은 집안이나 자신의 주변에 꽃을 장식해 두면 운이 상승되는 효과를 볼 수 있다.

아티스트 artist

뮤지션, 댄서, 화가 등 감성을 중요하게 여기는 직종에 종사하는 사람은 예술이나 아름다움과 직결되는 화火의 운기를 원활히 하는 것이 중요하다. 여성이라면 귀를 아름답게 꾸미는 데 신경을 쓴다. 별 모양의 반짝이는 귀걸이는 좋은 인연을 불러온다, 또 이마를 드러내는 헤어스타일이나 눈 주위를 강조한 화장으로 양陽의 운기를 모을 수 있다. 남성은 작고 귀여운 반지 등 보석을 몸에 지니고 다니면 좋은 효과를 볼 수 있다. 그런데 은銀, 특히 표면이 그을린 은銀은 화火의 운기를 없애는 성질이 강하므로 너무 오래 지니지 않도록 주의한다. 만약 은을 몸에 지니고 싶다면 눈에 띄지 않게 하고 신체 일부분에 약간의 포인트를 주는 것으로 만족하자.

자유직

프리터(freeter : 아르바이트나 파트타임으로 생활을 유지하는 사람)나 프리랜서로 일하는 사람은 '시간'과 '신발'에 신경을 쓴다. 자유직에 종사하는 사람은 시간을 소홀히 하면 운에 큰 악영향을 끼친다. 특히 일을 시작할 때나 다른 사람과 한 약속에 늦지 않도록 시간에 신경을 쓴다. 또 신발을 항상 깨끗하게 하는 것도 중요하다. 반짝반짝 윤이 나는 구두는 자신을 사업에서 성공의 길로 인도해 줄 것이다. 신발은 그 사람의 토대가 되는 요소이므로 자신의 기반을 확실히 다지기 위해서라도 항상 깨끗한 신발을 신고 다닌다.

10 취직과 원만한 직장생활을 위한 인테리어

* 취직과 직장생활을 위한 인테리어에 대해서는 일본의 풍수가 小林祥晃씨의 주장을 근거로 하여 설명합니다.

자격증을 따기 위한 인테리어

취업하기가 별 따기보다 어렵다는 요즘에 원하는 직장에 취직하기 위해서는 남들과는 다른 무기가 필요한데, 그것이 바로 자격증이다. 자기 자신의 능력을 입증하는 확실한 증명서라 할 만하다.

실제 여러 회사에서 자격증이 있는 사람을 선호하고 있고, 승진에도 유리하게 작용한다. 이러한 추세에 따라 자격증을 따기 위한 공부를 하지만 의욕만 앞서고 뜻처럼 쉽지 않다. 이에 도움이 되는 풍수상의 방위와 색깔을 보면 다음과 같다.

- 북서쪽이나 북쪽에 옷장과 TV를 놓는다.
- 북동쪽과 동쪽에 걸쳐 침대를 놓고 베개는 남향으로 둔다.
- 남동쪽이나 남서쪽에 책상을 놓는다.
- 서쪽에 화장대를 놓고 노란색 갓을 씌운 스탠드를 놓는다.

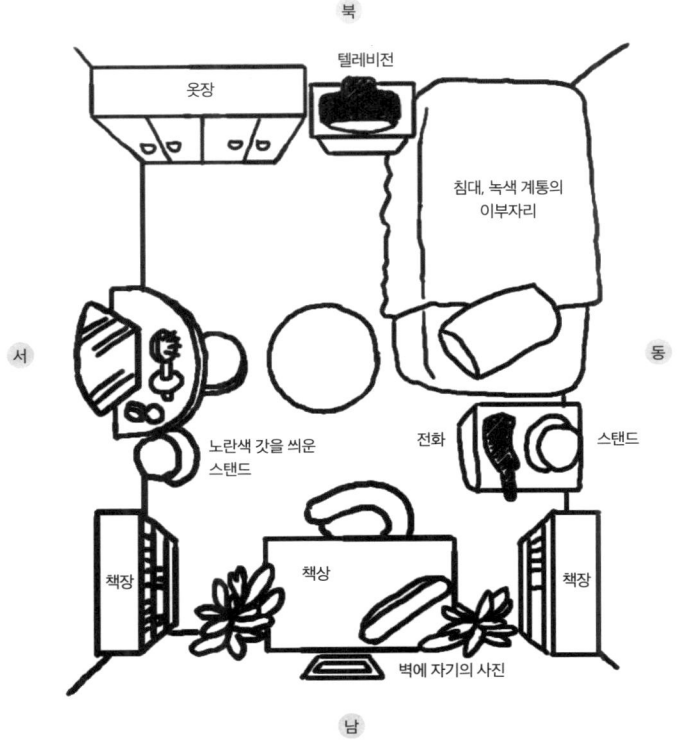

자격증을 따기에 좋은 인테리어

    이공계의 건축사·인테리어 코디네이터·의료 사무·컴퓨터 등의 자격증을 따고자 할 때는 남쪽의 기를 이용해야 한다. 그래서 회사나 자기 집에서 보아 남쪽에 있는 기술학원을 다니면서 자격증 취득을 위한 공부를 하면 좋다. 남쪽의 기를 살리기 위해서는 토요일이나 일요일 같은 쉬는 날을 이용하여 낮에 공부하는 것이 좋다. 시험날은 빛이 나는 액세서리를 몸에 지니고, 샐러드나 달걀 후라이 요리를 먹으면 운이 따른다.

    비서·워드프로세서·번역 등의 자격증을 따려면 동쪽이나 북쪽의 기를 이용하면 좋다. 그래서 회사나 자기 집에서 동쪽이나 북쪽에 있는 기술학원에 다니는 것이 유리하다. 시험 날은 빨간색이나 파란색의 옷을 입는 것이 좋다. 시험 앞날이나 시험 날의 아침식사로 작은 생선이나 두부를 먹으면 좋다.

자격증 취득을 위한 인테리어는 북서쪽과 북쪽에 걸쳐 옷장이나 TV를 나란히 배치하고, 북동쪽과 동쪽에 걸쳐 침대를 놓고 베개는 남쪽으로 한다. 이부자리 색상은 녹색계통으로 하고 베개 맡에는 스탠드와 전화기를 둔다.

남동쪽이나 남서쪽에는 책장을 놓으며, 남쪽에는 책상을 놓고 벽에는 자기 사진을 걸어둔다. 책상 양옆에는 한 쌍의 관엽식물을 놓는다. 서쪽에는 화장대를 놓고 옆에는 노란색 갓을 씌운 스탠드를 놓는다.

희망하는 회사에 취직하기 위한 인테리어

취업이 사회문제가 된 지는 오래되었다. 고등학교 졸업자의 80%가 대학에 진학을 하니 전체적으로 학력이 높아졌고, 학력이 높다보니 고달프고 힘든 3D직종에는 취업을 하지 않으려는 실정이다. 3D직종은 많은 외국인이 자리를 메우고 있는 가운데, 누구나 가기를 원하는 일자리가 많이 생기기를 바랄뿐이다. 한참 일할 나이에 의욕을 잃고 망연자실해 하는 젊은이들이 일어서길 바라며 그들에게 다소나마 위안이 될 수 있는 풍수 처방을 소개한다.

직종에 따라 그에 알맞은 기운을 높여주는 방위가 있는데, 그 방위를 잘 활용하면 취업의 문을 열 수 있다. 취직은 결국 인간관계이다. 면접관과의 관계, 연고관계, 좋은 회사에 소개받는 것 모두가 인간관계에 의해 크게 좌우된다. 인간관계를 좋게 하기 위해서는 현관이나 자신의 방문에 햇빛이 잘 들게 하는 것이 가장 좋다. 햇빛이 잘 들지 않는 경우에는 인테리어를 통해 이를 보완해 주면 된다. 취직을 하려면 이력서가 필수조건인데 이력서를 쓰는 방법도 운을 크게 좌우한다.

영업보조나 코디네이터 등의 직업을 원한다면 이력서를 동쪽에 있는 방에서 쓴다. 책상에 빨간 볼펜을 꺼내놓고 음악을 들으면서 이력서를 쓰면 더 효과를 볼 수 있다. 또 취직을 희망하는 회사에 전화를 걸 때는 반드시 동쪽에 있는 방에서 하는 것이 좋다.

사무 계통은 안정과 온화한 인간관계를 도와주는 북쪽의 기를 이용해야 한다. 일반 사무 외에 경리·회계·비서·인사 등의 업무에 취직하기 위해서는 북쪽에 있는 방에서 이력서를 쓰면 좋다. 이력서를 쓸 때 물 컵을 책상 위에 놓고 쓰면 더 큰 효과를 볼 수 있다. 쓰기 전에 샤워나 목욕을 하고 전화는 북쪽에서 하면 좋다.

판매나 서비스업에 취업할 경우, 이력서는 서쪽에 있는 방에서 쓰는 것이 좋은데, 이력서를 쓰기 전에 단 음식을 먹거나 술을 약간 마시면 더욱 좋다. 취업을 희망하는 회사에 전화할 때는 남쪽에서 한다.

기획·홍보·마케팅·광고·매스컴·프로그래머 등의 기술직에 취업하고자 할 경우 남쪽에 있는 방에서 이력서를 쓰면 유리하다. 필기용구는 금속제를 쓰는 것이 좋다. 두 개의 볼펜을 준비하여 두 장의 이력서를 쓰면 더욱 좋은 효과가 있다. 취직하고자 하는 직종에 따른 인테리어는 다음과 같이 하면 좋은 효과를 볼 수 있다.

영업계통에 취직할 경우의 인테리어

햇빛이 잘 드는 문의 경우

동쪽에 책상을 놓고 벽에는 빨간색의 그림을 걸어둔다. 여기에 전화기·카세트·오디오를 놓는다. 남동쪽에는 TV를 두되 원기元氣의 근원인 동쪽의 힘을 발산시키지 않기 위해 동쪽으로 향하지 않도록 한다. 북동쪽 벽에는 달력을 걸어두고 북서쪽에는 큰 화장대를 놓는데, 이 역시 동쪽을 향하지 않도록 한다. 이렇게 인테리어를 하면 방위의 기가 자신에게 스며들어 영업에 적합한 성격이 형성된다.

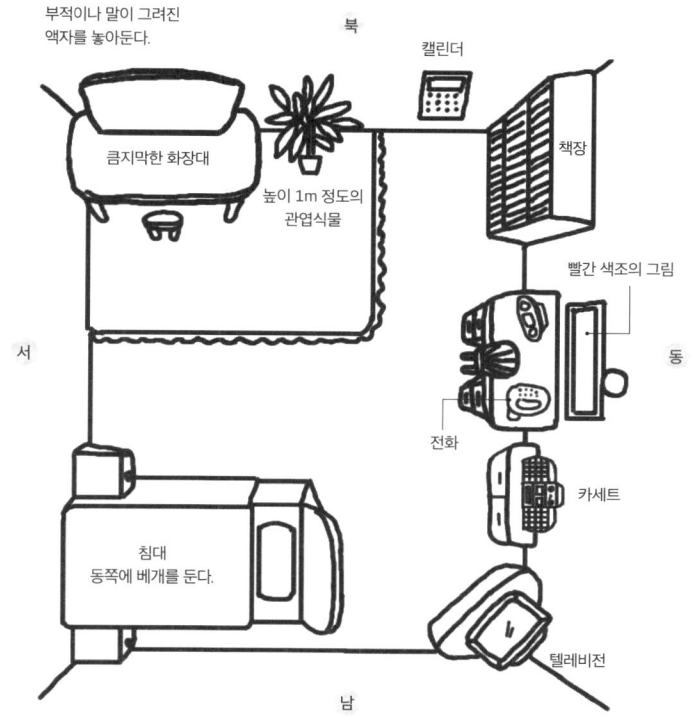

영업계통의 취직 / 햇빛이 잘 드는 문의 경우 인테리어

- 동쪽에 책상을 놓고 동쪽 벽에 빨간색의 그림을 걸어 둔다.
- 남동쪽에 텔레비전을 놓는다.
- 북서쪽에 화장대를 놓되 남쪽을 향하게 한다.

햇빛이 잘 들지 않는 문의 경우

북쪽에는 큰 장롱을 놓고 동쪽에는 책상을 놓는다. 책상 위는 빨간색의 꽃과 그림으로 장식한다. 동쪽에는 전화기·카세트·오디오를, 남동쪽에는 TV를 놓는다. 침대는 머리가 남쪽을 향하도록 하고 베갯잇은 흰색이 좋다. 그리고 머리맡에는 화분을 놓는다. 운을 상승시키는 북서쪽에는 화장대를 놓되 동쪽을 향하지 않게 하고 카펫은 녹색계통을 깐다. 이렇게 인테리어를 하면 동·북·서·남동 방위가 활성화되어 인간관계의 운이 좋아진다.

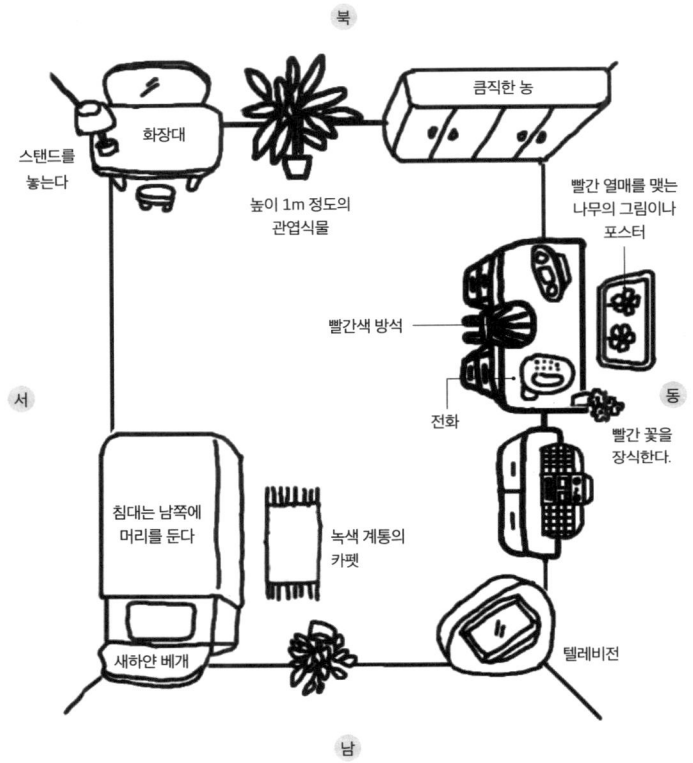

영업계통의 취직 / 햇빛이 잘 들지 않는 문의 경우 인테리어

- 동쪽에 책상을 놓고 책상 위는 빨간색 꽃과 그림으로 장식한다.
- 침대는 머리가 남향이 되게 놓고 베갯잇은 흰색으로 한다.
- 북서쪽에 화장대를 놓되 남향이 되게 한다.

사무계통에 취직할 경우 인테리어

햇빛이 잘 드는 문의 경우

사무직에 필요한 정확함과 온화함을 길러주는 방위는 북쪽이다. 그렇기 때문에 북쪽에는 책상을 놓고 벽에는 호수가 그려진 그림을 걸어둔다. 그리고 북동쪽에는 책장을, 동쪽에는 TV와 전화기 등을 놓는다. 지성을 향상시키는 남쪽에는 침대를 두고 머리도 남쪽을 향하도록 한다. 남서쪽에는 옷장을, 서쪽에는 화장대를, 북서쪽에는 관엽식물을 둔다.

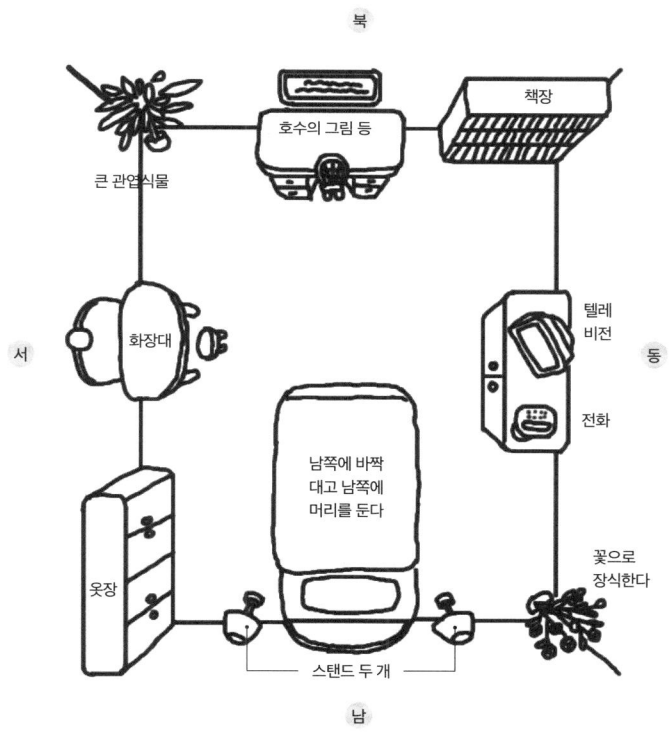

사무계통의 취직 / 햇빛이 잘 드는 문의 경우 인테리어

- 북쪽에 책상을 놓고 벽에는 호수가 그려진 그림을 건다.

- 남쪽에 침대를 두고 머리는 남쪽을 향하도록 한다.
- 북서쪽에 관엽식물을 둔다.

햇빛이 잘 들지 않는 문의 경우

북쪽에 역점을 두고 정확함과 온화함을 향상시키는 데 주목한다. 북쪽이나 북동쪽에 책상을 놓고 벽에는 밤하늘의 그림을 걸어 둔다. 동쪽 벽에는 시계를 걸어둔다. 남쪽에 침대를 두되 머리는 동쪽을 향하도록 한다. 베갯잇은 흰색이나 엷은 녹색계통이 좋다. 북서쪽에 화장대를 놓고 그 옆에 관엽식물을 두면 인간관계가 원만해진다.

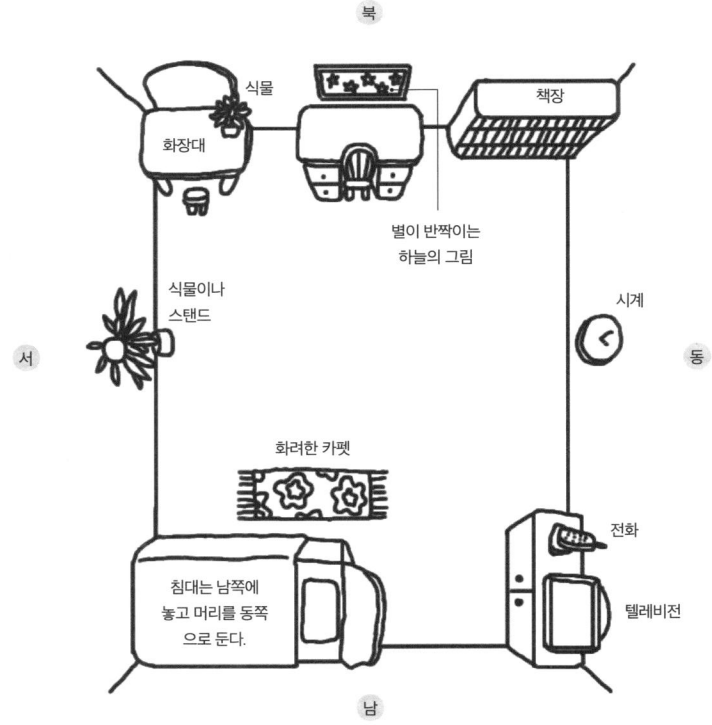

사무계통의 취직 / 햇빛이 잘 들지 않는 문의 경우 인테리어

- 북쪽이나 북서쪽에 책상을 놓고 벽에는 밤하늘의 그림을 건다.
- 동쪽 벽에 시계를 건다.
- 북서쪽에 화장대를 놓고 그 옆에 관엽식물을 둔다.

판매·서비스 계통에 취직할 경우 인테리어
햇빛이 잘 드는 문의 경우

판매와 서비스계통은 '장사'라는 운기를 갖는 서쪽에 역점을 둔다. 서쪽에 책상을 놓고 벽에는 유럽풍의 그림을 걸어둠으로써 서쪽의 기를 끌어당길 수 있다. 그런 다음 북동쪽에 옷장을 놓는다. 남동쪽에 TV를 놓고 남쪽에는 한 쌍의 관엽식물을 놓는다. 그리고 남서쪽에 오

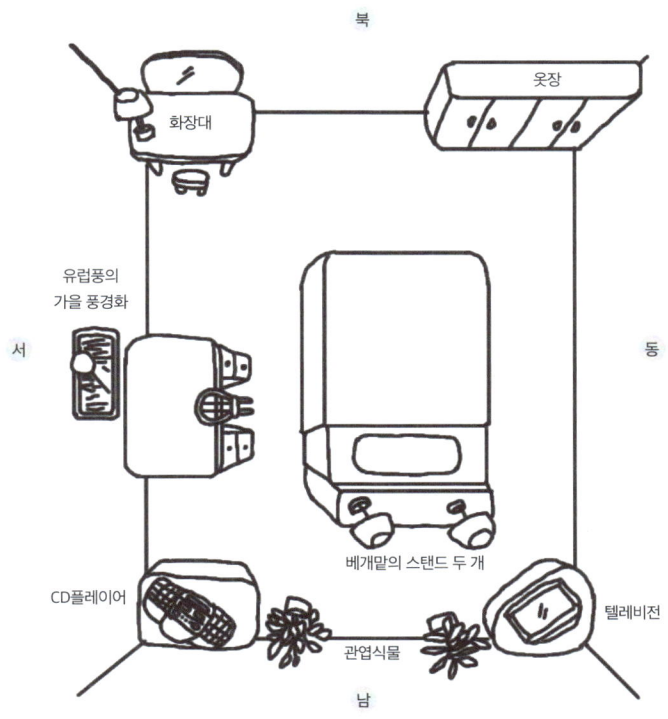

판매·서비스계통의 취직 / 햇빛이 잘 드는 문의 경우 인테리어

디오를 둔다. 북서쪽에는 화장대를 놓고 그 위에는 스탠드를 놓는다. 가운데는 침대를 놓고 남향으로 머리를 둔다.

- 서쪽에 책상을 놓고 벽에는 유럽풍의 그림을 건다.
- 남쪽에 관엽식물을 놓는다.
- 방 가운데 침대를 놓고 머리는 남향으로 한다.

햇빛이 잘 들지 않는 문의 경우

서쪽에 화사한 분위기의 그림을 걸어 서쪽의 기를 상승시키는 것이 좋다. 동시에 북서쪽에 화장대, 남동쪽에 TV를 놓음으로써 인간관

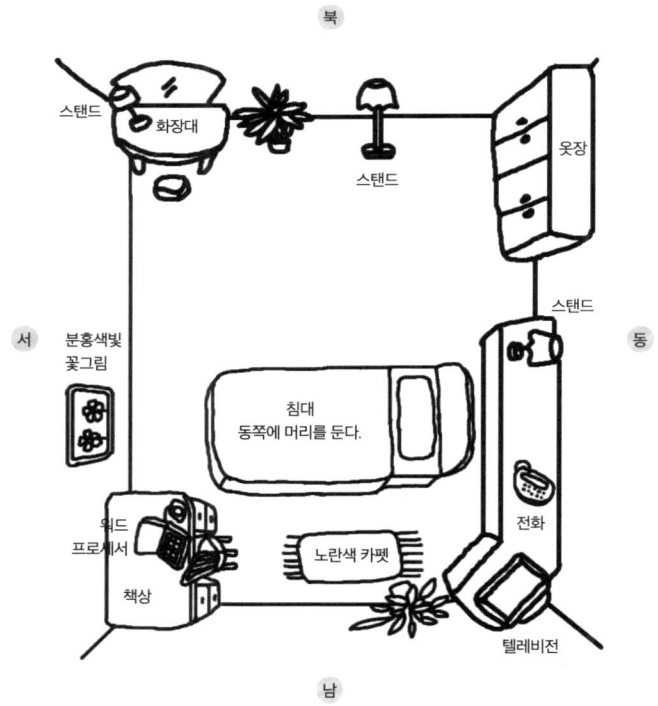

판매·서비스계통의 취직 / 햇빛이 잘 들지 않는 문의 경우 인테리어

계의 운을 좋게 한다. 화장대 옆에는 스탠드를, TV 옆에는 관엽식물을 둔다. 그리고 북동쪽에 옷장을, 남서쪽에는 책상을, 방 가운데는 침대를 놓고 머리는 동쪽을 향하도록 한다. 카펫은 화려한 노란색으로 하면 좋다.

기획·기술 계통에 취직할 경우 인테리어
햇빛이 잘 드는 문의 경우

기획, 기술계통의 운이 몸에 붙도록 하기 위해서는 남쪽에 역점을 둔다. 남쪽에 책상을 놓고 정보 확보를 위해 남동쪽에는 컴퓨터를 놓는다. 그리고 벽에는 자기의 사진을 금속제 사진틀에 넣어 걸어둔다. 남서쪽에 침대를 두되 머리는 남쪽을 향하게 한다. 화장대를 북서쪽

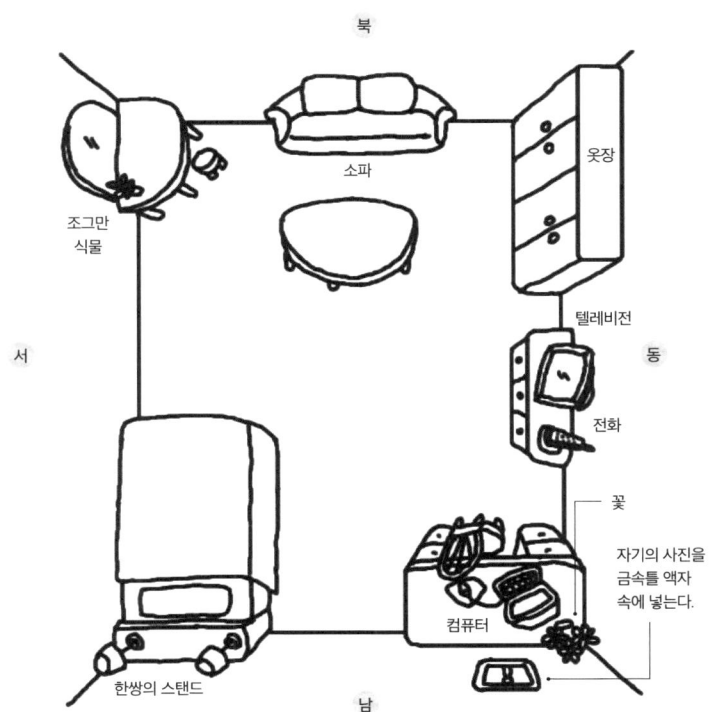

기획·기술계통의 취직 / 햇빛이 잘 드는 문의 경우 인테리어

에 배치하여 도와주는 운이 붙게 한다. 그리고 그 위에는 조그마한 화분을 놓는다.

- 남쪽에 책상을 둔다.
- 남동쪽에 컴퓨터를 놓고 벽에는 자기 사진을 걸어둔다.
- 화장대는 북서쪽에 배치하고 그 위에 작은 화분을 둔다.

햇빛이 잘 들지 않는 문의 경우

남쪽에 책상을 놓고 식물로 장식하여 남쪽의 기를 상승시킨다. 북동쪽에 옷장, 동쪽에 침대를 놓고 동쪽으로 머리를 향하게 한다. 베개

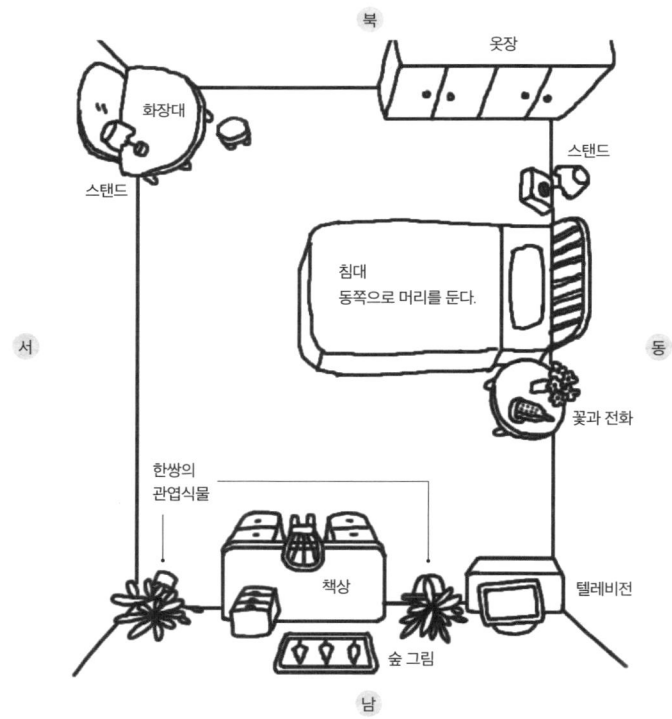

기획·기술계통의 취직 / 햇빛이 잘 들지 않는 문의 경우 인테리어

곁에는 스탠드와 꽃 그리고 전화기를 놓는다. 정보의 확보를 위해 남동쪽에 TV를 놓는다. 북서쪽에는 화장대를 놓고 그 위에 스탠드를 놓아 남이 도와주는 운을 좋게 한다.

- 남쪽에 책상을 두고 그 위에 식물을 놓는다.
- 남동쪽에 텔레비전을 놓는다.
- 북서쪽에 화장대를 두고 그 위에 스탠드를 놓는다.

직장생활을 원만히 하기 위한 인테리어
직장 상사와의 관계를 풀어주는 인테리어

직장에서의 인간관계는 중요한 요소이다. 아무리 보람 있는 일을 하여도 상사와 뜻이 맞지 않으면 의욕을 잃고 만다. 우선 상사를 상사로서 품위를 인정해 주고 뜻에 따르도록 노력해야 한다. 상사는 그 동안의 많은 경험과 쌓아온 지혜를 통해 나름대로 노하우를 갖고 있다. 상사를 상사로서 대우를 해주었을 때 인간관계가 원만해지는 것이다.

자기 자신이 품위를 올리고 싶으면 상사의 품위를 올릴 필요가 있다. 상사를 다른 사람에게 험담했을 때 그 상사 밑에서 일하는 자신의 품위는 더욱 낮아지는 것이다.

존경하는 사람의 격언이나 존경하는 어른의 말씀을 정성스럽게 써서 자기의 책상 왼쪽 서랍에 깊숙이 넣어둔다. 다음으로 직원들과 여행 갔을 때 상사와 같이 찍은 사진도 같이 넣어둔다. 상사의 사진을 넣어둠으로써 그 격언과 상사가 모름지기 일치하게 된다.

자신의 위치에서 남서쪽은 오래 계속되는 인간관계를 나타내고, 북서쪽은 윗사람과의 인간관계를 나타내는 방위이다. 그러므로 책상 위의 북서쪽에도 주소록이나 명함 등 윗사람과의 인간관계를 나타내는 것들을 놓아두면 좋다. 상사에게 제출하는 서류 등도 여기에 둔다.

상사와의 관계를 개선하고 싶을 때는 식사를 함께 하는 것이 좋다. 면류는 인간관계를 맺어주므로 함께 먹을 식단으로 좋다.

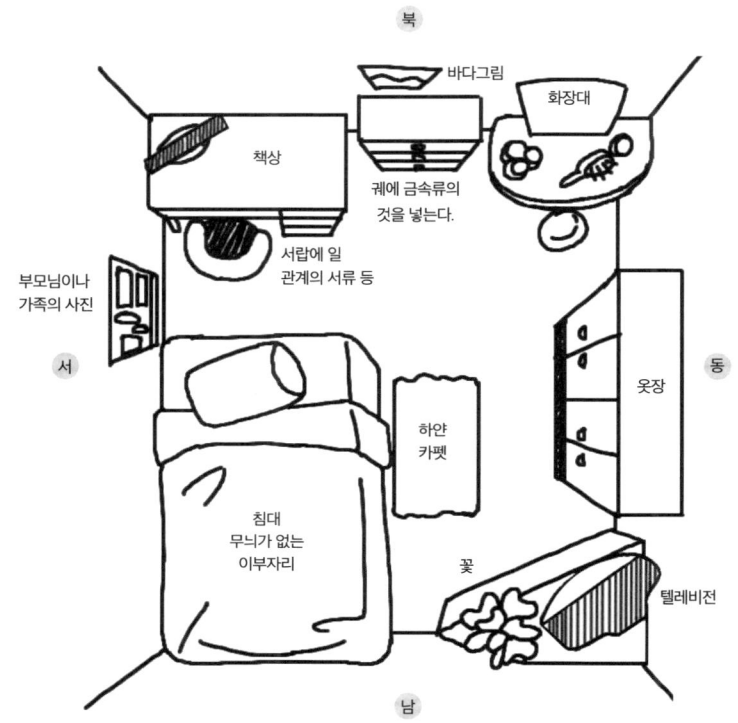

상사와의 관계를 원만하게 하는 인테리어

북서쪽·북쪽·북동쪽에 걸쳐 북서쪽으로부터 책상·궤·화장대의 순으로 나열한다. 책상 서랍에는 회사일과 관련된 서류 등을 넣어둔다. 궤에는 귀금속류를 넣고 벽에는 바다가 그려진 그림으로 장식한다. 동쪽에는 옷장을 놓는다. 남동쪽에는 TV와 꽃을 놓고 남서쪽과 서쪽에 걸쳐서 침대를 놓고 북쪽으로 머리를 두고 잔다. 이부자리는 무늬가 없는 것으로 하고 카펫은 하얀 것으로 하며 서쪽 벽에는 부모님이나 가족의 사진으로 장식한다.

- 존경하는 사람의 격언을 써서 책상 서랍에 넣어둔다.
- 책상 위의 북서쪽에 주소록이나 명함을 둔다.
- 북서쪽, 북쪽, 북동쪽에 걸쳐 책상·궤·화장대를 놓는다.
- 남동쪽에 텔레비전과 꽃을 놓는다.

직장 동료와의 관계를 원만하게 하는 인테리어

직장 동료는 전쟁터에서 함께 싸우는 전우의 관계이지 라이벌의 관계가 아니다. 동료에게 라이벌 의식을 갖지 않아도 자신의 운이 좋

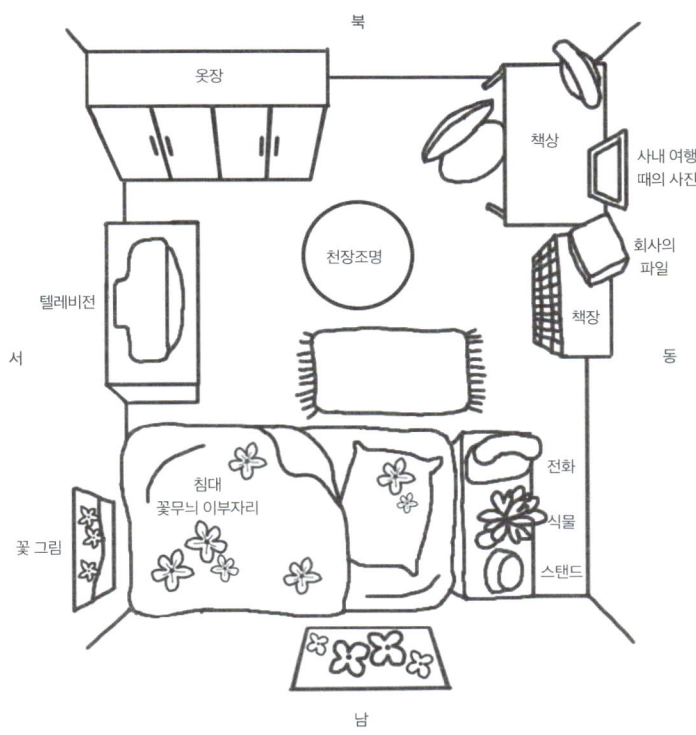

동료와의 관계를 원만하게 하는 인테리어

으면 동료에게 이기게 되는 것이다.

동료는 직장의 '환경'인 셈이다. 서로 미워하면 환경을 오염시키는 것과 같다. 환경이 오염되면 자신도 오염되기 마련이다. 싫은 사람을 노골적으로 멀리하고 그 사람에게 자기도 미움을 받게 되면 자신도 손해이다. 그러므로 동료도 자신에게 '환경'임을 명심하고 환경을 정비하도록 노력하는 것이 중요하다. 이렇게 하면 직장에서의 인간관계가 훨씬 편해질 것이다.

- 북동쪽에 책상을 두고 그 위 오른쪽에 동료와 찍은 사진이나 주소록, 명함을 놓는다.
- 남쪽에 침대를 놓고 베개 맡에는 꽃과 전화기를 놓는다.
- 남쪽과 남서쪽 벽을 꽃 그림으로 장식한다.

앞서 상사와의 관계를 원만하게 하는 경우와 마찬가지로 남서쪽은 인간관계가 오래 지속되게 하고, 남동쪽은 새로운 인간관계를 맺게 하는 방위이다. 이 경우도 책상 위의 오른쪽에 주소록이나 명함 등을 두면 좋다. 또 직장의 동료들과 함께 찍은 사진을 이 위치에 놓아두든지 책상 가운데 서랍의 오른쪽에 넣어두어도 괜찮다. 북동쪽에서 동쪽에 걸쳐 책상을 놓고 벽에는 직장 동료와 여행할 때 찍은 사진을, 그 옆에는 책장을 놓고 그 안에 업무 파일 등을 넣어둔다.

남동쪽~남쪽~남서쪽에 걸쳐 침대는 남쪽에 놓고 베개 맡에는 꽃, 스탠드, 전화기를 놓는다. 침대의 이부자리는 꽃무늬가 있는 것이 좋고 남쪽과 남서쪽의 벽에는 꽃이 그려진 그림으로 장식한다.

취직활동에 적합한 옷과 음식

취직활동의 운을 높여주는 옷이나 음식을 효과적으로 사용하면 효과를 볼 수 있다. 다음의 표에서 방위는 자기 집에서 봤을 때의 회사가 있는 위치이다. 그리고 몸에 걸치면 좋은 색은 면접 때 입을 옷의 색깔이며, 식사는 면접 전에 먹어두면 좋은 음식들이다. 이외에 색상에 따른 풍수도 있으니 참고하면 도움이 될 것이다.

- 북쪽으로 면접하러 갈 때는 검은색이나 회색 복장을 하고 두부나 생선 음식을 먹는다.
- 동쪽으로 면접하러 갈 때는 파란색이나 군청색의 복장을 하고 초밥 등 식초가 들어간 음식을 먹는다.
- 남쪽으로 면접하러 갈 때는 파란색이나 초록색 복장을 하고 샐러드나 야채 주스를 먹는다.
- 서쪽으로 면접하러 갈 때는 노란색이나 옅은 갈색 복장을 하고 프랑스 요리나 치킨을 먹는다.

취직활동에 적합한 옷의 색깔과 음식

방위	좋은 옷의 색깔	식사
북쪽	회색·검은색·옅은 갈색·파란색·흰색	두부·생선·우유·물
동쪽	파란색·빨간색·흰색	초밥·식초가 들어간 것 감,귤 계통의 주스
남쪽	초록색·파란색·흰색	샐러드·야채 주스·새우·게 등
서쪽	노란색·분홍색·옅은 갈색·갈색·흰색	프랑스 요리·치킨·와인·포도주스

위의 표에서 좋은 옷의 색깔은 몸에 걸친 모든 옷이 이런 색깔이어야 한다는 것이 아니라 눈에 보이는 겉옷의 일부라도 이런 색이면 좋다는 것이다. 예를 들어 흰색일 경우 흰색의 와이셔츠를 입으면 된다. 파란색은 짙은 감색까지도 포함된다.

직장에 가고 싶어지는 인테리어

특별히 자기의 이상을 실현하기가 좋거나 보수가 좋은 직장을 제외하고는 즐거운 기분으로 출근하는 사람은 많지 않을 것이다. 대부분의 직장인은 생계를 위해서 마지못해 출근하기 마련이다. 때문에 아침에 일어나 얼른 직장에 가고 싶은 생각이 나지 않는다. 이는 직장의 환경 조건과 관련이 깊지만 직장이나 자기 집이 풍수적으로 나쁜 것도 영향을 미친다. 직장이 풍수적으로 나쁘다고 해서 자기 힘으로 직장 풍수를 바꾸기는 힘들다. 그러나 자신의 행동을 바꿔봄으로써 다소 환경을 좋게 할 수는 있을 것이다.

- 통근 길 코스 일부를 바꾸어 본다.
- 밖에서 식사하는 사람은 샌드위치 등을 직장에 가지고 가서 먹는다.
- 밤 11시 이전에 푹 자도록 한다.
- 베개 맡에는 물주전자를 둔다.

우선 통근하는 길을 바꿔보도록 한다. 자기 집에서 지하철역까지, 지하철역에서 회사까지 등 어디라도 좋으니 다른 길로 가보도록 한다. 회사에 가서 제일 먼저 하는 일을 바꿔보는 것도 하나의 방법이다. 항상 탈의실에서 옷을 갈아입는 것을 제일 먼저 했다면 그 전에 손을 씻는다든가 하는 식으로, 또는 밖에서 식사를 하는 사람이라면 회사에 샌드위치를 가지고 가서 먹는 사소한 변화도 좋다. 이런 간단한 것이라도 변화를 주면 효과가 있다. 그러나 이것으로 효과가 오래 지속되지는 않는다.

직장 가기가 정말로 싫은 사람은 자기 집의 인테리어를 바꾸어야 한다. 사람은 잠을 푹 자고나면 의욕이 생긴다. 수면이 부족한 사람은 매사에 의욕이 없다. 의욕이 떨어지면 능률도 저하되어 일이 쌓이게 된다. 그러면 밤샘도 해야 할 것이고 그러다보면 점점 수면 부족이 누적되는 악순환이 된다. 옛날부터 풍수에서 '기력이 없는 사람은 밤 11시에는 자라'고 했다. 밤 11시는 간장肝臟이 쉬어야 할 시간이다. 간장이 약해지면 피곤해지기 쉬운 만큼 일찍 잠을 자도록 한다. 그리고 베개 맡에는 물주전자를 놓아둔다. 물은 잠을 잘 들게 하는 기를 갖고 있기 때문이고, 침실은 통풍이 잘되도록 한다. 이상과 같이 1주일 동안 실행하면 출근할 때의 마음이 조금씩 달라질 것이다.

순식간에 영업 실적을 올리는 방위

직무가 영업일 경우는 출장을 자주 가게 되는데, 출장 방위에 따라서 실적이 달라진다. 방위와 맞으면 계약도 매끄럽게 이루어지고 반대로 방위와 맞지 않으면 실력을 충분히 발휘하기 어렵다.

밖으로 도는 사람은 자신의 좋은 방위를 알아두는 것이 좋다. 물론 일을 하다보면 언제나 좋은 방위로만 나갈 수는 없다. 때로는 나쁜 방위로 가야할 경우도 있는데, 한판 승부를 겨루어야 할 때에는 꼭 좋은 방위를 알아두는 것이 좋다. 만약 나쁜 방위라면 우선 좋은 방위로 나갔다가 다음에 목적지의 방위로 가면 괜찮다.

- 북쪽으로 영업하러 갈 때는 회색이나 옅은 갈색 복장을 하고 박리다매 방침으로 나아간다.
- 동쪽으로 영업하러 갈 때는 경쾌한 복장을 하고 스포츠 화제로 기선을 잡는다.
- 남쪽으로 영업하러 갈 때는 고급스런 복장을 하고 재담으로 화제를 이끈다.
- 서쪽으로 영업하러 갈 때는 유행을 타지 않은 점잖은 복장을 하고 술을 마시면서 교제한다.

회사로부터의 방위에 따라서 적합한 화제話題나 영업기술이 있다. 방위에 따라 맞는 행동을 하는 것이 요령이다.

회사에서 북쪽에 있는 곳으로 영업하러 갈 경우 | 박리다매의 방침으로 나가야 한다. 아무튼 성실한 태도로 대응해야 한다. 또 자기 회사의 경리가 아주 착실하고 성실하다는 것을 부각시킨다. 복장은 회색이나 옅은 갈색 등 어두운 색의 복장이 적합하다. 상대 거래처와 친숙해지면 친척이나 가족 이야기를 하면 좋다. 사소한 행동일지라도 이런 것들이 북쪽의 에너지를 끌어들일 수 있다.

회사에서 동쪽에 있는 곳으로 영업하러 갈 경우 | 새로 나온 제품을 영업하러 가기에 적합한 방위이다. 동시에 자기 회사의 활동력을 상대에게 설명한다. 활기 있는 회사라는 이미지를 과시하는 것이다. 또 영업하러 가기 전에 반드시 전화로 약속을 해두는데, 동쪽에 있는 전화기를 사용하면 효과가 크다. 화제는 스포츠가 적당할 것이다. 복장은 활동적이고 경쾌한 것이 좋은데 비즈니스 복장을 너무 평상복으로 하면 안 된다. 예를 들어, 여성의 경우 약간 활동적이고 경쾌한 이미지가 풍기는 핸드백을 들고 다니면 좋을 것이다.

회사에서 남쪽에 있는 곳으로 영업하러 갈 경우 | 기획력과 직감을 최대한 활용하여 영업한다. 남쪽은 '되풀이' 작용이 있으니 같은 회사에 몇 번이고 영업하러 가는 것도 요령이다. 남쪽은 농담이나 지혜라는 기를 가지고 있으니 화제도 재담으로 하는 것이 좋다. 복장은 약간 고급스러운 것으로 하여 지성의 분위기가 감돌게 한다. 야무진 느낌을 주는 안경을 끼는 것도 좋을 것이다.

회사에서 서쪽에 있는 곳으로 영업하러 갈 경우 | 서쪽은 '기쁨'의 방위이니 영업 이야기는 적당히 하고 인간관계를 원활히 하는데 신경을 쓰도록 한다. 또 서쪽은 술과 관련이 깊으므로 기회를 보아 상대와 술을 마시면서 교제를 한다. 서쪽에는 연고라는 기가 있다. 상대의 회사에 어떤 연고가 있으면 그것을 잘 활용하면 운이 열린다. 옷은 나이든 사람들이 좋아하고 유행을 타지 않은 전통적인 것으로 하는 것이 좋다. 이것 역시 서쪽의 운을 좋게 하는데 빠뜨릴 수 없는 요소이다.

11 사업운에 도움 되는 인테리어

집안에 꽃이나 화분을 배치

생기가 넘치는 식물을 두는 것은 행운을 부르는 가장 쉬운 방법이다. 나무는 음陰의 기가 있는 땅속을 향해 뿌리를 내리고 양陽의 기가 있는 하늘을 향해 줄기를 뻗는 관계로 가장 좋은 음양의 조화를 이룬다. 또한 식물은 수水와 화火라는 상반된 기를 중화시키는 작용을 한다. 그러므로 수水와 화火가 함께 존재하는 주방이나 세면대에 작은 화분을 두는 것이 좋다.

꽃은 어디에 두어도 좋은 운을 불러오지만, 특히 현관이나 침실에 두는 것이 가장 좋다. 기가 들어오거나 흡수하는 공간에 꽃이나 화분을 두면 운이 보충되어 일에 활력을 가져오고 좋은 기회를 얻는다.

꽃은 특히 여성에게 좋다. 꽃은 비즈니스뿐만 아니라 연애와 아름다움을 가꾸는데 효과가 있으므로 항상 꽃을 곁에 둔다. 꽃은 단 한 송이라도 행운을 불러오므로 생활하고 있는 방이나 사무실을 꽃으로 장식하도록 한다.

- 현관이나 침실·주방·세면대에 화분을 둔다.

- 현관은 항상 깨끗하게 하고 신발을 가지런히 놓는다.
- 옷장과 벽장을 깨끗이 정리하고 쓰지 않는 것은 버린다.
- 신문이나 잡지는 쌓아두지 말고 빠른 시일 내에 처분한다.

현관은 말끔히 청소

현관은 모든 기가 들어오는 입구이므로 항상 깨끗한 상태를 유지해야 한다. 구석구석을 깨끗이 청소하는 것은 물론 신발을 아무렇게나 벗은 채로 방치해서는 안 된다. 풍수에서 현관은 집주인의 얼굴을 나타내므로 신발을 아무렇게나 방치하는 것은 주인을 무시하고 짓밟는 것이 되어 그 집주인에게 더 이상 운이 따르지 않는다. 신지 않는 신발은 신발장에 넣어 깨끗이 보관하는 습관을 들인다.

좋은 기는 밝은 곳을 좋아하므로 현관에 햇살이 들어오는 것이 좋지만 만약에 현관에 창문이 없을 경우는 전등을 밝게 켜두는 것이 좋다. 현관에 생화나 관엽식물을 두는 것도 좋은 기를 불러오는 하나의 방법이다.

철저한 수납공간 정리

옷장이나 벽장 등 수납공간은 흡수된 기를 쌓아두는 곳이다. 수납공간의 상태는 곧 지금 자기가 가진 운을 모아둔 것과 같다. 눈에 잘 띄지 않는 장소라고 해서 아무렇게나 방치해서는 안 된다. 옷장 여기저기가 어질러져 있거나 옷을 마구 쑤셔 넣어두면 일부러 찾아온 행운도 저절로 달아난다.

옷장이나 벽장 속에서 나뒹구는 입지 않는 옷이나 속옷, 사용하지 않는 물건은 반드시 처분하고 깨끗이 정리하는 습관을 기른다. 특히 주방에 물건을 쌓아두면 금전운에 나쁜 영향을 미치므로 주의해야 한다. 또한 습기가 많은 공간도 운을 불러오는데 도움이 되지 않는다. 습기가 많은 곳은 환기를 자주 시켜주고, 제습제나 제습기를 사용하는 등 습기 제거에 힘쓴다. 수납용 상자는 나쁜 화火의 기를 발산하는 플라스틱 제품보다는 통풍이 잘되는 목제품이 좋다.

오래된 잡지나 신문 등의 처리

풍수에서 신문이나 잡지는 '때時'의 운을 나타내므로 오래되면 오래될수록 능력이 떨어진다. 뿐만 아니라 시대의 흐름에 둔감해질 위험도 있다. 종이에는 목木의 기가 있어서 오래된 신문이나 잡지를 거실에 계속 방치해두면 비즈니스 운을 관리하는 목木의 기가 낡고 오래되어 쓸모없게 된다. 그러므로 신문과 잡지는 필요한 정보만을 남겨두고 빠른 시일 내에 처분한다.

만약 업무의 특성상 한 달 정도 신문이나 잡지를 모아두어야 한다면 눈에 잘 띄지 않은 곳에 정리해두는 것이 좋다. 오래된 신문이나 잡지는 여닫이문이 달린 선반에 넣어두는 등 뭔가를 가릴 수 있는 상태에서 보관한다.

12 젊어 보이게 하는 인테리어

풍수에서 젊음이란 생기가 넘치는 상태를 말한다. 생기가 넘친다는 것은 운이 따른다는 증거이다. 활동적으로 행동하고 사업운을 더욱 강화하려면 '젊게 보이는 것'이 중요하다. 풍수를 이용해 젊게 보이게 하는 방법을 알아본다.

- 동쪽으로 베개를 두고 잠을 잔다.
- 빨간색의 장미를 동쪽에 놓아둔다.
- 동쪽에 빨간색의 소품이나 TV·오디오를 놓는다.

젊어지려면 베개는 동쪽으로

'동쪽으로 베개를 하고 자면 젊음을 되찾는다'는 말이 있다. 동쪽은 의욕을 불러오는 방위이다. 잠자는 중에 사람은 '수水'의 기운을 받게 되는데 머리를 통해서 기를 흡수한다. 따라서 수水의 기가 있는 북쪽에 머리를 두고 '화火'의 기가 있는 남쪽으로 발을 두고 자면 기가 원활하게 흐른다. 다만, 나이 보다 늙어 보이거나 주름살이 는다고 느끼면 동쪽 방향으로 머리를 돌려 베개를 베고 잔다. 이렇게 하면 젊음을 상징하는 '목木'의 기가 빠르게 흡수되어 머리회전이 빨라지고 운동능력도 좋아진다.

집안에 두는 빨간 장미

빨간 장미는 젊음과 생기를 보충하는 효과가 있다. 특히 집안 동쪽에 빨간 장미를 세 송이 정도만 꽂아둬도 양陽의 기가 강해져서 기력과 체력이 크게 상승된다. 이렇게 빨간 장미는 사람의 행동에 생기를 불어넣어 자연스럽게 행운을 부른다. 언어능력을 높이고 싶다면 주변을 빨간 장미로 장식한다. 이렇게 하면 생각지도 않은 좋은 일들이 찾아온다.

집안 동쪽에 빨간 물건이나 전자제품 배치

동쪽은 오행에서 '젊음과 의욕'을 담당하는 목木의 방위이다. 또한 빨강은 생명력을 나타내는 '화火'의 색깔이다. 이 두 가지는 찰떡궁합으로 목木의 방위인 동쪽에 화火를 상징하는 빨강을 같이 사용하면 활력이 한층 넘쳐나며 잃었던 젊음도 되찾을 수 있다. 또한 동쪽에 소리를 내는 전자제품인 텔레비전이나 오디오, 전화기 등을 두면 발전운이 촉진되고 좋은 정보를 얻을 수 있는 등 사업운을 상승시키는데 도움이 된다. 동쪽에 휴대전화 충전기를 두어도 좋다. 집안 동쪽에는 빨간색의 인테리어 소품이나 전자제품을 둔다.

아침 6~8시 사이 햇볕

그날 하루 운이 따르게 하는 가장 간단한 방법은 아침 햇볕을 쬐고 신선한 공기를 마시는 것이다. 눈을 뜨자마자 아침의 생기를 듬뿍 흡수하는 것은 잃어버린 젊음을 되찾는 데 즉효이다.

學業風水

제6장

공부방 인테리어

공부방 배치와 방위

책상을 놓아야 할 장소와 방위

공부방에서 고려해야 할 점

문창탑文昌塔과 시험에 도움 되는 4방위

충실한 학교생활을 위한 인테리어

대학 진학과 학과 선택에 도움 되는 방위

1 공부방 배치와 방위

공부방은 8방위에 따라 길흉이 달라지는데, 방위별 특징과 공부방의 관계를 일본의 저명한 풍수가들은 다음과 같이 말한다. 여기에서 방위는 터의 중심이 아니라 건물의 중심에서 측정한 것을 기준으로 한다. 아울러 〈제1장 인테리어 풍수 기초이론〉과 〈제2장 팔상가택의 길흉 판단〉에 대한 이해와 숙지가 필요하다.

북쪽에 있는 공부방

북쪽은 구성九星으로 감坎에 해당되는데 양효陽爻 하나가 가운데 있어 둘째 아들·가운데 아들·어린사람·15~30세의 남자를 상징하므로 여자보다는 남자에게 유리하다. 비뇨기 계통·신장병·정력 감퇴 등의 질병에 유의해야 한다. 북쪽은 가난·질병·임신·고뇌·장래·화합·평화를 상징하고 내성적이거나 침체하기 쉬운 방위이다. 북쪽은 흑색을 의미하므로 벽지나 기타 인테리어 색을 백색이나 청색 계통으로 하여 서로의 기운이 상생되게 한다.

북동쪽에 있는 공부방

북동쪽은 구성으로 간艮에 해당되는데 하나의 양효陽爻가 가장 위에 있어 셋째 아들·아동·소년·20세 이하의 남자·상속인을 상징하므로 남자 아이의 공부방에 적합하다. 손발·허리 병·관절염·후두염·전신마비 증세에 유의해야 한다. 북동쪽은 겨울에서 봄으로 넘어오는 계절을 의미하므로 개혁·변화·부활·종말·시작·축재蓄財·저축을 상징한다. 그래서 자녀들의 성장환경으로 좋다. 이 방위에서 공부하는 학생은 자기 노력으로 성적이 향상된다.

북동쪽은 오행상 토土로 황색을 의미하므로 벽지나 인테리어 색깔은 적색이나 백색 계통이 상생이 되어 좋다. 그리고 이 방위는 부모와 자녀간의 의사소통이 단절되기 쉽고 왕성한 지적 욕구가 있는 반면 불만이 많고 감정의 기복이 심하므로 학생의 공부방으로는 좋지 않다.

동쪽에 있는 공부방

동쪽은 구성으로 진震에 해당되고 양효의 하나가 가장 밑에 있기 때문에 장남長男을 의미한다. 동쪽은 인물로는 장남·중년 남자·유명인·중간 간부의 남자를 의미하고, 나아가다·오르다·새로움·결단·어짐·열림을 나타낸다. 이 방위에 결함이 있으면 간장·자율신경계·인후염·히스테리·신경통·두통 등의 병이 발생하기 쉬우므로 이에 주의해야 한다.

동쪽은 어린 자녀의 방으로 적합하다. 이제 막 생동하기 시작하는 태양의 기가 어린 자녀의 성장에 유익한 영향을 미치므로 성장기에 해당하는 초등학교에서 중학교 때까지의 자녀들에게는 이 동쪽의 방이 가장 좋다. 동쪽은 진취적이고 발전적인 기를 생성하므로 자녀들의 성향을 밝고 씩씩하게 만든다. 그러나 지나치게 왕성한 양기가 발생하면 심신이 피로하고 정서불안·식욕부진·피로를 가져오므로 유념해야 할 것이다. 동쪽은 기악이나 성악을 전공하는 자녀에게 좋고 상징하는 색은 청색이므로 청색이나 적색계통으로 인테리어를 꾸미면 상생이 되어 좋다.

남동쪽에 있는 공부방

이 방위는 구성으로 손巽에 해당되는데 하나의 음효陰爻가 가장 밑에 있으므로 장녀를 상징한다. 또한 중년 부인·온화하고 내조하는 30~50세의 여성을 의미하고 조화·생장·활력·충실·연애·신용·왕래·해산·온순·여행·먼 곳을 상징하므로 이 방위에 있는 방에서 자란 자녀가 딸이라면 성장하여 훌륭한 남편을 맞아들이게 되고 얌전한 현모양처가 된다. 여학생의 공부방으로는 무난하다. 그리고 이 방위에 있는 방에서 성장한 자녀들은 후에 부모와 멀리 떨어져 생활하거나 일찍 결혼할 가능성이 크다. 이 방위에 결함이 있으면 콧병·호흡기 질환·중풍·신경계통 질병·근육통 등이 생기기 쉬우므로 주의해야 한다. 이 방위가 상징하는 색은 청색이므로 벽지나 인테리어 색상은 청색이나 적색계통이 좋다.

남쪽에 있는 공부방

이 방위는 구성으로 이離에 해당되며 하나의 음효가 가운데 있으므로 가운데 딸 또는 둘째딸을 상징한다. 화려한 여성·여배우·미녀·20~35세의 여성·문화인·저명한 사람·현자賢者를 의미하고 오행으로 화火에 해당되므로 불·화재·열·광명·발견·노출·권위·이별·절단·싸움·승진·명예·예술을 상징한다. 예술계통에 능력이 있는 학생에게는 창작 의욕을 드높여 좋은 결과를 안겨준다. 간혹 자신의 실제 능력보다 지나치게 높은 목표를 설정하여 그 목표를 이루지 못해 좌절감에 빠질 수도 있으므로 남쪽 방위는 초등학교까지는 무난하다.

선천적으로 심장이 약한 아이에게는 상극작용을 하므로 뇌 계통·

신경계질병·정신병·안질·열병에 조심해야 한다. 남쪽은 적색을 의미하므로 책상이나 벽지 색을 청색이나 적색, 황색계통을 쓰면 상생이 되어 좋다.

남서쪽에 있는 공부방

남서쪽은 구성으로 곤坤에 해당되어 어머니와 대지大地를 상징한다. 부모·노파·45세 정도의 여성을 의미하므로 가정주부나 할머니의 방위로 성장기 학생에게는 적당치 않다. 이 방위는 무기력·혼란·정지·순종·변화·생육·근로·인내·우울·많음을 상징한다.

이 방위에서 자란 아이들은 생활력이 강해져서 성장 후 가장의 역할을 하거나 어머니 대신에 집안 살림을 맡은 경우가 많다. 자녀의 공부방으로 좋지 않을 뿐만 아니라 소화기 계통의 질병이나 피로·복통의 질병에 시달릴 수가 있다.

서쪽에 있는 공부방

서쪽은 구성으로 태兌에 해당되며, 음효 하나가 맨 위에 있기 때문에 막내딸을 나타낸다. 인물로 소녀·화류계 여성·불량소녀·20세 이하의 여성, 애교 있는 여성을 의미하고, 즐거움·부족·파임·금전을 상징하기도 한다. 서쪽은 해가 지는 방향으로 기가 약해지므로 성장기의 학생에게는 공부방으로 적당치 않다.

이 방위는 백색을 의미하므로 황색이나 백색 계통의 색으로 벽지나 책상의 색깔로 택하면 좋다. 건강에 있어서는 호흡기 계통의 질환에 주의하고 편식·소화불량·호흡기 질환·폐병·구내염 등에 각별히 신경 써야 한다. 풍수적으로는 서쪽으로 큰 창문이 있으면 자식들 중에 소아 천식을 앓을 확률이 크다.

북서쪽에 있는 공부방

북서쪽은 구성으로 건乾에 해당되며 모두가 양효이므로 아버지를 상징한다. 친족·남편·주인·노인·권력자·귀인·수령·총리·장군 등을 의미하고 존귀·충실·권력·지배·완전·성취·전진·수확·축적을 상징한다. 따라서 자녀들이 쓰는 공부방으로는 부적당하다. 만약 북서쪽의 방을 공부방으로 쓰면 방위력의 영향이 미쳐서 매사를 자기 본위로 생각하고 고집이 강하며 무슨 일이든지 참견하여 주도하려는 기질을 가지게 되므로 지속적으로 공부에 몰두하기가 힘들며 학습능력도 떨어진다. 또한 자녀들이 아버지의 방위에 거주하게 돼 가장의 건강에 해를 주거나 집안의 위계질서가 무너진다. 북서쪽에 거주할 경우 뇌종양·뇌출혈·폐질환·두통·피부병·골절 등의 병에 주의해야 한다. 북서쪽은 백색을 의미하므로 벽지나 인테리어 색깔을 백색, 황색 계통을 쓰면 좋다.

2. 책상을 놓아야 할 장소와 방위

책상을 놓아서는 안 될 장소

국내 풍수 전문가인 황종찬 씨와 일본의 풍수가들은 책상을 놓아야 할 장소를 다음과 같이 말한다. 여기에서 책상의 방위는 공부방 한 가운데서 측정함을 말한다. 책상을 두어서는 안 될 장소 5곳이 있는데, 이를 오기五忌라 한다.

① 문門의 정면은 문충門衝이 되어 좋지 않다 | 주택 풍수에서 대문에 들어서서 현관이나 큰방이 직선 방향으로 보이면 좋지 않다. 왜냐하면 대문을 열고 들어오면 정면으로 시선이 집중되는 법인데 그곳에 개인의 생활공간이 위치한다면 외부인의 시선을 받게 되고 개인의 프라이버시가 침해될 것이며 주의가 산만해져 자신의 일에 방해를 받기 때문이다. 그리고 외기外氣를 직접 받게 되어 건강에도 해롭다. 특히, 문이 투명한 유리문일 경우는 더욱 불리하다.

② 문門을 등지고 책상을 배치하면 좋지 않다 | 이런 경우는 책상에 앉은 사람이 허기虛氣를 느껴 정신집중이 잘 안되고 능률이 저하된다. 자신의 등 뒤쪽에 아무 것도 없어서 심리적으로 불안한 가운데 밖에서 사람이 들어오더라도 바로 살필 수가 없으므로 항상 긴장하게 된다. 따라서 해야 할 일에 소홀하게 된다.

③ 창문을 등지고 책상을 놓아도 좋지 않다 | 창문 역시 문과 마찬가지로 바깥 공기가 들어오는 입구가 되므로 등 뒤에 놓여 진 창문은 무방비 상태의 느낌을

갖게 하여 책상에 앉은 사람의 생기를 교란시킨다. 또 햇빛이나 밖의 빛을 등지게 돼 조명을 흐리게 한다.

④ **문門과 가까운 곳에 책상을 배치하는 것도 좋지 않다** | 문과 너무 가까우면 문 정면에 놓인 책상과 같이 외기外氣로부터 영향력을 바로 받게 되므로 좋지 않다. 사람의 출입이 많은 장소로서 자신에게 모여져야 할 생기를 흩어지게 하고 정신집중력을 방해하므로 일의 능률면에서도 좋지 않다.

⑤ **자신의 출생년도 간지干支와 맞지 않은 위치도 불리하다** | 우리나라에서는 자신의 타고난 방향을 구성九星으로 따지는데 일본에서는 구성보다 출생년도의 지지地支에 의한 방향으로 따지는 경우가 많다. 자신의 출생년도의 지지地支에 의한 방위가 아닌 곳에 오랫동안 좌석을 배치해 두면 자신의 입지立志가 점점 불리해져 대인관계에서 신용을 잃기 쉽고 시작한 일이 중도에 좌절되기도 한다. 자신의 간지에 맞는 방향에 책상을 놓아야 좋다.

책상을 놓으면 좋은 장소

① **출생년도별 지지地支에 따른 좋은 방위에 책상을 놓아야 한다** | 지지에 따른 유리한 방향에 책상을 놓았을 때 문을 정면으로 향하게 되더라도 허리를 좀 낮추고 앉으면 심리적으로 편안한 기분이 든다. 왜냐하면 그쪽의 방향에서 활력을 가져다주기 때문이다.

② **문門에서 멀리 떨어지되 벽을 등지고 배치한다** | 이 경우에는 책상을 놓아 보고 실제로 그 자리에 앉아 본다. 마음이 가라앉고 쾌적한 느낌이 들면 좋은 것이고 집중이 안 되고 과민해지면 좋지 않은 것이니 책상을 다른 위치로 바꾸는 것이 현명하다.

자기가 태어난 해의 지지에 따른 방위는 다음 표와 같다.

생년 지지地支에 따른 책상 배치표

12지신상(地支)	간지(六甲)	출생년도		책상을 놓아야 할 방위
자년생(子年生) 쥐띠	갑자(甲子) 병자(丙子) 무자(戊子) 경자(庚子) 임자(壬子)	1924, 1936, 1948, 1960, 1972,	1984 1996 2008 2020 2032	정북쪽(子向)
축년생(丑年生) 소띠	을축(乙丑) 정축(丁丑) 기축(己丑) 신축(辛丑) 계축(癸丑)	1925, 1937, 1949, 1961, 1973,	1984 1997 2009 2021 2033	북북동쪽(丑向)
인년생(寅年生) 호랑이띠	갑인(甲寅) 병인(丙寅) 무인(戊寅) 경인(庚寅) 임인(壬寅)	1914, 1926, 1938, 1950, 1962	1974 1986 1998 2010 2022	동동북쪽(寅向)
묘년생(卯年生) 토끼띠	을묘(乙卯) 정묘(丁卯) 기묘(己卯) 신묘(辛卯) 계묘(癸卯)	1915, 1927, 1939, 1951, 1963	1975 1987 1999 2011 2023	정동쪽(卯向)
진년생(辰年生) 용띠	갑진(甲辰) 병진(丙辰) 무진(戊辰) 경진(庚辰) 임진(壬辰)	1964, 1916, 1928, 1940, 1952,	2024 1976 1988 2000 2012	남동동쪽(辰向)
사년생(巳年生) 뱀띠	을사(乙巳) 정사(丁巳) 기사(己巳) 신사(辛巳) 계사(癸巳)	1965, 1917, 1929, 1941, 1953,	2025 1977 1989 2001 2013	동남남쪽(巳向)
오년생(午年生) 말띠	갑오(甲午) 병오(丙午) 무오(戊午) 경오(庚午) 임오(壬午)	1954, 1966, 1918, 1930, 1942	2014 2026 1978 1990 2002	정남쪽(午向)

미년생(未年生) 양띠	을미(乙未) 정미(丁未) 기미(己未) 신미(辛未) 계미(癸未)	1955, 1967, 1919, 1931, 1943,	2015 2027 1979 1991 2003	남남서쪽(未向)
신년생(申年生) 원숭이띠	갑신(甲申) 병신(丙申) 무신(戊申) 경신(庚申) 임신(壬申)	1944, 1956, 1968, 1920, 1932,	2004 2016 2028 1980 1992	남서서쪽(申向)
유년생(酉年生) 닭띠	을유(乙酉) 정유(丁酉) 기유(己酉) 신유(辛酉) 계유(癸酉)	1945, 1957, 1969, 1921, 1933,	2005 2017 2029 1981 1993	정서쪽(酉向)
술년생(戌年生) 개띠	갑술(甲戌) 병술(丙戌) 무술(戊戌) 경술(庚戌) 임술(壬戌)	1934, 1946, 1958, 1970, 1922	1994 2006 2018 2030 1982	북서서쪽(戌向)
해년생(亥年生) 돼지띠	을해(乙亥) 정해(丁亥) 기해(己亥) 신해(辛亥) 계해(癸亥)	1935, 1947, 1959, 1971, 1923,	1995 2007 2019 2031 1983	북북서쪽(亥向)

3   공부방에서
   고려해야 할 점

불규칙한 모양의 공부방

주택의 모양뿐만 아니라 일반 가정용품도 둥근 모양이거나 정사각형의 모양이 보기에 좋다. 따라서 집안에 있는 칸막이까지도 정사각형이면 좋다. 공부방은 조용히 공부하고 편히 쉬는 곳이기 때문에 안정감을 주어야 한다. 그런데 공부방의 모양이 불규칙하게 들어가고 나온 데가 많고 한쪽으로만 길게 돼 있으면 불안감을 주고 좋은 기氣가 제대로 순환하지 못해 좋지 못하다.

공부방이 한쪽으로만 길면 가운데에 칸막이를 설치하거나 높은 가구를 놓아두는 것이 좋다. 그렇다고 해서 출입구를 막아서는 안 된다. 공부방의 움푹 들어간 곳은 가구를 놓아서 평면이 되게 하고 너무 돌출된 곳에는 관엽식물을 놓아서 기의 흐름을 좋게 해준다. 관엽식물로 선인장은 좋지 않으니 침실이나 공부방에 두지 않는 것이 좋다.

뾰족한 것이 보이는 공부방

풍수에서 일반적으로 뾰족한 것을 살殺이라고 하여 나쁘게 취급한다. 각角이 진 벽이 공부하는 사람을 향하면 좋지 않다. 더구나 다른 집들의 지붕 용머리 같이 뾰족한 것이 공부방 창 너머로 보이면 아주

안 좋다. 이런 것들이 가까이 있을수록 영향력이 더 크다. 정신적으로도 안정이 되지 않아 집중력이 떨어지고 극단적인 경우, 정신병이 되는 수도 있다.

B건물의 뾰족한 부분이 외부로부터 A공부방 창문을 찌른다.

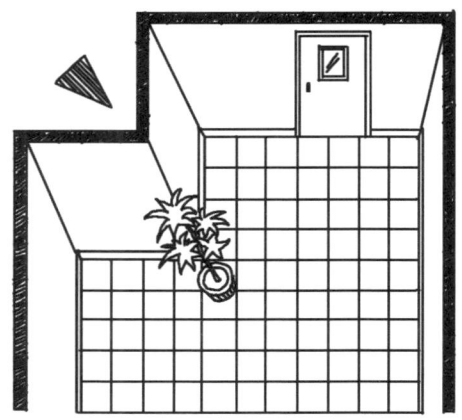

각진 벽이 있을 경우 그 앞에 관엽식물을 놓는다.

이런 경우는 첨각사살尖角射煞 또는 귀각대충鬼角對冲이라 해서 뾰족한 것으로 맞대응하는 것이다. 공부방에 각진 벽이 있는 경우는 그 앞에 가구나 관엽식물을 놓아 가려버린다. 창 너머로 다른 집의 뾰족한 부분이 보이면 그 방향을 향해서 뾰족한 삼각형 모양의 물건을 두든지 칼같은 날카로운 것을 놓아둔다.

공부방의 책장·컴퓨터 등의 배치

자기만의 공부방을 가지고 있을 경우 자기와 관계있는 책·문구·옷 등을 잘 정리하는 습관이 길러지도록 해야 한다. 어려서는 공부방에 놀이기구를 두기도 하고 고학년으로 올라가면 오디오·컴퓨터를 비롯해 많은 가구와 도구를 두게 되는데, 이런 것들을 풍수적으로 고려해서 좋은 자리에 두어야 한다. 컴퓨터는 방의 입구 부분에 두는 것이 좋다. 에어컨을 비롯해서 전자제품이 공부방에 많이 있으면 이러한 전기제품에서 전자파와 복사열이 방출되어 방안의 정상적인 기의 흐름을 방해한다. 이 중에서도 컴퓨터를 가장 많이 사용하고 있기 때문에 컴퓨터에 유의해야 한다. 환기를 자주 시키고 거리를 멀리하며 오랜 시간 사용하지 않는 것이 좋다. 그리고 옷가지는 가지런하게 해서 옷장에 넣어두는 등 정리정돈을 잘해야 좋은 기가 생긴다.

전자제품이나 가구 등의 배치는 자기의 본명괘 방위에 두는 것이 좋다. 자기의 본명괘가 동사택인 북쪽·동쪽·남동쪽·남쪽에 속하면 북쪽·동쪽·남동쪽·남쪽에 배치하고, 자기의 본명괘가 서사택인 북동쪽·남서쪽·서쪽·북서쪽에 속하면 북동쪽·남서쪽·서쪽·북서쪽에 배치한다. 그런데 이는 철칙이 아니므로 전자파의 피해나 방의 구조를 고려해서 배치한다.

공부운을 부르는 소품

공부운을 불러오는 것은 목木의 기운이기 때문에 공부방의 벽지나 커튼, 의자 밑에 까는 방석이나 등받이의 색깔은 녹색 계통의 것이 좋은데, 특히 연두색이 좋다.

출세운, 공부운, 시험운을 불러오는데, 옛날에는 책상에 붓을 4개 올려놓았다. 그런데 이제는 현실에 맞게 샤프펜슬이나 연필, 볼펜을 두는 것이 좋다.

4. 문창탑文昌塔과 시험에 도움 되는 4방위

'문창탑文昌塔'이라 하여 탑塔 모양의 수정을 공부방에 두면 공부는 물론 진급시험을 보는 데도 도움을 얻을 수 있다. 그리고 자신의 희망이나 장래에 대한 바람은 물론 공부의 의욕을 향상시켜 줄 문구를 정성스럽게 써서 벽에 붙여두거나 액자에 넣어 걸어두면 공부운이 향상된다.

기분을 진정시키고 정신집중력을 높여 공부가 잘되게 하는 방위를 문창방위文昌方位라고 하는데, 여기에 문창탑文昌塔을 만든다. 문창탑을 만드는 방법은 문창방위文昌方位에 수정(水晶 : 최소한 크리스털, 플라스틱은 절대로 안 됨)을 놓아두면 된다. 문창방위는 공부방 문의 방위를 기준으로 하는데, 방위는 공부방의 한가운데서 측정하며 도구는 나침반을 사용한다.

문창탑 방위

공부방 책상 위치	북	동북	동	동남	남	서남	서	서북
문창탑 방위	남	서	서남	동	동북	북	서북	동남

다음 표에서 보는 바와 같이 공부방 문의 방위가 북쪽이면 문창탑은 남쪽에 놓고, 공부방 방위가 동북쪽이면 문창탑은 서쪽에 놓는데, 이와 같은 방법으로 배치하면 된다.

수험생에게 가장 중요한 것은 단기간에 공부의 효과를 높이는 것이다. 먼저 북쪽에 방을 둔다. 북쪽에 적당한 방이 없으면 자기의 방 안에서 책상이라도 북쪽에 둔다. 책상 앞에 창문이 있다든가 바깥 경치가 시야에 들어오면 기가 흐트러진다. TV나 라디오를 공부방에 두면 기분을 떨어뜨리니 조심해야 한다.

클래식 고전음악을 낮은 음으로 청취하는 것은 무방하나 유행가나 팝송을 듣는 것은 공부에 좋지 않다. 공부할 때는 뇌파를 낮추어야 하는데 이어폰을 귀에 꽂고 공부를 하는 것은 절대 금물이다.

방의 색깔은 부드러운 것으로 옅은 녹색·다색茶色계통·상아색·옅은 갈색이 좋고 원색계통은 나쁘다. 회색은 활력을 빼앗으므로 공부방에는 좋지 않다. 봄 풍경의 그림이나 관엽식물觀葉植物을 두면 좋다.

공부를 잘되게 하려면 충분한 수면으로 뇌세포를 쉬게 해주는 것이 좋다. 머리를 어디에 두고 자느냐에 따라서 수면이 달라진다. 동쪽은 아침 일찍 일어나기에 좋고 기분이 상쾌해서 공부하기에 좋다. 남쪽은 머리 회전이 잘되어 영감을 풍부하게 한다. 서쪽은 잠자리가 좋아서 깊은 잠이 든다. 그러나 잠이 너무 지나쳐 아침 일찍 일어나기 어려울 때가 있어 수험생에게는 좋지 않다.

조용한 시간에 공부한다고 한밤중에 공부하고 낮에 자는 사람이 있는데 이것이 습관화되면 안 된다. 잠을 자게 하는 호르몬인 세로토닌은 밤에 분비되고, 밤에 잠자는 동안에 뇌세포가 재생되어 낮에 활발한 활동을 하게 한다. 수험생의 경우 대개 낮에 시험을 보는데 머리가 맑지 않으면 시험에 실패하게 된다. 따라서 밤늦게까지 공부하고 늦게 일어나는 것이 습관화되지 않게 해야 한다. 공부를 잘하게 하는 데는 어디까지나 체력이 승부수이다.

5 충실한 학교생활을 위한 인테리어

수업 중에 선생님께 지적당하지 않는 학생

수업 중에 선생님으로부터 지적당하는 것을 줄이려면 먼저 자기 책상에서 바라볼 때 선생님의 교탁이 있는 방향에 필통을 놓아둔다. 교탁의 재료와 필통의 재료가 같아야 기氣가 서로 통한다. 그러므로 교탁의 재료가 철재이면 필통의 재료도 철재로, 교탁의 재료가 목재이면 필통의 재료도 목재이어야 한다. 요즈음은 필통의 재료가 플라스틱이어서 교탁의 재료와 맞지 않을 수가 있다. 이런 때는 필기도구 중에 교탁의 재료와 맞는 것이 있다면 어느 정도 효과를 볼 수 있다.

다음으로는 천일염 소금을 하얀 종이에 싸서 책상 속의 북동쪽에 두면 나쁜 운이 없어져 선생님으로부터 꾸중을 적게 듣는다. 쓰레기통이나 청소함 같은 더러운 것이 책상 바로 옆에 있으면 선생님으로부터 주의를 자주 받게 되므로 쓰레기통이나 청소함을 다른 장소로 옮기거나 쉬는 시간에 치워놓는다.

- 교탁이 있는 쪽을 향하여 필통을 놓아둔다.
- 종이에 싼 소금을 책상 속에 넣어둔다.
- 쓰레기통이나 청소함 뒤에 앉지 않도록 한다.

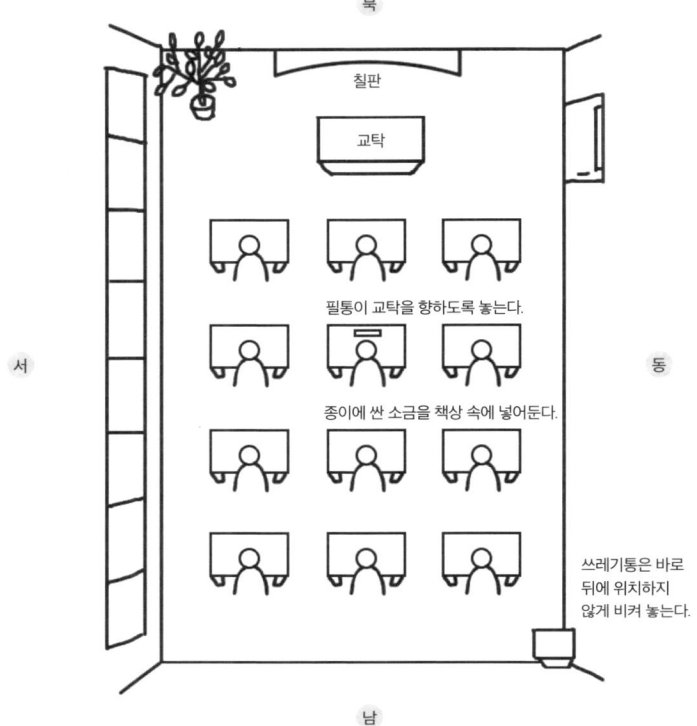

수업 중 선생님으로부터 지적을 당하지 않는 학교생활 포인트

지각하지 않는 학생

아침마다 일어나기 힘들어 뒤척이다 지각하는 학생들이 많다. 항상 일찍 일어나려고 다짐하지만 좀처럼 실행에 옮기지 못한다. 이런 학생들은 먼저 생활습관을 바꾸어야 한다. 늦게 자고 늦게 일어나는 '야행성 생활'에서 일찍 자고 일찍 일어나는 '주행성 생활'로 바꾸어야 한다. 다시 말해 아침형 인간으로 변화해야 한다. 그런 다음 방의 위치와 인테리어를 살펴야 한다. 동쪽에서 해가 떠오르므로 동쪽은 아침의 기운을 받는 방위이다. 그러므로 동쪽에 포인트를 두고 실내장식을 하면 자연히 '주행성 인간'으로 바뀌어간다. 동쪽에 창문이 있다

면 거기에 발을 걸어둔다. 그러면 오행의 목木의 기가 강해진다. 대나무로 만든 블라인드나 커튼을 걸쳐두어도 좋다.

발簾 밑에는 생기가 있는 화분을 2개 이상 가지런히 놓아두면 동쪽의 기를 강하게 흡수한다. 화분 옆에는 무기물이 충분한 물병을 놓

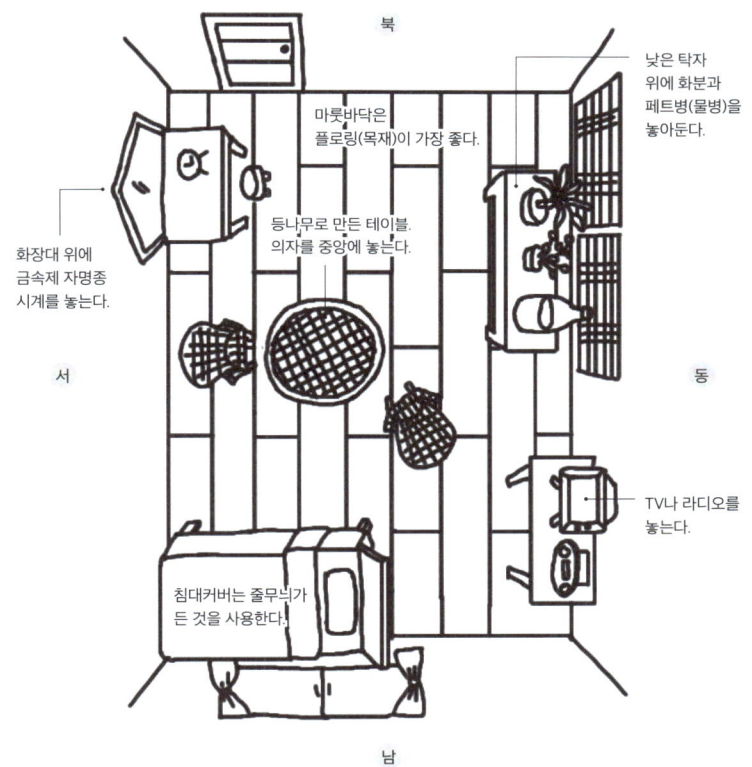

학교에 지각하지 않는 환경의 인테리어

- 동쪽의 창에 발簾을 걸어 둔다.
- 화분 옆에 물병을 놓아둔다.
- 북서쪽에 자명종시계를 놓는다.
- 동쪽은 검은색으로 인테리어를 한다.

아둔다. 이렇게 하면 화분에서 나오는 목木의 기와 무기물 물병에서 나오는 수水의 기가 상생이 되어 동쪽의 기를 더욱 증폭시키게 된다.

아침에 일어나면 제일 먼저 화분에 물을 준다. 식물이 잘 자라 목木의 기가 많이 나오게 되면 이 기를 받아 아침에 일찍 일어나게 되는 것이다. 동쪽의 기를 받아 일찍 일어나는 습관이 생겼다고 해서 완전한 것은 아니다. 동쪽의 기가 너무 강하게 작용하면 침착성이 부족해지는 경향이 있으니 오행 중 수水의 기를 갖는 북쪽의 힘을 빌리지 않으면 안 된다. 그러므로 북쪽을 의미하는 검정색의 실내장식물을 동쪽에 두면 된다. 특별한 실내장식물이 아니더라도 오디오나 TV 등을 동쪽에 두어도 괜찮다.

잠을 깨기 위한 자명종시계는 금속제를 택해서 북서쪽에 있는 가구 위에 놓아둔다. 북서쪽은 의지를 강하게 해주는 방위로서 이 방위에 거울을 걸어두는 것도 좋다. 금속제의 괘종시계를 거울 앞에 걸어두면 상생이 되어 더욱 효과가 크다. 어느 정도 방의 인테리어가 바뀌었다 해도 일찍 자지 않으면 효과가 없으니 늦어도 밤 10~11시경에 잠자리에 드는 것이 좋다.

벼락치기로 성적을 올리려면

벼락치기 공부는 강한 의지와 집중력이 필요하다. 집중력을 키워주는 방위는 화火의 기를 갖고 있는 남쪽이므로 남쪽에 책상을 둔다. 그 외에 책장 등 공부와 관계가 있는 인테리어나 물건을 남쪽에 둔다. 스탠드는 흰빛을 내는 형광등이 좋다.

방에는 빨간색이나 엷은 보라색의 카펫을 깔아둔다. 카펫이 없을 경우에는 의자만이라도 빨간 방석을 깔도록 한다. 하룻밤 정도 열심히 공부했다고 해서 성적이 많이 올라가기를 기대하기란 어렵다. 영감이나 직감을 길러야 하는데 이렇게 하려면 동쪽의 기를 이용해야 한다.

　　동쪽의 힘을 끌어들이기 위해서는 나무로 만든 스탠드를 책상 오른쪽에 놓는다. 직감을 길러주는 시간은 오전 5~7시 사이이므로 이때 일어나 공부하면 머리가 맑아지고 직감도 좋아진다. 밤을 새어가며 공부하는 것보다 새벽에 집중적으로 공부하는 것이 좋다. 벼락치기 공부를 한다고 해서 전혀 잠을 자지 않으면 머리가 몽롱해진다. 짧으면서도 깊은 수면을 취해 머리를 맑게 해야 하는데, 이렇게 하려면 베개를 북서쪽으로 향하고 침대 시트의 색깔을 크림색이나 노란색 계통으로 하면 좋다.

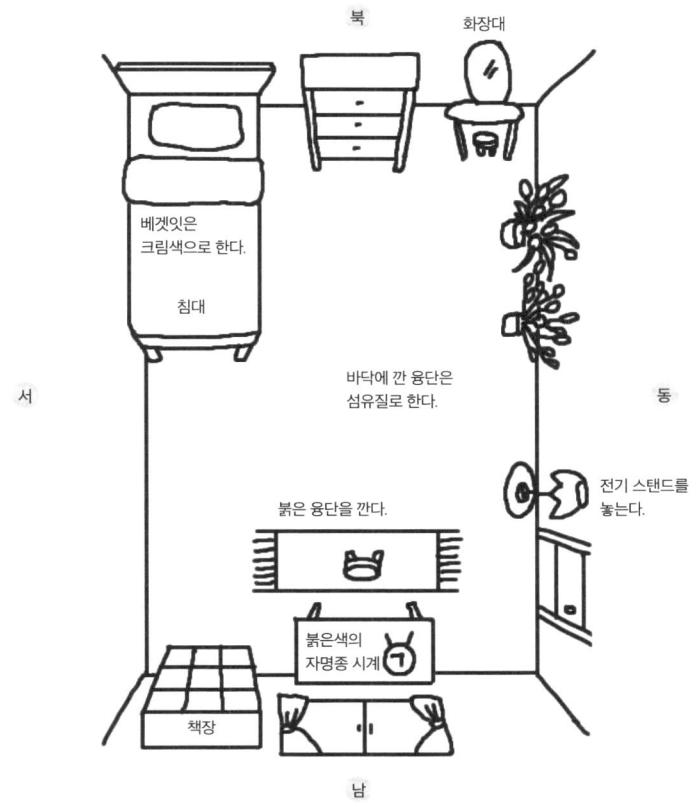

벼락치기로 성적을 올릴 수 있는 환경의 인테리어

- 책상이나 책꽂이를 남쪽에 두어 집중력을 높인다.
- 의자 밑에 빨강색의 깔개를 깐다.
- 동쪽에 조명용 스탠드를 둔다.
- 크림색의 베개를 북서쪽으로 향하게 하고 잠을 잔다.

지망하는 대학에 꼭 합격하려면

운명을 좋게 하기 위해서는 긍정적인 사고를 기르는 것이 무엇보다도 중요하다. 현재 자신이 나쁜 운명에 처해 있어도 그 자체를 인정해서는 결코 안 된다. 오히려 '이것이 계기가 되어 더 나은 자신이 될 것'이라는 전화위복의 자세로 임해야 할 것이다. 긍정적인 사고 즉, '좋은 생각'을 가슴 깊은 곳에 뿌리박아 놓는다면 그 기가 상승하여 열악한 처지를 극복하게 될 것이다. 마음은 밭과 같은 것이고 생각은 밭에 뿌리는 씨앗이라 할 수 있다. 보리가 필요하면 보리씨를 심어야 하고, 무가 필요하면 무씨를 심어야 하는 것처럼 좋은 운명을 만들고자 한다면 좋은 씨앗인 좋은 생각을 마음의 밭에 심어야 한다. 그러기 때문에 현재 시험을 준비하는 사람들은 희망대학이나 취직시험에 합격하리라는 생각만 해야 한다. 긍정적 사고 즉, 좋은 생각을 마음에 품게 하는 풍수를 알아보자.

대학시험이건 고시이건 각종 시험공부는 즐거운 것이 되지 못한다. 그리고 장기적으로 준비해야 하므로 적당한 휴식을 취하고, 기분을 맑게 하지 않으면 능률이 떨어진다. 수험생의 경우 시험에 대한 압박감 때문에 더욱 놀고 싶은 역작용의 충동이 크다. 놀고 싶은 마음이 생기는 것은 서쪽에서 들어오는 기가 지나치게 많기 때문이다. 서쪽이 피곤한 마음을 바꾸어주는 장점도 있지만 기가 너무 지나쳐 즐겁게 놀기만 하는 경향도 있다. 만약 창문이 서쪽에 있는 방에 살고 있다면 이점에 주의해야 한다.

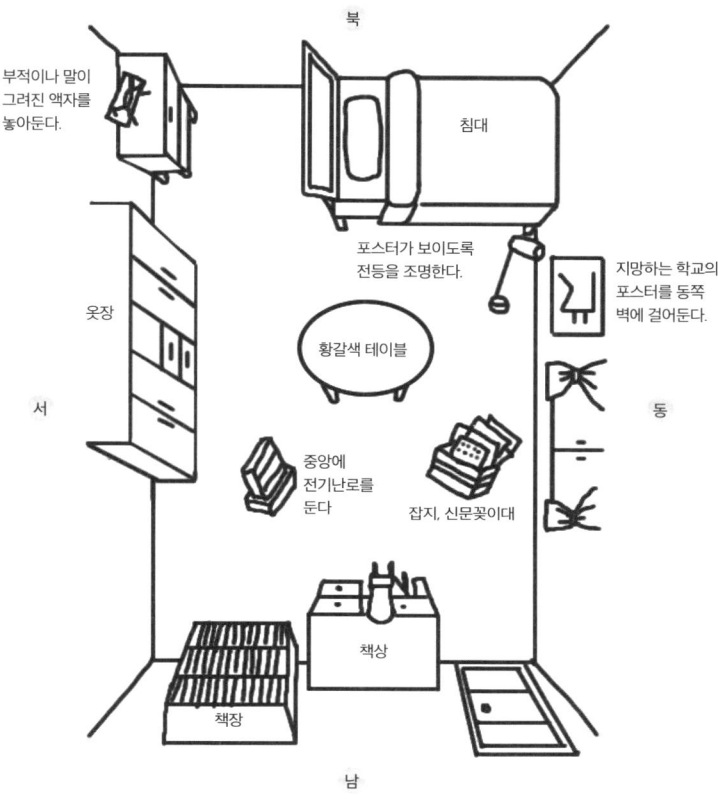

지망하는 대학의 합격을 위한 인테리어

- 서쪽의 창문을 커튼으로 가려둔다.
- 동쪽 벽에 지망대학교의 상징인 사진이나 마크를 붙인다.
- 난방 기구를 방의 한가운데 둔다.
- 북서쪽에 말 그림을 걸어두면 신의 도움을 얻을 수 있다.

　　시험을 마칠 때까지는 창문을 조금 열도록 하고, 될 수 있으면 커튼으로 창을 가려두는 것이 좋다. 특히 해가 서쪽으로 질 때는 커튼을 열지 않도록 한다. 그리고 공부하는 의욕이 생기게 하기 위해서는 동쪽에 스탠드를 놓는 것이 좋다.

동쪽은 청운의 꿈을 키워주는 희망의 방위이다. 동쪽 벽에 자기가 지원하고 싶은 대학이나 자기가 바라는 직업을 상징하는 사진이나 마크, 포스터 같은 것을 붙여두고 전등 빛을 비추면 대학입시나 고시에 반드시 합격하겠다는 의욕이 생긴다.

시험공부가 잘 되게 하려면 계속적으로 기가 공급되도록 해야 한다. 끈기와 강한 힘을 주는 방위는 오행 중에서 토土에 해당하는 중앙이다. 그러므로 방 한가운데에 토土를 상징하는 황갈색이나 갈색의 테이블을 놓아두는 것이 바람직하다. 토土와 화火는 상생관계가 되므로 테이블 곁에 난로를 놓아두면 좋다. 전기난로나 송풍 가열기 같은 난방 기구를 방 가운데에 놓아두어도 괜찮다.

6 대학 진학과 학과 선택에 도움 되는 방위

진학할 대학이나 학과를 선택할 경우 가장 중요한 것은 본인의 적성과 장래 희망이다. 그러나 대부분 성적에 맞추어 진로를 선택하는 게 현실이다. 이런 경우 입학 후 적응하지 못하고 겉돌거나 휴학이나 전·편입 등 많은 부작용을 낳는다.

과거에는 일류대학이라는 간판 하나만으로 모든 것이 해결되었지만 지금은 상황이 달라졌다. 전문화·고급화·차별화의 구조로 옮아가면서 획일화된 인재 양성보다는 창의적·전문적인 능력 중심의 사회구조로 변화하고 있는 것이다. 신중하게 자신의 미래를 타진하고 준비해 나가야 할 것이다. 외부적인 요인에 흔들리지 말고 자기 능력과 적성에 맞추어 학과를 선택해야만 한다.

풍수상으로 직업들을 조망해 본다. 풍수에서는 각 방위마다 상징되는 직업이 있다. 이를 염두에 두고 각 방위에서 나오는 기를 활용하면 시험공부를 하거나 일을 추진함에 있어 도움이 되리라 본다.

북쪽

북쪽은 어업·수산물매매인·주류나 채소류 취급자·상하수도 관리인·철학자·승려·외교가를 상징한다. 장래 수산해양계통의 대학이나 철학과·외교학과를 지망하고자 하는 학생은 북쪽의 기를 이용해야 한다.

책상은 북쪽을 향하게 놓고 북쪽을 항상 깨끗이 한다. 건물의 북쪽이 너무 튀어나오거나 오목하게 들어가 있어도 좋지 않다. 공부방의 벽지나 사용하는 책상 등은 백색계통의 색깔이 좋고, 동쪽의 창밑에 화분을 몇 개 놓아두면 더 좋은 효과를 볼 수 있다. 책상 위의 유리판 밑은 흰색이 좋다.

북동쪽

북동쪽은 숙박업·중개사·터미널이나 역 종사자·창고업·등산가·건물임대업·건축업자·주차장·보험업자를 상징하므로 부동산학과나 관광과를 지원할 학생은 북동쪽의 기를 활용하면 될 것이다.

건물의 북동쪽에 결함이 있는지를 살피고 항상 이 방향을 깨끗이 해야 한다. 책상 밑에 까는 천이나 커튼의 색깔은 황색이나 백색계통을 사용하도록 한다. 침대는 서쪽에 배치하고 머리는 북동쪽으로 향하게 하고 잠을 잔다.

동쪽

동쪽은 전기·전자계통 사업·폭약기술자·엔진기술자·성악가를 상징한다. 전기나 전자학과·성악과를 지원할 학생은 동쪽의 기를 활용해야 한다. 침대를 동남쪽으로 배치하고 머리를 동쪽으로 하여 아침에 떠오르는 기를 받도록 한다. 책상 밑에 까는 천이나 커튼은 청색 계통을 쓰고 벽지는 녹색과 청색이 섞인 것을 쓰면 좋다. 동쪽의 벽에는 봄이나 여름철의 경치가 담긴 풍경화를 걸어두면 좋다. 동쪽에는 스탠드나 텔레비전을 둔다. 건물의 동쪽에 흠이 있는가를 살피고 결함이 발견되면 즉시 보수를 하도록 한다.

남동쪽

남동쪽은 제재소 등의 목제품 관련업·목공소·종이나 펄프제조 관련업·항공·체신·운수·가스업·향수 취급업·무역업·선박업을 상징하므로 임산가공학과·항공과·무역학과·선박학과·관광학과를 지망하는 학생은 남동쪽에서 나오는 기를 잘 활용해야 한다. 우선 건물의 남동쪽이 너무 튀어나오거나 흠이 있는가를 잘 살펴보고 청소를 깨끗이 한다. 벽지나 커튼의 색깔은 청색계통을 사용한다. 남쪽의 창밑에 화분을 놓아두면 화분에 있는 화초와 상생이 되어 기운을 더욱 강하게 해준다. 벽에 봄철의 풍경이 담긴 그림을 걸어 둔다. 가구와 책상은 철제보다 목제가 한층 유리하다.

남쪽

남쪽은 과학자·작가·화가·검사·판사·연예인·사진가·모델·광학기 제조나 판매·미용업·출판, 인쇄업자·기자·광고업·안과의사·교사·경찰관·천문대 관계인을 상징하므로 물리학과 등 과학에 관한 학과·미술학과·법학과·사진학과·신문방송학과·미용학과·문헌정보학과·광고학과에 진학할 학생은 남쪽의 기를 잘 이용해야 한다.

책상이나 커튼의 색깔은 적색이나 청색 계통을 사용한다. 잠 잘 때 머리를 남쪽으로 향하게 한다. 책상을 남쪽에 놓아두고 벽에는 여름철 풍경이 담긴 그림을 걸어 둔다. 난로나 전등을 남쪽에 두면 오행의 화火의 기가 강해져서 화재의 염려가 있으니 북쪽에 두도록 한다.

남서쪽

남서쪽은 토土를 의미하므로 책상이나 커튼, 벽지의 색깔은 황색 계통이 좋다. 붉은 꽃으로 된 화분은 괜찮으나 녹색의 관엽식물은 좋지 않다. 전등은 남서쪽에 설치하고 난로나 열풍기는 남쪽이나 방 가운데에 설치한다.

남서쪽은 농업관계인·곡물생산이나 가공 및 판매인·지주·토지 및 택지업자·간호원·보육관계업·산부인과 의사를 상징하므로 농학과·원예학과·유아교육과·보육과·간호학과를 지원할 학생은 남서쪽의 기를 잘 활용해야 한다.

가을이나 흰 눈이 쌓인 풍경화를 남서쪽이나 서쪽 벽에 걸어 둔다. 항상 남서쪽을 깨끗이 하고 집 건물의 남서쪽에 결함이 있으면 즉시 수리한다.

서쪽

서쪽은 금속가구점·철물점·배우·가수·작곡가·카바레·음료수판매업·변호사·치과의사·금융업·증권업자를 상징하므로 음악과·연극영화과·체육과·치과대학을 지망하는 학생은 서쪽에서 나오는 기를 잘 활용해야 한다.

벽지·책상·커튼의 색깔은 흰색이나 회색계통을 사용하면 좋다. 서쪽은 또한 꺾임·파임을 의미하기 때문에 어둡게 하면 성격이 너무나 온순해질 수 있으니 창문을 내든지 서쪽 벽에 전등을 켜두면 이런 결점을 보완할 수 있다. 지는 해가 보이지 않게 해가 질 무렵에는 서쪽 창의 커튼을 친다. 가구 중에서 금속성인 것은 서쪽에 둔다. 집 건물의 서쪽에 홈이 생기면 즉시 수리하고 항상 깨끗이 한다.

북서쪽

북서쪽은 경영자·단체장·기계제조업·제철업자·자동차·차량이나 철도 관계자·귀금속·상인·정치가·군인·사장을 상징하므로 금속공학과·기계공학과·자동차학과·보석가공학과·정치학과·상경대학·사관학교 등에 지원할 학생은 북서쪽의 기를 잘 활용해야 한다.

집 건물의 북서쪽에 흠이 있는지 잘 살펴야 한다. 북서쪽은 서쪽과 마찬가지로 오행의 금金에 해당되므로 이외의 방법은 서쪽에 따르면 된다.

色彩 動物

제7장

색채와 애완동물

색채와 인테리어

액자 걸기

애완동물

※ 제7장은 290~291p '인용 및 참고 문헌'의 19, 39, 40에서 인용하였음을 밝힙니다.

1 색채와 인테리어

색채色彩가 주는 연상작용聯想作用

건축물의 외벽은 물론 내벽과 벽지 또는 인테리어, 액세서리, 의복, 디자인, 포스터와 학습용구를 선택할 때 자기의 취미나 색상이 주는 심리적 작용에 따라 색상을 선택할 수가 있는데, 색채가 주는 연상작용은 다음 표와 같다.

구성九星에 따른 색깔

다음의 표와 같이 색깔의 연상과 거주자의 취미에 따라서 건물의 외벽은 물론 벽지, 가구, 액세서리, 의복, 손가방, 학생들의 가방, 학습용구, 장난감, 양말, 손수건 등의 색상을 선택하는 것도 좋지만 풍수에서는 구성九星의 상징색에 의한 오행五行의 원리를 이용하여 자기의 본명성本命星에 맞는 색상을 택하는 것이 원칙이다. 주택의 외벽이나 내벽 등 가족 전체에 대한 색상에 있어서는 가족 구성원의 본명성이 각각 다르므로 가족 중에서 사실상 실권을 가진 사람의 본명성에 따라 색깔을 선택하는 것이 바람직하다. 만약 외벽이나 내벽 또는 벽지를 2가지 이상의 색상을 사용할 경우 색상이 서로 상생이 되도록 선택한다.

색채色彩가 주는 연상작용

색채별	연상 작용(聯想 作用)
적색(赤色)	피, 소방차, 사과, 딸기, 입술, 금붕어, 심장, 정렬, 위험, 흥분, 감동, 거절, 사랑, 생명, 격동, 절교.
등색(橙色)	태양, 감, 감귤, 불꽃, 당근, 저녁놀, 화롯불, 전구, 따뜻함, 명랑, 즐거움, 희망, 신선, 행운, 우정, 전진, 애정, 괴로움, 건강, 열.
황색(黃色)	레몬, 모자, 별, 해바라기, 바나나, 태양, 달, 벼, 사막, 활발, 공해, 광기, 주의, 행동, 영광, 미래, 용기, 우울, 저능, 불안, 미숙, 유년시대, 미숙, 소년.
녹색(綠色)	잔디, 공원, 오아시스, 산림, 에메랄드, 호수, 해초, 평화, 잔잔함, 생명감, 안전, 온화, 경례, 정의, 신비, 건강, 합리적인 사고, 청결, 성실, 성당, 안심.
청색(靑色)	바다, 창고, 물, 호수, 먼 산, 액체, 해저, 가스불꽃, 희망, 청춘, 이성, 시원한 맛, 정의, 청결, 젊음, 넓음, 과거, 침묵, 적막, 음기(陰氣), 고독, 피로, 자유, 신(神), 조용함, 상상, 평화.
자색(紫色)	가스불꽃, 야회복, 계곡, 포도, 높은 산, 등나무 꽃, 날 저문 하늘, 고문화(古文化), 적막함, 슬픔, 죄, 거만, 신비, 숭고함, 고전(古典), 의식, 고독, 격식, 우아함, 도회적(都會的), 화려함, 사치, 섹시.
백색(白色)	구름, 토끼, 안개, 창문, 간호원, 운(運), 치아, 손수건, 청결, 허무, 평화, 냉기(冷氣), 무(無), 단순함, 미래, 정숙, 투명, 가능성, 공간, 결백, 순결, 자유, 신앙, 신성함. 결백, 신성, 웨딩드레스.
흑색(黑色)	석탄, 밤, 타이어, 그림자, 연기, 눈동자, 피아노, 악마, 폐쇄(閉鎖), 절망, 중압감, 오점, 고통, 슬픔, 후회, 병, 의지, 범죄, 냉혹함, 무한함, 종료, 약함, 신비, 정숙, 상복, 장엄함, 죽음, 공포, 우울함, 강함, 고상함.
회색(灰色)	평범, 소극적, 차분, 쓸쓸함, 안정, 스님, 음울함.

건축물 색상의 오행 상생 五行 相生과 상극 相剋

색상	파랑/초록	분홍/빨강	갈색/노랑	흰색	회색/검정
방향	東/東南	南	中央	西/西北	北
오행	木	火	土	金	水
오행의 상생	木生火	火生土	土生金	金生水	水生木
오행의 상극	木剋土	火剋金	土剋水	金剋木	水剋火

• 바로 이웃 오행끼리 만나면 상생이 되고, 하나를 건너 만나면 상극이 된다. 상생이면 길(吉)하고 상극이면 흉(凶)하다.

지붕	분홍색 빨간색 (火)	갈색 노란색 (土)	흰색 (金)	회색 검은색 (水)	파란색 초록색 (木)
벽	회색 검은색 (水)	파란색 초록색 (木)	분홍색 빨간색 (火)	황갈색 갈색 노란색 (土)	흰색 (金)
바닥 장식재	흰색 (金)	회색 검은색 (水)	파랑색 초록색 (木)	분홍색 빨간색 (火)	황갈색 갈색 (土)

상극 ↕
상생 ↕

광주광역시에 있는 중식 음식점. 전면 1층은 빨간색이고, 2층과 3층은 노란색이다. 옆의 외벽 1층과 2층은 노란색이고 3층은 빨간색이다. 이 빨간색과 노란색은 상생이 되어 아주 좋다. 이 음식점은 널리 소문이 나서 매일 초만원이다.

본명성本命星

본명성本命星에 대해 앞서 기초이론에서 여러 번 언급되었는 바, 다음의 표를 참고해서 자기의 본명성이 어디에 속하는가를 알아서 이에 알맞은 색깔을 선택하기 바란다.

본명성本命星에 따라 좋은 색상

본명성(本命星)과 오행(五行)	본명성에 따라 호응(呼應)하는 색상
일백수생(一白水生)	흑색 계열, 백색 계열, 청색 계열
이흑토생(二黑土生) 팔백토생(八白土生)	황색 계열, 백색 계열, 적색 계열
삼벽목생(三碧木生)	청색 계열, 녹색 계열, 흑색 계열, 적색 계열
사록목생(四綠木生)	녹색 계열, 청색 계열, 흑색 계열, 적색 계열
육백금생(六白金生)	백색 계열, 황색 계열, 흑색 계열
칠적금성(七赤金生)	백색 계열, 황색 계열, 흑색 계열
구자화성(九紫火生)	적색 계열, 청색 계열, 녹색 계열, 황색 계열

남녀별 본명성 조건표

본명괘	성별	출생년도(서기)
기본수 1 북쪽(坎) 一白(水)	남자	1918,1927,1936,1945,1954,1963,1972,1981,1990,1999, 2008,2017,2026,2035.
	여자	1914,1923,1932,1941,1950,1959,1968,1977,1986,1995, 2004,2013,2022,2031.
기본수 2 남서쪽(坤) 二黑(土)	남자	1914,1917,1923,1926,1932,1935,1941,1944,1950,1953, 1959,1962,1968,1971. 1977,1980,1986,1989,1995,1998,2004,2007,2013,2016, 2022,2025,2031,2034.
	여자	1915,1924,1933,1942,1951,1960,1969,1978,1987,1996, 2005,2014,2023,2032.
기본수 3 동쪽(震) 三碧(木)	남자	1916,1925,1934,1943,1952,1961,1970,1979,1988,1997, 2006,2015,2024,2033.
	여자	1916,1925,1934,1943,1952,1961,1970,1979,1988,1997, 2006,2015,2024,2033.
기본수 4 남동쪽(巽) 四綠(木)	남자	1915,1924,1933,1942,1951,1960,1969,1978,1987,1996, 2005,2014,2023,2032.
	여자	1917,1926,1935,1944,1953,1962,1971,1980,1989,1998, 2007,2016,2025,2034.
기본수 6 북서쪽(乾) 六白(金)	남자	1913,1922,1931,1940,1949,1958,1967,1976,1985,1994, 2003,2012,2021,2030.
	여자	1919,1928,1937,1946,1955,1964,1973,1982,1991,2000, 2009,2018,2027,2036.
기본수 7 서쪽(兌) 七赤(金)	남자	1912,1921,1930,1939,1948,1957,1966,1975,1984,1993, 2002,2011,2020,2029.
	여자	1920,1929,1938,1947,1956,1965,1974,1983,1992,2001, 2010,2019,2028,2037.
기본수 8 북동쪽(艮) 八白(土)	남자	1920,1929,1938,1947,1956,1965,1974,1983,1992,2001, 2010,2019,2028,2037.
	여자	1912,1918,1921,1927,1930,1936,1939,1945,1948,1954, 1957,1963,1966,1972. 1975,1981,1984,1990,1993,1999,2002,2008,2011,2017, 2020,2026,2029,2035.
기본수 9 남쪽(離) 九紫(火)	남자	1919,1928,1937,1946,1955,1964,1973,1982,1991,2000, 2009,2018,2027,2036.
	여자	1913,1922,1931,1940,1949,1958,1967,1976,1985,1994, 2003,2012,2021,2030.

2 액자額子 걸기

　일반 가정의 거실 벽에는 그림이나 서예, 사진 등의 액자가 걸려 있다. 그런데 그림의 경우 낙엽이 떨어지는 가을이나 눈이 오는 겨울을 나타내는 그림은 걸지 않는 것이 좋다. 이들의 그림은 이미 한해가 기우는 것을 의미하므로 기운이 쇠약하다. 싹이 트고 꽃이 피는 봄이나 한창 때의 여름을 상징하는 그림들이나 푸른 숲, 그리고 새파란 바다, 힘차게 뛰고 있는 말 등 생동감이 넘치는 그림에는 생기가 흐른다.
　방위별로 보면 동쪽이나 동남쪽은 목木의 운기를 띠므로 이쪽의 벽에는 푸른 숲이나 가지를 활기차게 뻗는 나무, 푸른 대나무 등이 그려진 그림, 인물화의 경우는 어린이나 청소년이 그려진 그림이 좋다. 남쪽은 화火의 운기를 띠므로 생동감 있게 움직이는 동물이나 화려하게 꽃이 핀 그림, 웅장한 건물의 그림, 인물화의 경우 젊은 사람의 그림이 좋다. 남서쪽은 토土의 운기를 띰과 동시에 어머니를 상징하므로 푸른 들판이나 넓은 초원, 여성을 상징하는 녹색 그림이 좋다. 서쪽과 북서쪽은 금金의 운기를 띠므로 잘 익은 과일이나 강력한 힘을 나타내는 그림이 적합하다. 북쪽은 수水의 기운이 있으므로 푸른 바다나 싱싱한 물고기가 그려진 그림을 걸면 좋다. 북동쪽은 토土의 운기를 띰과 동시에 산을 상징하므로 높은 산이나 숲이 그려진 그림이 좋다.

　호랑이 같은 맹수의 그림은 나쁜 운기를 물리친다하여 세화歲畵로 그려서 걸기도 하는데, 이런 그림은 현관에서 밖을 향하게 걸어두면 집으로 들어오는 나쁜 운기를 퇴치할 수 있다. 글씨가 써진 서예작품의 액자일 경우는 글씨가 바르고 좋은 의미를 담고 있는 것이어야 한다.

　운기는 S자 모양으로 곡선을 그으며 흐른다, 그러므로 같은 공간에 2개 이상의 액자를 걸 경우에는 높이를 달리해서 걸어 두는 것이 기氣의 흐름을 좋게 한다.

　액자의 색깔도 오행으로 벽지의 색이나 그림 자체의 색깔과 상생이나 비화(比和 : 같은 오행)되도록 하면 금상첨화이다.

위의 사진에서 예수를 안고 있는 성모 마리아 동판과 어린이들 사진 그리고 십자고상(十字苦像)이 나란하지 않고 굴곡져 있는데 이는 풍수적으로 좋은 상태이다.

3 애완동물 愛玩動物

• 이 단원은 290~291p '인용 및 참고문헌'의 19를 참고하여 인용하였습니다.

과거에는 가축으로 별도 사육장을 마련하여 동물을 많이 길렀으나 현재는 반려의 개념으로 여러 종류의 동물을 실내에서 많이 키우고 있다. 주로 개나 고양이를 많이 키웠는데 지금은 토끼, 쥐, 파충류 등 다양하다.

애완동물이 사람의 마음을 위로하여 주기도 하고 벗이 되어주기도 하지만 사람의 기를 빼앗아 건강을 해치는 경우도 있다. 따라서 기르는 사람의 기氣와 음양의 밸런스가 깨지지 않도록 주의할 필요가 있다. 그리하여 동물들에 관한 풍수를 알고, 또한 자기의 감성을 왕성하게 하여 음양의 밸런스를 개선시키도록 해야 한다. 다음은 여러 동물에 대한 풍수상의 효용과 주의를 기술하니 참고하기 바란다.

개

개는 인류와 가장 오래된 친구이다. 고양이와 달리 기르고 있는 가족 구성원을 가족으로 받아들이며 주인에게는 충성을 다한다. 풍수에서 보면 개는 흥분과 양기를 보충하는 작용이 있다. 개는 성장해도 강아지 때와 마찬가지로 신명나게 노는 동물로, 곧잘 흥분한다. 집단적으로 생활하고 있는 개는 때로는 그 흥분이 공격적으로 바뀌는 경우도 있다. 이와 같이 흥분과 양기는 선이 가늘고 체질적으로 약한 사람, 빈혈, 냉증, 요통, 발의 통증, 신경통, 부인병, 식욕부진 등의 증상이 있는 사람에게 좋다. 그러나 지나치게 원기가 많은 개나, 여러 마리를 함께 기르는 것은 주의를 해야 한다. 체력이 약한 사람은 개와 접촉하는 것만으로 체력이 소모된다. 그 때문에 본래부터 가지고 있는 증상이 악화되는 일이 있다. 따라서 기르고 있는 개의 양기가 지나치게 왕성하면 기르는 사람의 양기를 소모시켜 버린다. 또한 체력이 있고 근육과 골격이 단단한 사람에게는 개의 적당한 원기는 과감하게 노는 데 좋은 기분 전환이 될 것이다. 다만, 하루 종일 집안에서 함께 사는 상황은 꽤나 온순해서 사람에게 달려들지 않는 개가 아니면 역시 기르는 사람의 양기를 소모시키므로 주의한다.

고양이

고양이를 사랑하는 사람들이 많다. 인간과 전혀 별개의 차원에서 제멋대로인 고양이가 귀엽기 때문에 그런가 보다. 고양이는 호랑이의 기를 가지고 있다. 매우 안정적이고, 양기의 사기邪氣를 추방한다. 개나 사람과 같이 흥분하는 일도 없다. 꼬리를 둥글게 하여 조용히 앉아 있는 고양이를 보고 있으면 고귀한 침착성을 느낄 뿐만 아니라 보고 있는 사람의 마음까지도 안정되게 해준다.

항상 기분 좋게 낮잠을 자는 고양이는 인간에게 '남다른 친근감을 느끼게 한다. 풍수에서 보면 양陽이 왕성하여 음陰이 모자라는 사람에게는 이러한 고양이의 고요함은 매우 효과적이다. 예를 들면 얼굴이나 손이 화끈거리는 타입의 갱년기장애, 초조, 성급함, 고혈압, 변비 증상이 있는 사람에게는 고양이의 기가 맞는다. 그러나 무엇인가 걱정되는 일이 있거나 불안에 빠지기 쉬운 사람, 신경질적인 사람에게는 고양이의 기가 더욱 음기陰氣를 증폭시킨다. 또한 병을 치료 중인 사람, 뇌졸중의 후유증으로 사회복귀훈련을 계속하고 있는 사람 등에게 고양이는 추천할 만한 반려동물이 아니다.

여러 가지 원인 불명의 증상으로 괴로워하는 주부가 있다면 그 원인이 집에서 기르는 여러 마리의 고양이에게 있을 수도 있다.

작은 새

항상 경쾌하게 소리 높이 지저귀는 새는 양기를 북돋워준다. 또한 가라앉은 마음을 분기시켜주는 효과가 있다. 따라서 항상 피로감이 있거나 몸이 무겁고 만성 두통이 있는 사람, 오전 중의 상태가 나쁘고 기분이 개운치 않은 사람 등은 작은 새를 기르면 조금씩 편안해진다. 또한 항상 바빠서 초조한 사람은 간단히 보살필 수 있는 작은 새를 길러보는 것도 기분전환이 될 것이다. 카나리아처럼 아름다운 목소리로 지저귀는 작은 새도 마음을 편안하게 해준다. 또한 인간관계가 원만하지 않고 고독감을 느끼고 있는 사람은 움직임이 활발하고 사람의 말을 흉내 내는 앵무새 종류도 적합하다. 그러나 작은 새를 기를 경우 주의해야 할 것은 새둥지 청소를 잘해야 한다는 점이다. 더욱이 털을 가는 시기에는 빠진 털이 사방으로 날아다녀 알레르기성 질환을 일으킬 가능성이 있으므로 주의해야 한다. 또한 새는 특유의 바이러스성 질환에 걸리기 쉬우며, 이것이 사람에게 감염되는 일이 있다. 따라서 작은 새의 건강을 위해, 그리고 기르는 사람의 건강을 위해 환경을 청결하게 해야 한다.

풍수에서 보면 새둥지는 서쪽 창문 밖에 달아두는 것이 좋다. 동시에 밝고 통풍이 잘 되는 장소이어야 하는 조건도 중요하다. 단, 서쪽

해의 직사광선에 노출되는 장소에서는 여름철 더위에 시달리지 않게 조치한다. 또한 좁고 통풍이 나쁜 어두운 방안에서 작은 새와 사는 것은 좋지 않다. 사람의 건강에도 악영향을 미치며, 공중을 날아다니는 야성野性을 가진 작은 새들에게도 큰 스트레스가 된다.

거북

거북이는 풍수에서 보면 아주 좋은 애완동물이다. '학鶴은 천년, 거북은 만년'이라고 말하는 거북은 장수의 상징으로 유명하다. 중국의 전설에서 거북은 하늘과 땅, 산과 하천 등의 대자연에서 영기靈氣를 흡수한다고 한다. 대자연의 풍수로 보아 생명 에너지가 가득 찬 훌륭한 기를 가지고 있다. 우리 인간도 대자연에 접하고 있으면 건강해진다. 천식 환자는 자연의 풍요로운 지역에서 요양하면 좋아지는데, 공기가 깨끗함은 물론 자연의 영기靈氣를 흡수하여 자연치유력을 강하게 하기 때문이다.

거북이라는 동물은 심기心氣나 신기腎氣를 조절한다. 따라서 메마른 도시에서 혼자 스트레스를 받는 사람은 거북을 길러 영기를 왕성하게 하여 만성 질환을 예방하면 좋다. 특히 노인의 건강에 좋은 영향을 준다. 또한 거북은 살기殺氣를 풀고 평온하게 만드는 작용이 있다. 집 근처에 피라미드처럼 날카로운 탑 등이 있는 경우, 거북은 그곳에서 발산되는 나쁜 기를 차단해 준다. 이런 경우 정면에 해당되는 창문가에 어항을 놓고, 그 속에 물과 돌을 넣은 다음 두 마리의 거북을 기르면 좋다. 실내의 환경을 정리하면서 흉상으로부터 피할 수 있다. 또 거북의 딱딱한 등은 천적의 공격으로부터 몸을 지키기 위한 것이다. 이것은 실내의 흉상凶相을 진정시켜 준다.

예컨대 실내에 놓은 전자제품이나 가구 등의 끝부분이 뾰족해서 위험하거나 곧 가족이 다치는 일이 있을 것만 같은 위험한 곳이 있다면 그곳과 대면對面하는 곳에 거북이 들어 있는 어항을 놓으면 좋다.

토끼

　토끼를 안으면 손바닥에 매우 따뜻한 체온을 느끼게 된다. 또한 풍수에서 보아도 토끼는 따뜻한 동물이라고 할 수 있다. 따라서 정서 불안으로 희로애락이 심한 사람은 토끼를 길러보면 좋다. 초조함이 심하고 화를 잘 내는, 즉 간화肝火가 왕성한 사람에게 특히 잘 맞는다. 토끼를 기르면 간기肝氣의 밸런스가 잡히므로 심신의 안정에 도움이 된다. 보통 한 마리를 기르는 것보다 두 마리를 기르는 것이 효과적이다. 그러나 토끼는 호흡기 계통의 질환을 가지고 있는 사람, 혹은 알레르기성 체질의 사람에게는 좋지 않다.

　풍수에서는 '유묘상충酉卯相沖'이라는 말이 있다. 다시 말해 허파는 유酉에 속하고, 성질은 음금陰金이 되기 때문에 음목陰木의 토끼와는 맞지 않는다. 따라서 호흡기계통이 약한 사람은 토끼에 대해 주의하는 것이 좋다. 토끼를 기르면 아토피성 피부염이 생길 가능성이 높다.

금붕어

　금붕어는 중국이나 일본에서 예부터 사람과 매우 친근한 애완동물이다. 금붕어는 풍수에서 아주 소중한 동물이다. 또 기를 강하게 해주는 효과가 있다. 금붕어는 수水의 기를 가지고 있어서 사람의 신기腎氣를 강하게 해준다. 또한 금붕어는 다른 사람이 말하는 의견을 좀처럼 들으려고 하지 않는 완고한 사람의 마음을 온화하게 만드는 작용을 한다. 따라서 자기 주장이 너무 강한 나머지 다른 사람의 의견과 충돌하여 자주 싸우는 사람은 금붕어를 실내에서 기르면 좋다.

　심신에 문제가 없는 경우에는 금붕어 어항을 방안에서도 가장 기가 왕성한 곳에 놓으면 좋다. 실내를 바라보아 매우 원기가 있다고 느껴지는 시각적인 효과가 좋은 곳에 놓는다. 이렇게 하면 왕성한 기가 더욱 왕성해진다. 그러나 문제가 있어 그것을 개선하고 싶은 경우에는 방안에서 기가 가장 약한 곳에 놓아두면 좋다. 실내를 바라보고, 원기가 가장 없을 것 같은 곳에 놓는다. 재앙이 행운으로 전환하고, 흉凶에 마주치지 않고 길을 만나게 된다.

금붕어 어항을 놓아서는 안 될 장소가 있다. 신을 모셔놓은 곳 밑에 금붕어 어항을 놓아서는 안 된다. 또한 주방과 정면이 되는 곳에 놓는 것도 금지한다. 더욱이 어항을 지나치게 높은 장소에 놓는 것도 피해야 한다. 이러한 것을 고려하여 실내 전체의 공간을 피부로 느껴 왠지 좋은 느낌이 들면 그곳이 놓기에 가장 좋은 장소이다.

햄스터 hamster

어린이들에게 인기 있는 애완동물로는 모르모트marmotte나 햄스터 등 작고 귀여운 쥐들이 있다. 풍수로 보면 쥐는 신장腎臟의 양기를 보조하는 작용이 있다. 특히 어린이들의 성장기에 쥐를 기르면 정서적인 교육뿐 아니라 지력知力의 계발에도 좋다. 그런데 쥐를 기를 때 쥐의 숫자가 홀수면 좋다. 그리고 많아야 3마리가 가장 좋기 때문에 그 이상 초과하지 않도록 한다.

최근에는 알레르기성 체질의 어린이들이 많은데, 이와 같은 경우에는 쥐를 기르지 않은 것이 좋다. 알레르기성 질환은 폐기肺氣에 관계되는 병으로, 폐기는 금金에 속하기 때문에 수水에 속하는 쥐와는 맞지 않는다. 또한 실내의 위생적인 문제로도 알레르기성 체질이 있는 경우에는 피하는 것이 좋다.

각종 택일법 擇日法

부록

모든 일에 좋은 날

천사길일(天赦吉日 : 하늘이 모든 것을 용서하는 좋은 날)

봄(음력 1·2·3월) – 戊寅

여름(음력 4·5·6월) – 甲午

가을(음력 7·8·9월) – 戊申

겨울(음력 10·11·12월) – 甲子

천은상길일(天恩上吉日 : 하늘이 은혜를 베푸는 좋은 날)

甲子, 乙丑, 丙寅, 丁卯, 戊辰, 己卯, 庚辰, 庚戌, 辛巳, 辛亥, 壬子, 壬午, 癸丑, 癸未

대명상길일(大明上吉日 : 하늘이 크게 도와주는 좋은 날)

甲辰, 甲申, 乙巳, 乙未, 丙午, 丁丑, 丁亥, 己卯, 己酉, 庚戌, 辛未, 辛亥, 壬寅, 壬辰, 壬午, 壬申, 癸酉

모창상길일(母倉上吉日 : 특히 건물 신축이나 이사 등에 좋은 날)

봄 – 亥, 子

여름 – 寅, 卯

가을 – 丑, 辰, 未, 戌

겨울 – 申, 酉

대공망일(大空亡日 : 제를 지내는 날로는 좋지 않음. 좋지도 나쁘지도 않은 날)

甲午, 甲申, 甲戌, 乙丑, 乙酉, 乙亥, 壬子, 壬寅, 壬辰, 癸卯, 癸巳, 癸未

천롱지아일(天聾地啞日 : 하늘의 귀가 멀고 땅이 벙어리가 되어 모든 일에 좋은 날)

乙丑, 乙未, 丙子. 丙寅, 丙辰, 丙申, 丁卯, 戊辰, 己卯, 己亥, 庚子, 辛丑, 辛巳, 辛酉, 辛亥, 壬子, 癸丑

황도일(黃道日 : 황도일은 좋은 날이고 흑도일은 나쁜 날)

황도 \ 월별	1·7월	2·8월	3·9월	4·10월	5·11월	6·12월
청룡황도(靑龍黃道)	子	寅	辰	午	申	戌
명당황도(明堂黃道)	丑	卯	巳	未	酉	亥
금궤황도(金櫃黃道)	辰	午	申	戌	子	寅
천덕황도(天德黃道)	巳	未	酉	亥	丑	卯
옥당황도(玉堂黃道)	未	酉	亥	丑	卯	巳
사명황도(司命黃道)	戌	子	寅	辰	午	申

결혼結婚에 좋은 날

음양부장길일(陰陽不將吉日 : 결혼 하기에 좋은 날)

월별	좋은날
1	병자, 병인, 정축, 정묘, 무자. 무인, 기축, 기묘, 경자, 경인, 신축, 신묘
2	을축, 병자, 병인, 병술, 정축, 무자, 무인, 무술, 기축, 경자. 경인, 경술
3	갑자, 갑술, 을축, 을유, 병자, 병술, 정축, 정유, 무자, 무술, 기축, 기유
4	갑자, 갑신, 갑술, 을유, 병자. 병신, 병술, 정유, 무자, 무신, 무술, 기유
5	갑신, 갑술, 을미, 을유, 병신, 병술, 무신, 무술, 계미, 계유
6	갑오, 갑신, 갑술, 을미, 을유, 임오, 임신, 임술, 계미, 계유
7	갑오, 갑신, 을사, 을미, 을유, 임오, 임신, 계사, 계미, 계유
8	갑진, 갑오, 갑신, 신사, 신미, 임진, 임오, 임신, 계사. 계미
9	경진, 경오, 신묘, 신사, 신미, 임진, 임오, 계묘, 계사. 계미
10	경인, 경진, 경오, 신묘, 신사, 임인, 임진, 임오, 계묘, 계사
11	정축, 정묘, 정사, 기축, 기묘, 기사, 경인, 경진, 신축, 신묘, 신사. 임인, 임진
12	병자, 병인, 병진, 정축, 정묘, 무자, 무인, 무진, 기축, 기묘, 경자, 경인, 경진, 신축, 신묘

오합일(五合日 : 다섯 가지가 짝이 되는 날)

일월합 (日月合)	음양합 (陰陽合)	인민합 (人民合)	금석합 (金石合)	강하합 (江河合)
갑인,을묘	병인,정묘	무인,기묘	경인,신묘	임인,계묘

십전대길일(十全大吉日 : 열 가지 아주 좋은 날)

을축, 을사, 병자, 정축, 정묘, 기축, 신묘, 임자, 계축, 계묘

생갑일(生甲日 : 지지와 천간의 甲과 관계)

연지(年支)	생갑일(生甲日)
자(子), 오(午), 묘(卯), 유(酉)	갑자, 갑오
축(丑), 진(辰), 미(未), 술(戌)	갑진, 갑술
인(寅), 신(申), 사(巳), 해(亥)	갑인, 갑진

사상일(四相日 : 사계절에 좋은 날)

봄(음력 1·2·3월) – 병(丙), 정(丁) / 여름(음력 4·5·6월) – 무(戊), 경(庚).

가을(음력 7·8·9월) – 임(壬), 계(癸) / 겨울(음력 10·11·12월) – 갑(甲), 을(乙).

사덕일(四德日 : 사계절에 따라 덕이 있는 날)

봄(음력 1·2·3월) – 오(午) / 여름(음력 4·5·6월) – 진(辰)

가을(음력 7·8·9월) – 자(子) / 겨울(음력 10·11·12월) – 인(寅)

혼인납징정친일(婚姻納徵定親日 : 납채納采 또는 사주를 보내거나 약혼하는데 좋은 날짜)

갑인, 갑진, 을축, 을묘, 을미, 병인, 병진, 병오, 병술, 정묘, 정사, 정미, 무자, 무인, 무오, 무술, 기축, 기묘, 기미, 경진, 경술, 신축, 신미, 임자, 임자, 임인, 임진, 계축, 계묘, 계사

송례천복길일(送禮天福吉日 : 예물이나 함을 보내는데 좋은 날짜)

을사, 정사, 기묘, 기해, 경자, 경인, 경신, 신축, 신묘, 임진, 계사

결혼에 나쁜 날

살부대기월(殺夫大忌月 : 이달에 결혼하면 남편이 죽는다)

출생년	子	丑	寅	卯	辰	巳	午	未	申	酉	戌	亥
월별	1·2	4	7	12	4	5	8·12	6·7	6·7	8	12	7·8

월염염대법(月厭厭對法 : 어느 달에 꺼리는 날)

월별	1, 7	2, 8	3, 9	4, 10	5, 11	6, 12
흉일(凶日)	辰, 戌	卯, 酉	寅, 申	巳, 亥	子, 午	丑, 未

상부상처살일(喪夫喪妻煞日 : 이날 결혼하면 남편과 아내가 죽는다)

상부살(喪夫煞) - 겨울(10·11·12월) - 임자, 계해

상처살(喪妻煞) - 봄(1·2·3월) - 병오, 정미

가취대흉일(嫁娶大凶日 : 결혼하는데 나쁜 날)

계절 및 월	흉일
봄	갑자, 을축
여름	병자, 정축
가을	경자, 신축
겨울	임자, 계축
1, 5, 9월	庚日
2, 6, 10월	乙日
3, 7, 11월	丙日
4, 8, 12월	癸日

이사 날짜 잡는 법

입택귀화일(入宅歸火日 : 새로 집을 지어 입주하거나 이사하는데 좋은 날)
갑자, 갑인, 갑신, 갑술, 을축, 을묘, 을미, 을해, 병인, 병오, 정축, 정묘, 정미, 기사, 기미, 경자, 경인, 경오, 경신, 경술, 신미, 신유, 임인, 임진, 계축, 계묘, 천덕일, 월덕일, 천은일, 황도일, 모창상길일

이거·입택 통용일(移居·入宅 通用日 : 이사하거나 처음 입주하는데 좋은 날짜로 통용)
갑자, 을축, 을묘, 을미, 을유, 병인, 병진, 병오, 정축, 정사, 기미, 경인, 경오, 경신, 경술, 임인, 임진, 계축, 계묘, 계사

이사 길일(移徙 吉日)

월별	좋은 날
1	병진, 정미, 신미, 임진
2	갑자, 갑오, 을축, 을미
3	병인, 기사, 경자, 경오, 임인
4	갑오, 병오, 경오, 계묘
5	갑신, 경진
6	갑인, 정유
7	갑술, 경술
8	을해, 신해, 계축
9	갑오, 갑신, 병오

10	갑자, 갑오, 무자, 경진, 임오, 계축
11	을축, 을미, 정축, 정미, 신미, 계축
12	갑인, 을해, 정묘, 기해, 경인, 신해

입신가길일(入新家吉日 : 새집 지어서 들어가는 날)
갑자, 을축, 무진, 경자, 경인, 경오, 계축, 계사, 계유

입고가길일(入古家吉日 : 오래된 집에 들어가는 날)
봄 - 갑인

여름 - 병인

가을 - 경인

겨울 - 임인

집 짓는 날짜

기조천간길일 (起造天干吉日 : 집 짓는 해의 천간을 보아 생년[生年]으로 좋은 해를 가린다)

생년	좋은 해
亥, 子	甲, 己, 丁, 壬, 戊, 癸
丑, 寅	丙, 辛, 丁, 壬, 戊, 癸
卯, 辰	乙, 庚, 丙, 辛, 丁, 壬
巳, 午	甲, 己, 乙, 庚, 丙, 辛
未, 申, 酉, 戌	甲, 己, 乙, 庚, 戊, 癸

기조길월 (起造吉月 : 집 짓는데 좋은 달)

생년	좋은 달(음력)
寅, 午, 戌	1, 2, 3, 4, 5
巳, 酉, 丑	4, 5, 6, 7, 8
申, 子, 辰	1, 7, 8, 9, 10
亥, 卯, 未	1, 2, 10, 11, 12

기조전길일(起造全吉日 : 집터 닦는데 좋은 날)

갑자, 갑인, 갑신, 갑술, 을축, 을미, 을해, 병자, 병인, 병진, 병오, 병술, 정축, 정미, 정유, 기사, 기미, 경자, 경인, 경오, 신미, 임인, 임지, 계축, 계미, 계유.
대명상길일(大明上吉日)

정초(定礎)하는데 좋은 날(주춧돌 놓는데 좋은 날)

갑자, 갑인, 갑신, 갑술, 을축, 을묘, 을미, 을해, 병인, 병진, 병오, 정사, 정유, 정해, 무자, 무인, 무진, 무신, 무술, 기축, 기묘, 기사, 기미, 기유, 기해, 경자, 경인, 경오, 경신, 신사, 신미, 신유, 임자, 임인, 임오, 계축, 계묘, 계사, 계미, 기타
천은상길일(天恩上吉日)

상량(上梁)하는데 좋은 날

갑자, 갑오, 갑신, 갑술, 을묘, 을사, 을유, 병자, 병신, 병술, 정묘, 정사, 정미, 정유, 무자, 무인, 무진, 무술, 기사, 기미, 기유, 기해, 경자, 경인, 경진, 경오, 신축, 신미, 신유, 신해, 임인, 임오, 임신, 계축, 계묘, 계해

장사지내는 데 좋은 날

죽은 지 3일, 7일, 10일을 택하여 당일에 묘 구덩이를 파고 그날로 묘를 쓰면 날짜를 가리지 않는다.
갑인, 갑진, 갑신, 을사, 을유, 병진, 병오, 병신, 정유, 기유, 경인, 경오, 경신, 신유, 임인, 임진, 임오, 임신, 계유

월별	좋은 날
1	을유, 병인, 병오, 정유, 기유, 신유, 임인, 임오, 계유
2	갑신, 병인, 병신, 기미, 경인, 경신, 임인, 임신
3	갑신, 을유, 병오, 병신, 정유, 경신, 신유, 임오, 임신, 계유
4	을유, 정유, 기유, 신유, 임오, 계유
5	갑인, 갑신, 병신, 경인, 경신, 인인, 임신, 인일(寅日)
6	갑인, 갑신, 을유, 병신, 경인, 경신, 신유, 임인, 임신, 계유
7	갑신, 을유, 병자, 병진, 병신, 정유, 기유, 임자, 임신, 계유
8	갑신, 을사, 병진, 병신, 정사, 경인, 경신, 임인, 임진, 임신
9	병인, 병오, 경인, 임인, 임오
10	갑진, 병자, 병진, 병오, 경오
11	갑인, 갑진, 갑신, 병신, 경인, 경신, 임자, 임인, 임신, 신일(申日)
12	갑인, 갑신, 을유, 병신, 경신, 임인, 임신, 계유, 신일(申日)

불장일(不葬日)

장사나 개장을 해서는 안 되는 날이니 이에 해당 되는 날은 꼭 피해야 한다.

월가 흉신일

月別 區分	1월	2월	3월	4월	5월	6월	7월	8월	9월	10월	11월	12월
重喪日	甲	乙	己	丙	丁	己	庚	辛	己	壬	癸	己
重日	巳亥	巳亥	巳亥	巳亥	巳亥	巳亥	巳亥	巳亥	巳亥	巳亥	巳亥	巳亥
復日	甲庚	乙辛	戊己	丙壬	丁癸	戊己	甲庚	乙辛	戊己	丙壬	丁癸	戊己

생장(生葬)이나 이장천장(移葬遷葬)으로 개장(改葬)하고자 할 때는 행사일은 길일(吉日)로 택일함이 마땅하나 부득이한 사정으로 중상일(重喪日), 복일(復日), 중일(重日)날 행사를 하게 될 때에는 황지(黃紙)나 한지(韓紙)에 다음에 월별로 표시된 네 글자를 경면주사(鏡面朱砂)로 月에 해당하는 글자를 정성들여 두 장을 써서 한 장은 시신(屍身)이나 유골의 가슴 우측 부위에 넣고 한 장은 하관하기 전, 광(壙 : 시신을 모실 구덩이)의 밑바닥에 놓되 시신을 놓으면 가슴 좌측부위 뒷등에 닿도록 맞추어 놓고 하관을 하면 중상(重喪)과 복살(服殺)의 흉액은 제살(制殺)이 되고 길(吉)하다는 법이다.

중상일(重喪日) 진압법

1, 2, 6, 9, 12월	육임천형 (六壬天形)
3월	육신천정 (六辛天廷)
4월	육임천뢰 (六壬天牢)
5월	육임천옥 (六壬天獄)
7월	육갑천복 (六甲天福)
8월	육을천덕 (六乙天德)
10월	육병천양 (六丙天陽)
11월	육갑천음 (六甲天陰)

이장移葬·사초莎草하는 데 좋은 날짜

갑오, 갑신, 을미, 을유, 병오, 병신, 정미, 정유, 무인, 무신, 기묘, 기유, 경오, 경신, 신미, 신유, 임인, 임오, 임신, 계묘, 계미, 계유

※ 월가 흉신일은 피한다.

월가 흉신일(나쁜 날짜)

月別 區分	1월	2월	3월	4월	5월	6월	7월	8월	9월	10월	11월	12월
重喪日	甲	乙	己	丙	丁	己	庚	辛	己	壬	癸	己
重日	巳亥	巳亥	巳亥	巳亥	巳亥	巳亥	巳亥	巳亥	巳亥	巳亥	巳亥	巳亥
復日	甲庚	乙辛	戊己	丙壬	丁癸	戊己	甲庚	乙辛	戊己	丙壬	丁癸	戊己

이사 방위 보는 법

나이에 따른 이사방위 길흉조견표

구분	남자 연령	천록	안손	식신	징파	오귀	합식	진귀	관인	퇴식	여자 연령
① 감 (북)	8.17.26. 35.44.53. 62.71.80		서북	서	북동	남	북	남서	동	동남	9.19.27. 36.45.54. 63.72.81
② 곤 (남서)	9.18.27. 36.45.54. 63.72.81	동남		서북	서	북동	남	북	남서	동	1.10.19. 28.37.46. 55.64.73
③ 진 (동)	1.10.19. 28.37.46. 55.64.73	동	동남		서북	서	북동	남	북	남서	2.11.20. 29.38.47. 56.65.74
④ 손 (남동)	2.11.20. 29.38.47. 56.65.74	남서	동	동남		서북	서	북동	남	북	3.12.21. 30.39.48. 57.66.75
⑤ 중 (중앙)	3.12.21. 30.39.48. 57.66.75	북	남서	동	동남		서북	서	북동	남	4.13.22. 31.40.49. 58.67.76
⑥ 건 (북서)	4.13.22. 31.40.49. 58.67.76	남	북	남서	동	동남		서북	서	북동	5.14.23. 32.41.50. 59.68.77
⑦ 태 (서)	5.14.23. 32.41.50. 59.68.77	북동	남	북	남서	동	동남		서북	서	6.15.24. 33.42.51. 60.69.78
⑧ 간 (북동)	6.15.24. 33.42.51. 60.69.78	서	북동	남	북	남서	동	동남		서북	7.16.25. 34.43.52. 61.70.79
⑨ 이 (남)	7.16.25. 34.43.52. 61.70.79	서북	서	북동	남	북	남서	동	동남		8.17.26. 35.44.53. 62.71.80
길흉		좋음	나쁨	좋음	나쁨	나쁨	좋음	나쁨	좋음	나쁨	

입관시간 入棺時間

입관(入棺) 길시(吉時) 六十 갑자일 조견표(早見表)

갑자(甲子)日	갑술(甲戌)日	갑신(甲申)日	갑오(甲午)日	갑진(甲辰)日	갑인(甲寅)日
오시·술시	오시·신시	유시·술시	묘시·유시	묘시·술시	유시·해시
을축(乙丑)	을해(乙亥)	을유(乙酉)	을미(乙未)	을사(乙巳)	을묘(乙卯)
사시·유시	사시·미시	오시·해시	사시·유시	진시·미시	오시·술시
병인(丙寅)	병자(丙子)	병술(丙戌)	병신(丙申)	병오(丙午)	병진(丙辰)
사시·미시	인시·오시	인시·진시	사시·오시	사시·유시	오시·유시
정묘(丁卯)	정축(丁丑)	정해(丁亥)	정유(丁酉)	정미(丁未)	정사(丁巳)
인시·오시	사시·해시	사시·해시	인시·미시	사시·해시	사시·술시
무진(戊辰)	무인(戊寅)	무자(戊子)	무술(戊戌)	무신(戊申)	무오(戊午)
인시·사시	묘시·해시	인시·신시	신시·술시	술시·해시	사시·해시
기사(己巳)	기묘(己卯)	기축(己丑)	기해(己亥)	기유(己酉)	기미(己未)
해시·오시	인시·신시	미시·해시	미시·해시	묘시·신시	미시·해시
경오(庚午)	경진(庚辰)	경인(庚寅)	경자(庚子)	경술(庚戌)	경신(庚申)
미시·해시	해시·신시	미시·유시	진시·신시	진시·오시	미시·신시
신미(辛未)	신사(辛巳)	신묘(辛卯)	신축(辛丑)	신해(辛亥)	신유(辛酉)
묘시·미시	인시·미시	진시·신시	묘시·미시	묘시·미시	진시·유시

임신(壬申)	임오(壬午)	임진(壬辰)	임인(壬寅)	임자(壬子)	임술(壬戌)
진시·묘시	묘시·미시	진시·미시	묘시·해시	진시·술시	인시·술시
계유(癸酉)	계미(癸未)	계사(癸巳)	계묘(癸卯)	계축(癸丑)	계해(癸亥)
사시·술시	묘시·유시	묘시·신시	진시·술시	묘시·유시	묘시·유시

지지(地支) 시간(時間) 대조표(對照表)

지지	시부터 - 시까지	지지	시부터 - 시까지	지지	시부터 - 시까지
자(子)	밤11시-새벽1시	축(丑)	오전1시-오전3시	인(寅)	오전3시-오전5시
묘(卯)	오전5시-오전7시	진(辰)	오전7시-오전9시	사(巳)	오전9시-오전11시
오(午)	오전11시-오후1시	미(未)	오후1시-오후3시	신(申)	오후3시-오후 5시
유(酉)	오후5시-오후7시	술(戌)	오후7시-오후9시	해(亥)	오후9시-오후11시

하관시관 下棺時間

지지(地支) 기준 하관에 좋은 시간

하관일 (日字)	자오일 (子午日)	축미일 (丑未日)	인신일 (寅申日)	묘유일 (卯酉日)	진술일 (辰戌日)	사해일 (巳亥日)
하관시 (下棺時)	午申時	巳申時	辰巳未時	午未時	辰巳申時	辰午未時

천간(天干) 기준 하관에 좋은 시간

하관일 (下棺日)	갑일 (甲日)	을일 (乙日)	병일 (丙日)	정일 (丁日)	무일 (戊日)	기일 (己日)	경일 (庚日)	신일 (辛日)	임일 (壬日)	계일 (癸日)
하관시 (下棺時)	미(未) 축(丑)	신(申) 자(子)	유(酉) 해(亥)	유(酉) 해(亥)	미(未) 축(丑)	신(申) 자(子)	미(未) 축(丑)	오(午) 인(寅)	사(巳) 묘(卯)	사(巳) 묘(卯)

오산연운 五山年運

오산연운법(五山年運法)은 새로이 묘를 쓸 장소에서 각 좌(坐)를 보고 이장운(移葬運)을 보는 동총연운법(動塚年運法)이다. 특히 산운(山運)은 홍범오행(洪範五行)을 사용하고 연운(年運)과 망명(亡命)의 본명(本命)은 납음오행(納音五行)을 사용한다. 그해의 연운이 산운(山運)을 생(生)해 주거나 비화(比和)하면 좋고, 이에 반(反)해 연운이 산운을 극(剋)하거나 설기(泄氣)를 하면 불길하다. 단, 망명의 본명 또는 그날의 일진(納音五行)이 산운을 극하는 연운을 다시 제극(制剋)하면 이에 구애를 받지 않는다.

오산 연운(五山 年運)

動塚年 \ 坐山	(金山) 丁·酉·乾·亥	(木山) 艮·卯·巳	(火山) 乙·丙·午·壬	(水.土山) 甲·寅·巽·辰·子· 戌·辛·癸·申·丑·坤· 庚·未
甲·己年	乙丑 金運	辛未 土運	甲戌 火運	戊辰 木運
乙·庚年	丁丑 水運	癸未 木運	丙戌 土運	庚辰 金運
丙·辛年	己丑 火運	乙未 金運	戊戌 木運	壬辰 水運
丁·壬年	辛丑 土運	丁未 水運	庚戌 金運	甲辰 火運
戊·癸年	癸丑 木運	己未 火運	壬戌 水運	丙辰 土運

* 좌산(坐山)은 이장할 묘의 좌(坐)를 말하는 것이고, 동총년(動塚年)은 이장을 하고자 하는 해(年)를 말한다. 이장을 할 경우 먼저 이장할 묘의 좌향(坐向)을 정한 다음에 어느 해에 이장을 하는 것이 좋은 가를 따지는 것이다. 이장할 묘의 좌(坐)가 정(丁)·유(酉)·건(乾)·해(亥)일 경우, 그해의 간지(干支) 중 갑(甲)과 기(己)가 들어 있으면 이 4개의 좌(坐)가 오행의 금(金)이 되고, 을(乙)·경(庚)이 들어가는 해에는 이 4개의 좌(坐)가 오행의 수(水)가 된다.

이런 식으로 병(丙)·신(辛)년에는 화(火), 정(丁)·임(壬)년에는 토(土), 무(戊)·계(癸)년에는 목(木)이 된다. 그러니까 좌(坐)의 오행이 해에 따라 바꿔진다. 이런 방법으로 다른 좌(坐)의 오행도 찾으면 된다. 여기서 '乙丑 金運' 등에 있어서 乙丑의 육갑에는 신경 쓰지 말고 金, 水, 火, 土, 水에만 신경 쓰기 바란다. 또한 연운이 망인(亡人)의 생년(生年)의 납음오행(納音五行)을 생해주거나 비화(比和)가 되면 더욱 좋다

납음오행

甲子·乙丑	丙寅·丁卯	戊辰·己巳	庚午·辛未	壬申·癸酉
海中金	爐中火	大林木	路傍土	劍鋒金
甲戌·乙亥	丙子·丁丑	戊寅·己卯	庚辰·辛巳	壬午·癸未
山頭火	潤下水	城頭土	白蠟金	楊柳木
甲申·乙酉	丙戌·丁亥	戊子·己丑	庚寅·辛卯	壬辰·癸巳
泉中水	屋上土	霹靂火	松柏木	長流水
甲午·乙未	丙申·丁酉	戊戌·己亥	庚子·辛丑	壬寅·癸卯
沙中金	山下火	平地木	壁上土	金箔金
甲辰·乙巳	丙午·丁未	戊申·己酉	庚戌·辛亥	壬子·癸丑
覆燈火	天河水	大驛土	釵釧金	桑柘木
甲寅·乙卯	丙辰·丁巳	戊午·己未	庚申·辛酉	壬戌·癸亥
大溪水	沙中土	天上火	石榴木	大海水

예컨대 갑신년(甲申年)에 건좌(乾坐)로 이장을 할 경우는 우선 갑신년의 납음오행(納音五行)이 수(水 : 甲申, 乙酉는 泉中水)이고, 당년(當年) 산운이 을축 금운(金運 : 甲子, 乙丑은 海中金)이다. 여기서는 산운이 연운을 상생(相生)해주므로 설기(泄氣 : 기가 빠져나감)가 되어 좋지 않다. 그러나 만약 망명(亡命 : 태어난 해)이 정사생(丁巳生)이면 납음오행이 토(土 : 沙中土)가 돼 연운 수(水)를 극(剋 : 相剋)하게 되고, 장사 지내는 당일이 경자일(庚子日)이면 경자의 납음오행이 토(土 : 壁上土)로 연운을 극(剋)하고 산운 금(金)을 생(相生)해 주므로 당년의 이장에는 하등 지장이 없다.

일진 日辰 = 運勢 으로
택일하는 법

일반적으로 역술가들은 택일 할 때 일진을 많이 이용하고 있다. 일진을 보는 법으로는 나이로 보는 법과 사주로 보는 법이 있는데, 나이로 보는 법이 더 타당성을 갖고 있기 때문에 나이로 보는 법을 중심으로 설명하고자 한다. 자손 모두의 운세를 보면 모두에게 좋은 운세가 될 수가 없다. 때문에 자손들 모두에게 운세가 좋은 해를 택한다면 이장을 할 수가 없을 것이다. 자손 중에서 장손이나 가장 실세를 갖고 있는 사람의 운세에 맞추어서 택일을 하는 것이 좋을 것이다. 운세 보는 법은 강진원씨 저서를 근거해서 설명하고자 한다.
일진을 볼 때 56세인 남자는 그 날짜의 지지(地支)가 묘(卯)이면 생기로 아주 좋고, 유(酉)이면 천의로 좋으나 축인(丑寅)이면 화해(禍害)에 해당되어 좋지 않다. 이와 같이 나이와 그 날짜에 따른 육갑(六甲)의 지지(地支)를 가지고 길흉을 판단한다.

남녀 일진(日辰)표 또는 생기(生氣)·복덕(福德) 일람표

남녀 나이	生氣八神吉凶	生氣 吉	天宜 吉	絶體 平	遊魂 平	禍害 凶	福德 吉	絶命 凶	歸魂 平
남자 나이	1.8.16.24.32.40.48.56.64.72.80.88	卯	酉	子	未申	丑寅	辰巳	戌亥	午
	9.17.25.33.41.49.57.65.73.81.89	丑寅	辰巳	戌亥	午	卯	酉	子	未申
	2.10.18.26.34.42.50.58.66.74.82.90	戌亥	午	丑寅	辰巳	子	未申	卯	酉
	3.11.19.27.35.43.51.59.67.75.83.91	酉	卯	未申	子	辰巳	丑寅	午	戌亥
	4.12.20.28.36.44.52.60.68.76.84.92	辰巳	丑寅	午	戌亥	酉	卯	未申	子
	5.13.21.29.37.45.53.61.69.77.85.93	未申	子	酉	卯	午	戌亥	辰巳	丑寅
	6.14.22.30.38.46.54.62.70.78.86.94	午	戌亥	辰巳	丑寅	未申	子	酉	卯
	7.15.23.31.39.47.55.63.71.79.87.95	子	未申	卯	酉	戌亥	午	丑寅	辰巳
여자 나이	1.8.16.24.32.40.48.56.64.72.80.88	辰巳	丑寅	午	戌亥	酉	卯	未申	子
	2.9.17.25.33.41.49.57.65.73.81.89	酉	卯	未申	子	辰巳	丑寅	午	戌亥
	3.10.18.26.34.42.50.58.66.74.82.90	戌亥	午	丑寅	辰巳	子	未申	卯	酉
	4.11.19.27.35.43.51.59.67.75.83.91	丑寅	辰巳	戌亥	午	卯	酉	子	未申
	5.12.20.28.36.44.52.60.68.76.84.92	卯	酉	子	未申	丑寅	辰巳	戌亥	午
	6.13.21.29.37.45.53.61.69.77.85.93	子	未申	卯	酉	戌亥	午	丑寅	辰巳
	7.14.22.30.38.46.54.62.70.78.86.94	午	戌亥	辰巳	丑寅	未申	子	酉	卯
	15.23.31.39.47.55.63.71.79.87.95	未申	子	酉	卯	午	戌亥	辰巳	丑寅

- 여기에서 나이는 한국식 나이를 말함.
- 나이에서 해당 날짜의 일진(六甲)의 지지(地支)가 어디에 해당하는가를 가지고 본다.

사주四柱 빼는 법

연주(年柱)와 일주(日柱)는 만세력(萬歲曆)을 보고 알 수가 있다.
월주(月柱)와 시주(時柱) 빼는 법을 알아보자.

월주(月柱)를 빼는 법

월	간지	시기	甲·己	乙·庚	丙·辛	丁·壬	戊·癸
1	寅月	立春	丙寅	戊寅	庚寅	壬寅	甲寅
2	卯月	驚蟄	丁卯	己卯	辛卯	癸卯	乙卯
3	辰月	淸明	戊辰	庚辰	壬辰	甲辰	丙辰
4	巳月	立夏	己巳	辛巳	癸巳	乙巳	丁巳
5	午月	芒種	庚午	壬午	甲午	丙午	戊午
6	未月	小暑	辛未	癸未	乙未	丁未	己未
7	申月	立秋	壬申	甲申	丙申	戊申	庚申
8	酉月	白露	癸酉	乙酉	丁酉	己酉	辛酉
9	戌月	寒露	甲戌	丙戌	戊戌	庚戌	壬戌
10	亥月	立冬	乙亥	丁亥	己亥	辛亥	癸亥
11	子月	大雪	丙子	戊子	庚子	壬子	甲子
12	丑月	小寒	丁丑	己丑	辛丑	癸丑	乙丑

2019년 기해(己亥) 4월(양력) 10일생의 월주를 보면 이미 청명(淸明)에 접어들었으므로 3월에 해당한다. 그런데 기해(己亥) 천간이 기(己)이므로 갑(甲)·기(己)의 난에서 3월에 해당하는 육갑을 찾으면 무진(戊辰)이다. 그러므로 월주(月柱)는 무진(戊辰)이다. 일주는 4월 10일이 정축(丁丑)이니 일주(日柱)는 정축(丁丑)이다. 연주(年柱)는 기해(己亥), 월주는 무진(戊辰), 일주(日柱)는 정축(丁丑)이다. 이제는 시주(時柱)에 대하여 알아보자.

시주(時柱)를 빼는 법

干支	甲·己	乙·庚	丙·辛	丁·壬	戊·癸	시각
子時	甲子	丙子	戊子	庚子	壬子	23~01시
丑時	乙丑	丁丑	己丑	辛丑	癸丑	01~03시
寅時	丙寅	戊寅	庚寅	壬寅	甲寅	03~05
卯時	丁卯	己卯	辛卯	癸卯	乙卯	05~07
辰時	戊辰	庚辰	壬辰	甲辰	丙辰	07~09
巳時	己巳	辛巳	癸巳	乙巳	丁巳	09~11
午時	庚午	壬午	甲午	丙午	戊午	11~13
未時	辛未	癸未	乙未	丁未	己未	13~15
申時	壬申	甲申	丙申	戊申	庚申	15~17
酉時	癸酉	乙酉	丁酉	己酉	辛酉	17~19
戌時	甲戌	丙戌	戊戌	庚戌	壬戌	19~21
亥時	乙亥	丁亥	己亥	辛亥	癸亥	21~23

정축(丁丑)일 오전 10시 출생했다면 천간(天干) 정(丁)에 해당하는 난에서 10시에 해당하는 육갑을 찾으면 을사(乙巳)에 해당한다. 우리가 보통 이를 사시생(巳時生)이라고 한다. 2019년 4월 10일 10시에 출생한 사람의 사주(四柱)를 보면 연주(年柱)는 기해(己亥), 월주는 무진(戊辰), 일주(日柱)는 정축(丁丑), 시부(時柱)는 을사(乙巳)이다. 이를 가지고 이리 저리 음양오행을 따져서 사주를 풀이하는 것이다.

인용 및 참고 문헌

1. 강진원, 알기 쉬운 역의 원리, 정신세계사, 2003.
2. 김대은 외, 기본 완성 풍수지리, 도서출판 우성사, 1993.
3. 김성현, 역학 소프트, 동학사, 1995.
4. 金于齋, 修正增補 擇日全書, 明文堂, 2011.
5. 魯炳漢, 주택풍수학통론, 안암문화사, 2011.
6. 신광주, 정통풍수지리원전, 한국자연지리학회, 1993.
7. 이세복, 풍수지리의 양택론, 도서출판 맥미란, 1987.
8. 임준, 풍수지리로 보는 좋은 땅 좋은 집, 도서출판 한국자료정보사, 1991.
9. 장성규·김혜정, 완역 풍수경전, 문예원, 2010.
10. 전태수, 가상학 입문, 명문당, 1986.
11. 정두봉·천병준 엮음. 무학대사의 도선비기, 한국학술정보㈜, 2011.
12. 정판성, 생활 수맥 건강 수맥, 동학사, 1996.
13. 정판성, 주택·아파트·인테리어 풍수와의 만남, 태웅출판사, 2006.
14. 정판성, 좋은 땅 좋은 주택 추(錘)가 답을 말한다, 태웅출판사, 2005.
15. 제갈공명, 장자방 원저, 포여명, 유문동 편저, 적중! 명당 풍수 천명술, 도서출판 문춘, 1994.
16. 崔國峰, 동양만세력, 東信出版社, 1990.
17. 홍만선, 증보 산림경제 영인본 1. 2권, 아세아문화사, 1981.
18. 황종찬, 명당은 어떻게 찾는가, 좋은 글, 1996.
19. 롱원강 저, 이준학 역, 잠바리만 바꿔도 건강해지는 풍수건강법, 국일미디어, 2001.
20. 李遜齊 著, 王洪緒 纂輯, 永甯通書, 上海 江東書局, 1711.

21. 王君榮 纂輯, 陽宅十書, 上海 錦章圖書局, 1590.

22. 中華書局, 黃帝宅經(及其他三種), (北京)中華書局出版發行, 1991.

23. 陰陽二宅全書, 王汝元, 上海廣益書局, 乾隆16年(1751).

24. 村山智順저, 최길성 역, 조선의 풍수, 민음사, 1990.

25. 小林祥晃, 홍영의 역, 운을 부르는 풍수, 넥서스, 1996.

26. 小林祥晃, 家相のわかる本, 廣濟堂, 1987.

27. 森冬生, お願いごとがバツチリかなう!! 超カンタン風水BOOK, KKベストセラズ, 1995.

28. 森冬生, 超ガソタソ風水, BOOK, 1995.

29. 鶴野晴山, 風水家相學, グイセモﾝﾄﾞ社, 1995.

30. Ken 高水, 風水でつくる成績が上がる勉強部屋, 新風舍, 2006.

31. 리노이에 유치쿠 지음, 박경선 옮김, 성공을 부르는 비즈니스 풍수, 열매출판사, 2004.

32. 리노이에 유치쿠 지음, 김윤희 옮김, 온 가족을 행복하게 하는 인테리어 풍수, 열매출판사. 2004.

33. 리노이에 유치쿠 지음, 김혜영 옮김, 멋진 사랑을 만드는 연애풍수, 열매출판사, 2004.

34. 內川 あ也, 幸せを呼ぶ お部屋とインテリア風水, ㈱中經出版, 2007.

35. 永田 久 著, 沈雨晟 譯, 曆과 占의 과학, 東文選, 1992.

36. KÄTHE BACHLER, Earth Radiation, WORDMASTERS, 1989.

37. EVA WONG, A Master Course in FENG-SUI, SHAMBHALA Boston & London, 2001.

38. Richard Webster, Feng Shui for Beginners, Llewellyn Publications, 2000.

39. 문은배, 색채 디자인 교과서, 안그라픽스, 2011.

40. 린윤·사라 로스바크 지음, 홍성정 옮김, 칼라로 보는 생활풍수와 인테리어, 동도원, 1999.

지금 당장, 자녀의 책상 방향을 바꿔라!!
정통 풍수 인테리어

초판 1쇄 발행	2019년 8월 29일
초판 2쇄 발행	2021년 5월 10일
저자	정판성
발행인	이심
편집인	임병기
편집	조고은, 신기영
디자인	최리빈
마케팅	서병찬
총판	장성진
관리	이미경
출력	㈜삼보프로세스
인쇄	북스
용지	영은페이퍼㈜
발행처	㈜주택문화사
출판등록번호	제13-177호
주소	서울시 강서구 강서로 466 6층
전화	02-2664-7114
팩스	02-2662-0847
홈페이지	www.uujj.co.kr

이 책의 저작권은 저자에게 있습니다. 내용의 전부 또는 일부를 이용하려면
반드시 동의를 거쳐야 합니다. 파본 및 잘못된 책은 구입하신 곳에서 교환해 드립니다.

정가 15,000원
ISBN 978-89-6603-051-4

이 도서의 국립중앙도서관 출판예정도서목록(CIP)은 서지정보유통지원시스템
홈페이지(http://seoji.nl.go.kr)와 국가자료공동목록시스템(http://www.nl.go.kr/
kolisnet)에서 이용하실 수 있습니다.(CIP제어번호: CIP2019031703)